Executive Planner
2021

**CHRISTIAN ART
PUBLISHERS**

Published by Christian Art Publishers
PO Box 1599, Vereeniging, 1930, RSA

© 2020
First edition 2020

Designed by Christian Art Publishers

Cover designed by Christian Art Gifts
Images used under license from Shutterstock.com

Scripture quotations marked NIV are taken from the Holy Bible,
New International Version®, NIV® Copyright © 1973, 1978, 1984,
2011 by Biblica, Inc.® Used by permission. All rights reserved worldwide.

Scripture quotations marked NLT are taken from the Holy Bible, New Living
Translation, copyright © 1996, 2004, 2015 by Tyndale House Foundation.
Used by permission of Tyndale House Publishers, Carol Stream,
Illinois 60188. All rights reserved.

Scripture quotations marked NKJV are taken from the New King James Version®.
Copyright © 1979, 1980, 1982 by Thomas Nelson, Inc. Used by permission. All
rights reserved.

Scripture quotations marked ESV are taken from the Holy Bible, English Standard
Version®. ESV® Text Edition: 2016. Copyright © 2001 by Crossway, a publishing
ministry of Good News Publishers. Used by permission. All rights reserved.

Printed in China

ISBN 978-1-64272-537-7   TPD326
ISBN 978-1-64272-538-4   TPD327
ISBN 978-1-64272-539-1   TPD328
ISBN 978-1-64272-540-7   TPD329
ISBN 978-1-64272-541-4   TPD330

Christian Art Publishers has made every effort to trace the ownership of all quotes
and poems in this book. In the event of any question that may arise from the use
of any quote or poem, we regret any error made and will be pleased to make the
necessary correction in future editions of this book.

20 21 22 23 24 25 26 27 28 29 – 10 9 8 7 6 5 4 3 2 1

PERSONAL INFORMATION

Name:

Address:

((H):

((W):

(Cell):

(Email)

IMPORTANT TELEPHONE NUMBERS

Emergency contact:

Hospital:

Ambulance:

Police:

Fire brigade:

Municipality:

Doctor:

Dentist:

Other:

STANDARD MEASUREMENTS AND CONVERSIONS

Speed and Distance

Miles	Km	Km	Miles
1	1.61	1	0.62
2	3.22	2	1.24
5	8.05	5	3.11
10	16.09	10	6.21
20	32.19	20	12.43
100	160.93	100	62.14

Length

Feet	Meters	Meters	Feet
1	0.30	1	3.28
2	0.61	2	6.56
5	1.52	5	16.40
10	3.05	10	32.81
20	6.10	20	65.62
100	30.48	100	328.08

Inches	Cm	Cm	Inches
1	2.54	1	0.39
2	5.08	2	0.79
5	12.70	5	1.97
10	25.40	10	3.94
20	50.80	20	7.87
100	254	100	39.37

Weight

Pounds	Kg	Kg	Pounds
1	0.45	1	2.20
2	0.91	2	4.41
5	2.27	5	11.02
10	4.54	10	22.05
20	9.07	20	44.09
100	45.36	100	220.46

Capacity

*Pints	Liters	Liters	*Pints
1	0.47	1	2.11
2	0.95	2	4.23
5	2.37	5	10.57
10	4.73	10	21.13
20	9.46	20	42.27
100	47.32	100	211.34

*Gallons	Liters	Liters	*Gallons
1	3.79	1	0.26
2	7.57	2	0.53
5	18.93	5	1.32
10	37.85	10	2.64
20	75.71	20	5.28
100	378.54	100	26.42

*US liquid measurement

Temperature

Degrees Celsius	Degrees Fahrenheit
8 °C	46 °F
10 °C	50 °F
16 °C	61 °F
24 °C	75 °F
30 °C	86 °F

Water freezes at 0 °C and boils at 100 °C

km = kilometers
cm = centimeters
kg = kilograms

INTERNATIONAL HOLIDAYS 2021

JANUARY

1	New Year's Day
2	Day after New Year's Day (NZ)
18	Martin Luther King Jr. Day (USA)
26	Australia Day (AUS)

FEBRUARY

6	Waitangi Day (NZ)
15	Washington's Birthday (USA)

MARCH

17	St. Patrick's Day (Ireland)

APRIL

2	Good Friday
4	Easter Sunday
5	Easter Monday
25	ANZAC Day (AUS, NZ)

MAY

3	Early May Bank Holiday (UK)
24	Victoria Day (CAN)
31	Spring Bank Holiday (UK)
31	Memorial Day (USA)

JUNE

7	Queen's Birthday (NZ)
14	Queen's Birthday (AUS, all states except QLD, WA)

JULY

1	Canada Day (CAN)
4	Independence Day (USA)
12	Battle of the Boyne Day (Northern Ireland)

AUGUST

2	Summer Bank Holiday (Scotland)
30	Summer Bank Holiday (UK)

SEPTEMBER

6	Labor Day (CAN, USA)

OCTOBER

4	Labor Day (AUS)
11	Thanksgiving Day (CAN)
11	Columbus Day (USA)
25	Labor Day (NZ)

NOVEMBER

11	Remembrance Day (CAN, AUS)
11	Veterans' Day (USA)
25	Thanksgiving Day (USA)
30	St. Andrew's Day (Scotland)

DECEMBER

25	Christmas Day
26	Boxing Day (CAN, UK, AUS, NZ)
26	St. Stephen's Day (Ireland)

All information was correct at the time of going to print.

YEAR PLANNER 2021

DAY	JANUARY	FEBRUARY	MARCH	APRIL	MAY	JUNE
SUN						
MON		1	1			
TUES		2	2			1
WED		3	3			2
THURS		4	4	1		3
FRI	1	5	5	2		4
SAT	2	6	6	3	1	5
SUN	3	7	7	4	2	6
MON	4	8	8	5	3	7
TUES	5	9	9	6	4	8
WED	6	10	10	7	5	9
THURS	7	11	11	8	6	10
FRI	8	12	12	9	7	11
SAT	9	13	13	10	8	12
SUN	10	14	14	11	9	13
MON	11	15	15	12	10	14
TUES	12	16	16	13	11	15
WED	13	17	17	14	12	16
THURS	14	18	18	15	13	17
FRI	15	19	19	16	14	18
SAT	16	20	20	17	15	19
SUN	17	21	21	18	16	20
MON	18	22	22	19	17	21
TUES	19	23	23	20	18	22
WED	20	24	24	21	19	23
THURS	21	25	25	22	20	24
FRI	22	26	26	23	21	25
SAT	23	27	27	24	22	26
SUN	24	28	28	25	23	27
MON	25		29	26	24	28
TUES	26		30	27	25	29
WED	27		31	28	26	30
THURS	28			29	27	
FRI	29			30	28	
SAT	30				29	
SUN	31				30	
MON					31	

YEAR PLANNER 2021

JULY	AUGUST	SEPTEMBER	OCTOBER	NOVEMBER	DECEMBER	DAY
	1					SUN
	2			1		MON
	3			2		TUES
	4	1		3	1	WED
1	5	2		4	2	THURS
2	6	3	1	5	3	FRI
3	7	4	2	6	4	SAT
4	8	5	3	7	5	SUN
5	9	6	4	8	6	MON
6	10	7	5	9	7	TUES
7	11	8	6	10	8	WED
8	12	9	7	11	9	THURS
9	13	10	8	12	10	FRI
10	14	11	9	13	11	SAT
11	15	12	10	14	12	SUN
12	16	13	11	15	13	MON
13	17	14	12	16	14	TUES
14	18	15	13	17	15	WED
15	19	16	14	18	16	THURS
16	20	17	15	19	17	FRI
17	21	18	16	20	18	SAT
18	22	19	17	21	19	SUN
19	23	20	18	22	20	MON
20	24	21	19	23	21	TUES
21	25	22	20	24	22	WED
22	26	23	21	25	23	THURS
23	27	24	22	26	24	FRI
24	28	25	23	27	25	SAT
25	29	26	24	28	26	SUN
26	30	27	25	29	27	MON
27	31	28	26	30	28	TUES
28		29	27		29	WED
29		30	28		30	THURS
30			29		31	FRI
31			30			SAT
			31			SUN
						MON

YEAR PLANNER 2022

DAY	JANUARY	FEBRUARY	MARCH	APRIL	MAY	JUNE
SUN					1	
MON					2	
TUES		1	1		3	
WED		2	2		4	1
THURS		3	3		5	2
FRI		4	4	1	6	3
SAT	1	5	5	2	7	4
SUN	2	6	6	3	8	5
MON	3	7	7	4	9	6
TUES	4	8	8	5	10	7
WED	5	9	9	6	11	8
THURS	6	10	10	7	12	9
FRI	7	11	11	8	13	10
SAT	8	12	12	9	14	11
SUN	9	13	13	10	15	12
MON	10	14	14	11	16	13
TUES	11	15	15	12	17	14
WED	12	16	16	13	18	15
THURS	13	17	17	14	19	16
FRI	14	18	18	15	20	17
SAT	15	19	19	16	21	18
SUN	16	20	20	17	22	19
MON	17	21	21	18	23	20
TUES	18	22	22	19	24	21
WED	19	23	23	20	25	22
THURS	20	24	24	21	26	23
FRI	21	25	25	22	27	24
SAT	22	26	26	23	28	25
SUN	23	27	27	24	29	26
MON	24	28	28	25	30	27
TUES	25		29	26	31	28
WED	26		30	27		29
THURS	27		31	28		30
FRI	28			29		
SAT	29			30		
SUN	30					
MON	31					

YEAR PLANNER 2022

JULY	AUGUST	SEPTEMBER	OCTOBER	NOVEMBER	DECEMBER	DAY
						SUN
	1					MON
	2			1		TUES
	3			2		WED
	4	1		3	1	THURS
1	5	2		4	2	FRI
2	6	3	1	5	3	SAT
3	7	4	2	6	4	SUN
4	8	5	3	7	5	MON
5	9	6	4	8	6	TUES
6	10	7	5	9	7	WED
7	11	8	6	10	8	THURS
8	12	9	7	11	9	FRI
9	13	10	8	12	10	SAT
10	14	11	9	13	11	SUN
11	15	12	10	14	12	MON
12	16	13	11	15	13	TUES
13	17	14	12	16	14	WED
14	18	15	13	17	15	THURS
15	19	16	14	18	16	FRI
16	20	17	15	19	17	SAT
17	21	18	16	20	18	SUN
18	22	19	17	21	19	MON
19	23	20	18	22	20	TUES
20	24	21	19	23	21	WED
21	25	22	20	24	22	THURS
22	26	23	21	25	23	FRI
23	27	24	22	26	24	SAT
24	28	25	23	27	25	SUN
25	29	26	24	28	26	MON
26	30	27	25	29	27	TUES
27	31	28	26	30	28	WED
28		29	27		29	THURS
29		30	28		30	FRI
30			29		31	SAT
31			30			SUN
			31			MON

WORLD TIME ZONES AND DIALING CODES

Country	City	Dialing Code	Hours
Angola	Luanda	00244	+1
Argentina	Buenos Aires	0054	-3
Australia	Perth, WA	0061	+8
	Sydney	0061	+10
Austria	Vienna	0043	+1
Belgium	Brussels	0032	+1
Brazil	Rio de Janeiro	0055	-3
Canada	Toronto, Ontario	001	-5
	Vancouver, BC	001	-8
Chile	Santiago	0056	-4
China	Beijing	0086	+8
Egypt	Cairo	0020	+2
France	Paris	0033	+1
Germany	Frankfurt	0049	+1
Greece	Athens	0030	+2
India	New Delhi	0091	+5.3
Indonesia	Jakarta	0062	+7
Ireland	Dublin	00353	0
Israel	Jerusalem	00972	+2
Italy	Rome	0039	+1
Japan	Tokyo	0081	+9
Kenya	Nairobi	00254	+3
Malaysia	Kuala Lumpur	0060	+8
Mexico	Mexico City	0052	-6
Netherlands	Amsterdam	0031	+1
New Zealand	Wellington	0064	+12
Nigeria	Lagos	00234	+1
Norway	Oslo	0047	+1
Philippines	Manila	0063	+8
Portugal	Lisbon	00351	0
Russian Federation	Moscow	007	+3
Saudi Arabia	Riyadh	00966	+3
Singapore	Singapore	0065	+8
South Africa	Johannesburg	0027	+2
Spain	Madrid	0034	+1
Sweden	Stockholm	0046	+1
Switzerland	Zürich	0041	+1
Turkey	Istanbul	0090	+3
United Kingdom	London	0044	0
United States	Anchorage, Alaska	001	-9
	Chicago, Illinois	001	-6
	Honolulu, Hawaii	001	-10
	New York, New York	001	-5
	San Francisco, California	001	-8

Note: Cities are not necessarily capital cities of the countries. Time zones are based on Greenwich Mean Time at 12:00 PM. Daylight saving time, usually 1 hour in advance, is not shown.

JANUARY

---◄·◦·●·◦·►---

Faith sees the invisible,
believes the unbelievable,
and receives the impossible.

Corrie ten Boom

MONTH PLANNER FOR JANUARY

1	Friday
2	Saturday
3	Sunday
4	Monday
5	Tuesday
6	Wednesday
7	Thursday
8	Friday
9	Saturday
10	Sunday
11	Monday
12	Tuesday
13	Wednesday
14	Thursday
15	Friday
16	Saturday
17	Sunday
18	Monday
19	Tuesday
20	Wednesday
21	Thursday
22	Friday
23	Saturday
24	Sunday
25	Monday
26	Tuesday
27	Wednesday
28	Thursday
29	Friday
30	Saturday
31	Sunday

NOTES

BUDGET FOR JANUARY

DATE	ITEM	PAYMENT METHOD	AMOUNT

FRIDAY
1
JANUARY

Jesus said, "All things are possible for one who believes."

MARK 9:23

TIME	📖 Genesis 1-3	New Year's Day	✓
07:00 AM			
07:30 AM			
08:00 AM			
08:30 AM			
09:00 AM			
09:30 AM			
10:00 AM			
10:30 AM			
11:00 AM			
11:30 AM			
12:00 PM			
12:30 PM			
01:00 PM			
01:30 PM			
02:00 PM			
02:30 PM			
03:00 PM			
03:30 PM			
04:00 PM			
04:30 PM			
05:00 PM			
05:30 PM			
06:00 PM			
06:30 PM			
07:00 PM			
07:30 PM			
08:00 PM			

JANUARY	FEBRUARY	MARCH	APRIL	MAY	JUNE
S M T W T F S	S M T W T F S	S M T W T F S	S M T W T F S	S M T W T F S	S M T W T F S
1 2	1 2 3 4 5 6	1 2 3 4 5 6	1 2 3	1	1 2 3 4 5
3 4 5 6 7 8 9	7 8 9 10 11 12 13	7 8 9 10 11 12 13	4 5 6 7 8 9 10	2 3 4 5 6 7 8	6 7 8 9 10 11 12
10 11 12 13 14 15 16	14 15 16 17 18 19 20	14 15 16 17 18 19 20	11 12 13 14 15 16 17	9 10 11 12 13 14 15	13 14 15 16 17 18 19
17 18 19 20 21 22 23	21 22 23 24 25 26 27	21 22 23 24 25 26 27	18 19 20 21 22 23 24	16 17 18 19 20 21 22	20 21 22 23 24 25 26
24/31 25 26 27 28 29 30	28	28 29 30 31	25 26 27 28 29 30	23/30 24/31 25 26 27 28 29	27 28 29 30

We live by faith, not by sight.

2 CORINTHIANS 5:7

TIME	📖 Genesis 4-6	✓

We fix our eyes not on what is seen, but on what is unseen,
since what is seen is temporary, but what is unseen is eternal.

2 CORINTHIANS 4:18

TIME	📖 Genesis 7-9	✓

JULY	AUGUST	SEPTEMBER	OCTOBER	NOVEMBER	DECEMBER
S M T W T F S	S M T W T F S	S M T W T F S	S M T W T F S	S M T W T F S	S M T W T F S
1 2 3	1 2 3 4 5 6 7	1 2 3 4	1 2	1 2 3 4 5 6	1 2 3 4
4 5 6 7 8 9 10	8 9 10 11 12 13 14	5 6 7 8 9 10 11	3 4 5 6 7 8 9	7 8 9 10 11 12 13	5 6 7 8 9 10 11
11 12 13 14 15 16 17	15 16 17 18 19 20 21	12 13 14 15 16 17 18	10 11 12 13 14 15 16	14 15 16 17 18 19 20	12 13 14 15 16 17 18
18 19 20 21 22 23 24	22 23 24 25 26 27 28	19 20 21 22 23 24 25	17 18 19 20 21 22 23	21 22 23 24 25 26 27	19 20 21 22 23 24 25
25 26 27 28 29 30 31	29 30 31	26 27 28 29 30	24/31 25 26 27 28 29 30	28 29 30	26 27 28 29 30 31

MONDAY
4
JANUARY

Be on your guard; stand firm in the faith; be courageous; be strong.

1 CORINTHIANS 16:13

TIME	📖 Genesis 10-12	✓
07:00 AM		
07:30 AM		
08:00 AM		
08:30 AM		
09:00 AM		
09:30 AM		
10:00 AM		
10:30 AM		
11:00 AM		
11:30 AM		
12:00 PM		
12:30 PM		
01:00 PM		
01:30 PM		
02:00 PM		
02:30 PM		
03:00 PM		
03:30 PM		
04:00 PM		
04:30 PM		
05:00 PM		
05:30 PM		
06:00 PM		
06:30 PM		
07:00 PM		
07:30 PM		
08:00 PM		

JANUARY	FEBRUARY	MARCH	APRIL	MAY	JUNE
S M T W T F S	S M T W T F S	S M T W T F S	S M T W T F S	S M T W T F S	S M T W T F S
1 2	1 2 3 4 5 6	1 2 3 4 5 6	1 2 3	1	1 2 3 4 5
3 4 5 6 7 8 9	7 8 9 10 11 12 13	7 8 9 10 11 12 13	4 5 6 7 8 9 10	2 3 4 5 6 7 8	6 7 8 9 10 11 12
10 11 12 13 14 15 16	14 15 16 17 18 19 20	14 15 16 17 18 19 20	11 12 13 14 15 16 17	9 10 11 12 13 14 15	13 14 15 16 17 18 19
17 18 19 20 21 22 23	21 22 23 24 25 26 27	21 22 23 24 25 26 27	18 19 20 21 22 23 24	16 17 18 19 20 21 22	20 21 22 23 24 25 26
24/31 25 26 27 28 29 30	28	28 29 30 31	25 26 27 28 29 30	23/30 24/31 25 26 27 28 29	27 28 29 30

Now faith is the substance of things hoped for,
the evidence of things not seen.

HEBREWS 11:1

TUESDAY
5
JANUARY

TIME	📖 Genesis 13-15	✓	J A N
07:00 AM			
07:30 AM			
08:00 AM			
08:30 AM			
09:00 AM			
09:30 AM			
10:00 AM			
10:30 AM			
11:00 AM			
11:30 AM			
12:00 PM			
12:30 PM			
01:00 PM			
01:30 PM			
02:00 PM			
02:30 PM			
03:00 PM			
03:30 PM			
04:00 PM			
04:30 PM			
05:00 PM			
05:30 PM			
06:00 PM			
06:30 PM			
07:00 PM			
07:30 PM			
08:00 PM			

JULY	AUGUST	SEPTEMBER	OCTOBER	NOVEMBER	DECEMBER
S M T W T F S	S M T W T F S	S M T W T F S	S M T W T F S	S M T W T F S	S M T W T F S
1 2 3	1 2 3 4 5 6 7	1 2 3 4	1 2	1 2 3 4 5 6	1 2 3 4
4 5 6 7 8 9 10	8 9 10 11 12 13 14	5 6 7 8 9 10 11	3 4 5 6 7 8 9	7 8 9 10 11 12 13	5 6 7 8 9 10 11
11 12 13 14 15 16 17	15 16 17 18 19 20 21	12 13 14 15 16 17 18	10 11 12 13 14 15 16	14 15 16 17 18 19 20	12 13 14 15 16 17 18
18 19 20 21 22 23 24	22 23 24 25 26 27 28	19 20 21 22 23 24 25	17 18 19 20 21 22 23	21 22 23 24 25 26 27	19 20 21 22 23 24 25
25 26 27 28 29 30 31	29 30 31	26 27 28 29 30	24/31 25 26 27 28 29 30	28 29 30	26 27 28 29 30 31

WEDNESDAY
6
JANUARY

Put your trust in the LORD.

PSALM 4:5

TIME	📖 Genesis 16-18	✓
07:00 AM		
07:30 AM		
08:00 AM		
08:30 AM		
09:00 AM		
09:30 AM		
10:00 AM		
10:30 AM		
11:00 AM		
11:30 AM		
12:00 PM		
12:30 PM		
01:00 PM		
01:30 PM		
02:00 PM		
02:30 PM		
03:00 PM		
03:30 PM		
04:00 PM		
04:30 PM		
05:00 PM		
05:30 PM		
06:00 PM		
06:30 PM		
07:00 PM		
07:30 PM		
08:00 PM		

JANUARY
S	M	T	W	T	F	S
					1	2
3	4	5	6	7	8	9
10	11	12	13	14	15	16
17	18	19	20	21	22	23
24/31	25	26	27	28	29	30

FEBRUARY
S	M	T	W	T	F	S
	1	2	3	4	5	6
7	8	9	10	11	12	13
14	15	16	17	18	19	20
21	22	23	24	25	26	27
28						

MARCH
S	M	T	W	T	F	S
	1	2	3	4	5	6
7	8	9	10	11	12	13
14	15	16	17	18	19	20
21	22	23	24	25	26	27
28	29	30	31			

APRIL
S	M	T	W	T	F	S
				1	2	3
4	5	6	7	8	9	10
11	12	13	14	15	16	17
18	19	20	21	22	23	24
25	26	27	28	29	30	

MAY
S	M	T	W	T	F	S
						1
2	3	4	5	6	7	8
9	10	11	12	13	14	15
16	17	18	19	20	21	22
23/30	24/31	25	26	27	28	29

JUNE
S	M	T	W	T	F	S
		1	2	3	4	5
6	7	8	9	10	11	12
13	14	15	16	17	18	19
20	21	22	23	24	25	26
27	28	29	30			

Because of Christ and our faith in Him, we can now come boldly and confidently into God's presence.

EPHESIANS 3:12

THURSDAY
7
JANUARY

TIME	📖 Genesis 19-21	✓
07:00 AM		
07:30 AM		
08:00 AM		
08:30 AM		
09:00 AM		
09:30 AM		
10:00 AM		
10:30 AM		
11:00 AM		
11:30 AM		
12:00 PM		
12:30 PM		
01:00 PM		
01:30 PM		
02:00 PM		
02:30 PM		
03:00 PM		
03:30 PM		
04:00 PM		
04:30 PM		
05:00 PM		
05:30 PM		
06:00 PM		
06:30 PM		
07:00 PM		
07:30 PM		
08:00 PM		

JULY	AUGUST	SEPTEMBER	OCTOBER	NOVEMBER	DECEMBER
S M T W T F S	S M T W T F S	S M T W T F S	S M T W T F S	S M T W T F S	S M T W T F S
1 2 3	1 2 3 4 5 6 7	1 2 3 4	1 2	1 2 3 4 5 6	1 2 3 4
4 5 6 7 8 9 10	8 9 10 11 12 13 14	5 6 7 8 9 10 11	3 4 5 6 7 8 9	7 8 9 10 11 12 13	5 6 7 8 9 10 11
11 12 13 14 15 16 17	15 16 17 18 19 20 21	12 13 14 15 16 17 18	10 11 12 13 14 15 16	14 15 16 17 18 19 20	12 13 14 15 16 17 18
18 19 20 21 22 23 24	22 23 24 25 26 27 28	19 20 21 22 23 24 25	17 18 19 20 21 22 23	21 22 23 24 25 26 27	19 20 21 22 23 24 25
25 26 27 28 29 30 31	29 30 31	26 27 28 29 30	24/31 25 26 27 28 29 30	28 29 30	26 27 28 29 30 31

In all circumstances take up the shield of faith,
with which you can extinguish all the flaming darts of the evil one.

EPHESIANS 6:16

TIME	📖 Genesis 22-24	✓
07:00 AM		
07:30 AM		
08:00 AM		
08:30 AM		
09:00 AM		
09:30 AM		
10:00 AM		
10:30 AM		
11:00 AM		
11:30 AM		
12:00 PM		
12:30 PM		
01:00 PM		
01:30 PM		
02:00 PM		
02:30 PM		
03:00 PM		
03:30 PM		
04:00 PM		
04:30 PM		
05:00 PM		
05:30 PM		
06:00 PM		
06:30 PM		
07:00 PM		
07:30 PM		
08:00 PM		

JANUARY	FEBRUARY	MARCH	APRIL	MAY	JUNE
S M T W T F S	S M T W T F S	S M T W T F S	S M T W T F S	S M T W T F S	S M T W T F S
1 2	1 2 3 4 5 6	1 2 3 4 5 6	1 2 3	1	1 2 3 4 5
3 4 5 6 7 8 9	7 8 9 10 11 12 13	7 8 9 10 11 12 13	4 5 6 7 8 9 10	2 3 4 5 6 7 8	6 7 8 9 10 11 12
10 11 12 13 14 15 16	14 15 16 17 18 19 20	14 15 16 17 18 19 20	11 12 13 14 15 16 17	9 10 11 12 13 14 15	13 14 15 16 17 18 19
17 18 19 20 21 22 23	21 22 23 24 25 26 27	21 22 23 24 25 26 27	18 19 20 21 22 23 24	16 17 18 19 20 21 22	20 21 22 23 24 25 26
24/31 25 26 27 28 29 30	28	28 29 30 31	25 26 27 28 29 30	23/30 24/31 25 26 27 28 29	27 28 29 30

Trust in the LORD with all your heart; do not depend on
your own understanding. Seek His will in all you do,
and He will show you which path to take.

SATURDAY
9
JANUARY

J
A
N

TIME	📖 Genesis 25-27	✓

Faith comes from hearing the message, and the message
is heard through the word about Christ.

SUNDAY
10
JANUARY

TIME	📖 Genesis 28-30	✓

JULY	AUGUST	SEPTEMBER	OCTOBER	NOVEMBER	DECEMBER
S M T W T F S	S M T W T F S	S M T W T F S	S M T W T F S	S M T W T F S	S M T W T F S
1 2 3	1 2 3 4 5 6 7	1 2 3 4	1 2	1 2 3 4 5 6	1 2 3 4
4 5 6 7 8 9 10	8 9 10 11 12 13 14	5 6 7 8 9 10 11	3 4 5 6 7 8 9	7 8 9 10 11 12 13	5 6 7 8 9 10 11
11 12 13 14 15 16 17	15 16 17 18 19 20 21	12 13 14 15 16 17 18	10 11 12 13 14 15 16	14 15 16 17 18 19 20	12 13 14 15 16 17 18
18 19 20 21 22 23 24	22 23 24 25 26 27 28	19 20 21 22 23 24 25	17 18 19 20 21 22 23	21 22 23 24 25 26 27	19 20 21 22 23 24 25
25 26 27 28 29 30 31	29 30 31	26 27 28 29 30	24/31 25 26 27 28 29 30	28 29 30	26 27 28 29 30 31

MONDAY
11
JANUARY

The fear of man brings a snare,
but whoever trusts in the LORD shall be safe.

PROVERBS 29:25

TIME	📖 Genesis 31-33	✓
07:00 AM		
07:30 AM		
08:00 AM		
08:30 AM		
09:00 AM		
09:30 AM		
10:00 AM		
10:30 AM		
11:00 AM		
11:30 AM		
12:00 PM		
12:30 PM		
01:00 PM		
01:30 PM		
02:00 PM		
02:30 PM		
03:00 PM		
03:30 PM		
04:00 PM		
04:30 PM		
05:00 PM		
05:30 PM		
06:00 PM		
06:30 PM		
07:00 PM		
07:30 PM		
08:00 PM		

JANUARY	FEBRUARY	MARCH	APRIL	MAY	JUNE
S M T W T F S	S M T W T F S	S M T W T F S	S M T W T F S	S M T W T F S	S M T W T F S
1 2	1 2 3 4 5 6	1 2 3 4 5 6	1 2 3	1	1 2 3 4 5
3 4 5 6 7 8 9	7 8 9 10 11 12 13	7 8 9 10 11 12 13	4 5 6 7 8 9 10	2 3 4 5 6 7 8	6 7 8 9 10 11 12
10 11 12 13 14 15 16	14 15 16 17 18 19 20	14 15 16 17 18 19 20	11 12 13 14 15 16 17	9 10 11 12 13 14 15	13 14 15 16 17 18 19
17 18 19 20 21 22 23	21 22 23 24 25 26 27	21 22 23 24 25 26 27	18 19 20 21 22 23 24	16 17 18 19 20 21 22	20 21 22 23 24 25 26
24/31 25 26 27 28 29 30	28	28 29 30 31	25 26 27 28 29 30	23/30 24/31 25 26 27 28 29	27 28 29 30

For I can do everything through Christ, who gives me strength.

PHILIPPIANS 4:13

TIME	📖 Genesis 34-36	✓
07:00 AM		
07:30 AM		
08:00 AM		
08:30 AM		
09:00 AM		
09:30 AM		
10:00 AM		
10:30 AM		
11:00 AM		
11:30 AM		
12:00 PM		
12:30 PM		
01:00 PM		
01:30 PM		
02:00 PM		
02:30 PM		
03:00 PM		
03:30 PM		
04:00 PM		
04:30 PM		
05:00 PM		
05:30 PM		
06:00 PM		
06:30 PM		
07:00 PM		
07:30 PM		
08:00 PM		

	JULY							AUGUST							SEPTEMBER							OCTOBER							NOVEMBER							DECEMBER					
S	M	T	W	T	F	S	S	M	T	W	T	F	S	S	M	T	W	T	F	S	S	M	T	W	T	F	S	S	M	T	W	T	F	S	S	M	T	W	T	F	S
				1	2	3	1	2	3	4	5	6	7				1	2	3	4						1	2	1	2	3	4	5	6				1	2	3	4
4	5	6	7	8	9	10	8	9	10	11	12	13	14	5	6	7	8	9	10	11	3	4	5	6	7	8	9	7	8	9	10	11	12	13	5	6	7	8	9	10	11
11	12	13	14	15	16	17	15	16	17	18	19	20	21	12	13	14	15	16	17	18	10	11	12	13	14	15	16	14	15	16	17	18	19	20	12	13	14	15	16	17	18
18	19	20	21	22	23	24	22	23	24	25	26	27	28	19	20	21	22	23	24	25	17	18	19	20	21	22	23	21	22	23	24	25	26	27	19	20	21	22	23	24	25
25	26	27	28	29	30	31	29	30	31					26	27	28	29	30			24/31	25	26	27	28	29	30	28	29	30					26	27	28	29	30	31	

WEDNESDAY
13
JANUARY

I have fought the good fight, I have
finished the race, I have kept the faith.

2 TIMOTHY 4:7

TIME	📖 Genesis 37-39	✓
07:00 AM		
07:30 AM		
08:00 AM		
08:30 AM		
09:00 AM		
09:30 AM		
10:00 AM		
10:30 AM		
11:00 AM		
11:30 AM		
12:00 PM		
12:30 PM		
01:00 PM		
01:30 PM		
02:00 PM		
02:30 PM		
03:00 PM		
03:30 PM		
04:00 PM		
04:30 PM		
05:00 PM		
05:30 PM		
06:00 PM		
06:30 PM		
07:00 PM		
07:30 PM		
08:00 PM		

JANUARY	FEBRUARY	MARCH	APRIL	MAY	JUNE
S M T W T F S	S M T W T F S	S M T W T F S	S M T W T F S	S M T W T F S	S M T W T F S
1 2	1 2 3 4 5 6	1 2 3 4 5 6	1 2 3	1	1 2 3 4 5
3 4 5 6 7 8 9	7 8 9 10 11 12 13	7 8 9 10 11 12 13	4 5 6 7 8 9 10	2 3 4 5 6 7 8	6 7 8 9 10 11 12
10 11 12 13 14 15 16	14 15 16 17 18 19 20	14 15 16 17 18 19 20	11 12 13 14 15 16 17	9 10 11 12 13 14 15	13 14 15 16 17 18 19
17 18 19 20 21 22 23	21 22 23 24 25 26 27	21 22 23 24 25 26 27	18 19 20 21 22 23 24	16 17 18 19 20 21 22	20 21 22 23 24 25 26
24/31 25 26 27 28 29 30	28	28 29 30 31	25 26 27 28 29 30	23/30 24/31 25 26 27 28 29	27 28 29 30

Anyone who believes in God's Son has eternal life.

JOHN 3:36

TIME	📖 Genesis 40-42	✓
07:00 AM		
07:30 AM		
08:00 AM		
08:30 AM		
09:00 AM		
09:30 AM		
10:00 AM		
10:30 AM		
11:00 AM		
11:30 AM		
12:00 PM		
12:30 PM		
01:00 PM		
01:30 PM		
02:00 PM		
02:30 PM		
03:00 PM		
03:30 PM		
04:00 PM		
04:30 PM		
05:00 PM		
05:30 PM		
06:00 PM		
06:30 PM		
07:00 PM		
07:30 PM		
08:00 PM		

JULY	AUGUST	SEPTEMBER	OCTOBER	NOVEMBER	DECEMBER
S M T W T F S	S M T W T F S	S M T W T F S	S M T W T F S	S M T W T F S	S M T W T F S
1 2 3	1 2 3 4 5 6 7	1 2 3 4	1 2	1 2 3 4 5 6	1 2 3 4
4 5 6 7 8 9 10	8 9 10 11 12 13 14	5 6 7 8 9 10 11	3 4 5 6 7 8 9	7 8 9 10 11 12 13	5 6 7 8 9 10 11
11 12 13 14 15 16 17	15 16 17 18 19 20 21	12 13 14 15 16 17 18	10 11 12 13 14 15 16	14 15 16 17 18 19 20	12 13 14 15 16 17 18
18 19 20 21 22 23 24	22 23 24 25 26 27 28	19 20 21 22 23 24 25	17 18 19 20 21 22 23	21 22 23 24 25 26 27	19 20 21 22 23 24 25
25 26 27 28 29 30 31	29 30 31	26 27 28 29 30	24/31 25 26 27 28 29 30	28 29 30	26 27 28 29 30 31

FRIDAY
15
JANUARY

"Let not your heart be troubled; you believe in God, believe also in Me."

JOHN 14:1

TIME	📖 Genesis 43-45	✓
07:00 AM		
07:30 AM		
08:00 AM		
08:30 AM		
09:00 AM		
09:30 AM		
10:00 AM		
10:30 AM		
11:00 AM		
11:30 AM		
12:00 PM		
12:30 PM		
01:00 PM		
01:30 PM		
02:00 PM		
02:30 PM		
03:00 PM		
03:30 PM		
04:00 PM		
04:30 PM		
05:00 PM		
05:30 PM		
06:00 PM		
06:30 PM		
07:00 PM		
07:30 PM		
08:00 PM		

JANUARY
S M T W T F S
1 2
3 4 5 6 7 8 9
10 11 12 13 14 15 16
17 18 19 20 21 22 23
24/31 25 26 27 28 29 30

FEBRUARY
S M T W T F S
1 2 3 4 5 6
7 8 9 10 11 12 13
14 15 16 17 18 19 20
21 22 23 24 25 26 27
28

MARCH
S M T W T F S
1 2 3 4 5 6
7 8 9 10 11 12 13
14 15 16 17 18 19 20
21 22 23 24 25 26 27
28 29 30 31

APRIL
S M T W T F S
1 2 3
4 5 6 7 8 9 10
11 12 13 14 15 16 17
18 19 20 21 22 23 24
25 26 27 28 29 30

MAY
S M T W T F S
1
2 3 4 5 6 7 8
9 10 11 12 13 14 15
16 17 18 19 20 21 22
23/30 24/31 25 26 27 28 29

JUNE
S M T W T F S
1 2 3 4 5
6 7 8 9 10 11 12
13 14 15 16 17 18 19
20 21 22 23 24 25 26
27 28 29 30

Since we have been justified through faith,
we have peace with God through our Lord Jesus Christ.

ROMANS 5:1

TIME	📖 Genesis 46-50	✓

The LORD is righteous in all His ways and faithful in all He does.

PSALM 145:17

TIME	📖 Matthew 1-3	✓

JULY	AUGUST	SEPTEMBER	OCTOBER	NOVEMBER	DECEMBER
S M T W T F S	S M T W T F S	S M T W T F S	S M T W T F S	S M T W T F S	S M T W T F S
1 2 3	1 2 3 4 5 6 7	1 2 3 4	1 2	1 2 3 4 5 6	1 2 3 4
4 5 6 7 8 9 10	8 9 10 11 12 13 14	5 6 7 8 9 10 11	3 4 5 6 7 8 9	7 8 9 10 11 12 13	5 6 7 8 9 10 11
11 12 13 14 15 16 17	15 16 17 18 19 20 21	12 13 14 15 16 17 18	10 11 12 13 14 15 16	14 15 16 17 18 19 20	12 13 14 15 16 17 18
18 19 20 21 22 23 24	22 23 24 25 26 27 28	19 20 21 22 23 24 25	17 18 19 20 21 22 23	21 22 23 24 25 26 27	19 20 21 22 23 24 25
25 26 27 28 29 30 31	29 30 31	26 27 28 29 30	24/31 25 26 27 28 29 30	28 29 30	26 27 28 29 30 31

MONDAY
18
JANUARY

Blessed are those who trust in the LORD and
have made the LORD their hope and confidence.

JEREMIAH 17:7

TIME	📖 Matthew 4-6	✓
07:00 AM		
07:30 AM		
08:00 AM		
08:30 AM		
09:00 AM		
09:30 AM		
10:00 AM		
10:30 AM		
11:00 AM		
11:30 AM		
12:00 PM		
12:30 PM		
01:00 PM		
01:30 PM		
02:00 PM		
02:30 PM		
03:00 PM		
03:30 PM		
04:00 PM		
04:30 PM		
05:00 PM		
05:30 PM		
06:00 PM		
06:30 PM		
07:00 PM		
07:30 PM		
08:00 PM		

JANUARY
S M T W T F S
1 2
3 4 5 6 7 8 9
10 11 12 13 14 15 16
17 18 19 20 21 22 23
24/31 25 26 27 28 29 30

FEBRUARY
S M T W T F S
1 2 3 4 5 6
7 8 9 10 11 12 13
14 15 16 17 18 19 20
21 22 23 24 25 26 27
28

MARCH
S M T W T F S
1 2 3 4 5 6
7 8 9 10 11 12 13
14 15 16 17 18 19 20
21 22 23 24 25 26 27
28 29 30 31

APRIL
S M T W T F S
1 2 3
4 5 6 7 8 9 10
11 12 13 14 15 16 17
18 19 20 21 22 23 24
25 26 27 28 29 30

MAY
S M T W T F S
1
2 3 4 5 6 7 8
9 10 11 12 13 14 15
16 17 18 19 20 21 22
23/30 24/31 25 26 27 28 29

JUNE
S M T W T F S
1 2 3 4 5
6 7 8 9 10 11 12
13 14 15 16 17 18 19
20 21 22 23 24 25 26
27 28 29 30

"The work of God is this: to believe in the One He has sent."

JOHN 6:29

TIME	📖 Matthew 7-9	✓
07:00 AM		
07:30 AM		
08:00 AM		
08:30 AM		
09:00 AM		
09:30 AM		
10:00 AM		
10:30 AM		
11:00 AM		
11:30 AM		
12:00 PM		
12:30 PM		
01:00 PM		
01:30 PM		
02:00 PM		
02:30 PM		
03:00 PM		
03:30 PM		
04:00 PM		
04:30 PM		
05:00 PM		
05:30 PM		
06:00 PM		
06:30 PM		
07:00 PM		
07:30 PM		
08:00 PM		

JULY	AUGUST	SEPTEMBER	OCTOBER	NOVEMBER	DECEMBER
S M T W T F S	S M T W T F S	S M T W T F S	S M T W T F S	S M T W T F S	S M T W T F S
1 2 3	1 2 3 4 5 6 7	1 2 3 4	1 2	1 2 3 4 5 6	1 2 3 4
4 5 6 7 8 9 10	8 9 10 11 12 13 14	5 6 7 8 9 10 11	3 4 5 6 7 8 9	7 8 9 10 11 12 13	5 6 7 8 9 10 11
11 12 13 14 15 16 17	15 16 17 18 19 20 21	12 13 14 15 16 17 18	10 11 12 13 14 15 16	14 15 16 17 18 19 20	12 13 14 15 16 17 18
18 19 20 21 22 23 24	22 23 24 25 26 27 28	19 20 21 22 23 24 25	17 18 19 20 21 22 23	21 22 23 24 25 26 27	19 20 21 22 23 24 25
25 26 27 28 29 30 31	29 30 31	26 27 28 29 30	24/31 25 26 27 28 29 30	28 29 30	26 27 28 29 30 31

WEDNESDAY
20
JANUARY

Anyone who trusts in Him will never be disgraced.

ROMANS 10:11

TIME	📖 Matthew 10-12	✓
07:00 AM		
07:30 AM		
08:00 AM		
08:30 AM		
09:00 AM		
09:30 AM		
10:00 AM		
10:30 AM		
11:00 AM		
11:30 AM		
12:00 PM		
12:30 PM		
01:00 PM		
01:30 PM		
02:00 PM		
02:30 PM		
03:00 PM		
03:30 PM		
04:00 PM		
04:30 PM		
05:00 PM		
05:30 PM		
06:00 PM		
06:30 PM		
07:00 PM		
07:30 PM		
08:00 PM		

JANUARY	FEBRUARY	MARCH	APRIL	MAY	JUNE
S M T W T F S	S M T W T F S	S M T W T F S	S M T W T F S	S M T W T F S	S M T W T F S
1 2	1 2 3 4 5 6	1 2 3 4 5 6	1 2 3	1	1 2 3 4 5
3 4 5 6 7 8 9	7 8 9 10 11 12 13	7 8 9 10 11 12 13	4 5 6 7 8 9 10	2 3 4 5 6 7 8	6 7 8 9 10 11 12
10 11 12 13 14 15 16	14 15 16 17 18 19 20	14 15 16 17 18 19 20	11 12 13 14 15 16 17	9 10 11 12 13 14 15	13 14 15 16 17 18 19
17 18 19 20 21 22 23	21 22 23 24 25 26 27	21 22 23 24 25 26 27	18 19 20 21 22 23 24	16 17 18 19 20 21 22	20 21 22 23 24 25 26
24/31 25 26 27 28 29 30	28	28 29 30 31	25 26 27 28 29 30	23/30 24/31 25 26 27 28 29	27 28 29 30

Believe in the Lord Jesus and you will be saved.

ACTS 16:31

TIME	📖 Matthew 13-15	✓
07:00 AM		
07:30 AM		
08:00 AM		
08:30 AM		
09:00 AM		
09:30 AM		
10:00 AM		
10:30 AM		
11:00 AM		
11:30 AM		
12:00 PM		
12:30 PM		
01:00 PM		
01:30 PM		
02:00 PM		
02:30 PM		
03:00 PM		
03:30 PM		
04:00 PM		
04:30 PM		
05:00 PM		
05:30 PM		
06:00 PM		
06:30 PM		
07:00 PM		
07:30 PM		
08:00 PM		

JULY	AUGUST	SEPTEMBER	OCTOBER	NOVEMBER	DECEMBER
S M T W T F S	S M T W T F S	S M T W T F S	S M T W T F S	S M T W T F S	S M T W T F S
1 2 3	1 2 3 4 5 6 7	1 2 3 4	1 2	1 2 3 4 5 6	1 2 3 4
4 5 6 7 8 9 10	8 9 10 11 12 13 14	5 6 7 8 9 10 11	3 4 5 6 7 8 9	7 8 9 10 11 12 13	5 6 7 8 9 10 11
11 12 13 14 15 16 17	15 16 17 18 19 20 21	12 13 14 15 16 17 18	10 11 12 13 14 15 16	14 15 16 17 18 19 20	12 13 14 15 16 17 18
18 19 20 21 22 23 24	22 23 24 25 26 27 28	19 20 21 22 23 24 25	17 18 19 20 21 22 23	21 22 23 24 25 26 27	19 20 21 22 23 24 25
25 26 27 28 29 30 31	29 30 31	26 27 28 29 30	24/31 25 26 27 28 29 30	28 29 30	26 27 28 29 30 31

FRIDAY
22
JANUARY

TIME	📖 Matthew 16-18	✓
07:00 AM		
07:30 AM		
08:00 AM		
08:30 AM		
09:00 AM		
09:30 AM		
10:00 AM		
10:30 AM		
11:00 AM		
11:30 AM		
12:00 PM		
12:30 PM		
01:00 PM		
01:30 PM		
02:00 PM		
02:30 PM		
03:00 PM		
03:30 PM		
04:00 PM		
04:30 PM		
05:00 PM		
05:30 PM		
06:00 PM		
06:30 PM		
07:00 PM		
07:30 PM		
08:00 PM		

JANUARY
S M T W T F S
            1 2
3 4 5 6 7 8 9
10 11 12 13 14 15 16
17 18 19 20 21 22 23
24/31 25 26 27 28 29 30

FEBRUARY
S M T W T F S
    1 2 3 4 5 6
7 8 9 10 11 12 13
14 15 16 17 18 19 20
21 22 23 24 25 26 27
28

MARCH
S M T W T F S
    1 2 3 4 5 6
7 8 9 10 11 12 13
14 15 16 17 18 19 20
21 22 23 24 25 26 27
28 29 30 31

APRIL
S M T W T F S
            1 2 3
4 5 6 7 8 9 10
11 12 13 14 15 16 17
18 19 20 21 22 23 24
25 26 27 28 29 30

MAY
S M T W T F S
                  1
2 3 4 5 6 7 8
9 10 11 12 13 14 15
16 17 18 19 20 21 22
23/30 24/31 25 26 27 28 29

JUNE
S M T W T F S
        1 2 3 4 5
6 7 8 9 10 11 12
13 14 15 16 17 18 19
20 21 22 23 24 25 26
27 28 29 30

Let not steadfast love and faithfulness forsake you;
bind them around your neck; write them on the tablet of your heart.

PROVERBS 3:3

SATURDAY
23
JANUARY

TIME	📖 Matthew 19-21	✓

Without faith it is impossible to please Him, for he who
comes to God must believe that He is, and that He
is a rewarder of those who diligently seek Him.

HEBREWS 11:6

SUNDAY
24
JANUARY

TIME	📖 Matthew 22-24	✓

JULY	AUGUST	SEPTEMBER	OCTOBER	NOVEMBER	DECEMBER
S M T W T F S	S M T W T F S	S M T W T F S	S M T W T F S	S M T W T F S	S M T W T F S
1 2 3	1 2 3 4 5 6 7	1 2 3 4	1 2	1 2 3 4 5 6	1 2 3 4
4 5 6 7 8 9 10	8 9 10 11 12 13 14	5 6 7 8 9 10 11	3 4 5 6 7 8 9	7 8 9 10 11 12 13	5 6 7 8 9 10 11
11 12 13 14 15 16 17	15 16 17 18 19 20 21	12 13 14 15 16 17 18	10 11 12 13 14 15 16	14 15 16 17 18 19 20	12 13 14 15 16 17 18
18 19 20 21 22 23 24	22 23 24 25 26 27 28	19 20 21 22 23 24 25	17 18 19 20 21 22 23	21 22 23 24 25 26 27	19 20 21 22 23 24 25
25 26 27 28 29 30 31	29 30 31	26 27 28 29 30	24/31 25 26 27 28 29 30	28 29 30	26 27 28 29 30 31

MONDAY
25
JANUARY

TIME	📖 Matthew 25-28	✓
07:00 AM		
07:30 AM		
08:00 AM		
08:30 AM		
09:00 AM		
09:30 AM		
10:00 AM		
10:30 AM		
11:00 AM		
11:30 AM		
12:00 PM		
12:30 PM		
01:00 PM		
01:30 PM		
02:00 PM		
02:30 PM		
03:00 PM		
03:30 PM		
04:00 PM		
04:30 PM		
05:00 PM		
05:30 PM		
06:00 PM		
06:30 PM		
07:00 PM		
07:30 PM		
08:00 PM		

JANUARY
S M T W T F S
1 2
3 4 5 6 7 8 9
10 11 12 13 14 15 16
17 18 19 20 21 22 23
24/31 25 26 27 28 29 30

FEBRUARY
S M T W T F S
1 2 3 4 5 6
7 8 9 10 11 12 13
14 15 16 17 18 19 20
21 22 23 24 25 26 27
28

MARCH
S M T W T F S
1 2 3 4 5 6
7 8 9 10 11 12 13
14 15 16 17 18 19 20
21 22 23 24 25 26 27
28 29 30 31

APRIL
S M T W T F S
1 2 3
4 5 6 7 8 9 10
11 12 13 14 15 16 17
18 19 20 21 22 23 24
25 26 27 28 29 30

MAY
S M T W T F S
1
2 3 4 5 6 7 8
9 10 11 12 13 14 15
16 17 18 19 20 21 22
23/30 24/31 25 26 27 28 29

JUNE
S M T W T F S
1 2 3 4 5
6 7 8 9 10 11 12
13 14 15 16 17 18 19
20 21 22 23 24 25 26
27 28 29 30

Those who listen to instruction will prosper;
those who trust the Lord will be joyful.

PROVERBS 16:20

TIME	📖 Exodus 1-3	✓
07:00 AM		
07:30 AM		
08:00 AM		
08:30 AM		
09:00 AM		
09:30 AM		
10:00 AM		
10:30 AM		
11:00 AM		
11:30 AM		
12:00 PM		
12:30 PM		
01:00 PM		
01:30 PM		
02:00 PM		
02:30 PM		
03:00 PM		
03:30 PM		
04:00 PM		
04:30 PM		
05:00 PM		
05:30 PM		
06:00 PM		
06:30 PM		
07:00 PM		
07:30 PM		
08:00 PM		

JULY	AUGUST	SEPTEMBER	OCTOBER	NOVEMBER	DECEMBER
S M T W T F S	S M T W T F S	S M T W T F S	S M T W T F S	S M T W T F S	S M T W T F S
1 2 3	1 2 3 4 5 6 7	1 2 3 4	1 2	1 2 3 4 5 6	1 2 3 4
4 5 6 7 8 9 10	8 9 10 11 12 13 14	5 6 7 8 9 10 11	3 4 5 6 7 8 9	7 8 9 10 11 12 13	5 6 7 8 9 10 11
11 12 13 14 15 16 17	15 16 17 18 19 20 21	12 13 14 15 16 17 18	10 11 12 13 14 15 16	14 15 16 17 18 19 20	12 13 14 15 16 17 18
18 19 20 21 22 23 24	22 23 24 25 26 27 28	19 20 21 22 23 24 25	17 18 19 20 21 22 23	21 22 23 24 25 26 27	19 20 21 22 23 24 25
25 26 27 28 29 30 31	29 30 31	26 27 28 29 30	24/31 25 26 27 28 29 30	28 29 30	26 27 28 29 30 31

Whatever is born of God overcomes the world.
And this is the victory that has overcome the world – our faith.

1 JOHN 5:4

TIME	📖 Exodus 4-6	✓
07:00 AM		
07:30 AM		
08:00 AM		
08:30 AM		
09:00 AM		
09:30 AM		
10:00 AM		
10:30 AM		
11:00 AM		
11:30 AM		
12:00 PM		
12:30 PM		
01:00 PM		
01:30 PM		
02:00 PM		
02:30 PM		
03:00 PM		
03:30 PM		
04:00 PM		
04:30 PM		
05:00 PM		
05:30 PM		
06:00 PM		
06:30 PM		
07:00 PM		
07:30 PM		
08:00 PM		

	JANUARY							FEBRUARY							MARCH							APRIL							MAY							JUNE					
S	M	T	W	T	F	S	S	M	T	W	T	F	S	S	M	T	W	T	F	S	S	M	T	W	T	F	S	S	M	T	W	T	F	S	S	M	T	W	T	F	S
					1	2		1	2	3	4	5	6		1	2	3	4	5	6					1	2	3							1			1	2	3	4	5
3	4	5	6	7	8	9	7	8	9	10	11	12	13	7	8	9	10	11	12	13	4	5	6	7	8	9	10	2	3	4	5	6	7	8	6	7	8	9	10	11	12
10	11	12	13	14	15	16	14	15	16	17	18	19	20	14	15	16	17	18	19	20	11	12	13	14	15	16	17	9	10	11	12	13	14	15	13	14	15	16	17	18	19
17	18	19	20	21	22	23	21	22	23	24	25	26	27	21	22	23	24	25	26	27	18	19	20	21	22	23	24	16	17	18	19	20	21	22	20	21	22	23	24	25	26
24/31	25	26	27	28	29	30	28							28	29	30	31				25	26	27	28	29	30		23/30	24/31	25	26	27	28	29	27	28	29	30			

I praise God for what He has promised. I trust in God,
so why should I be afraid? What can mere mortals do to me?

PSALM 56:4

TIME	📖 Exodus 7-9	✓
07:00 AM		
07:30 AM		
08:00 AM		
08:30 AM		
09:00 AM		
09:30 AM		
10:00 AM		
10:30 AM		
11:00 AM		
11:30 AM		
12:00 PM		
12:30 PM		
01:00 PM		
01:30 PM		
02:00 PM		
02:30 PM		
03:00 PM		
03:30 PM		
04:00 PM		
04:30 PM		
05:00 PM		
05:30 PM		
06:00 PM		
06:30 PM		
07:00 PM		
07:30 PM		
08:00 PM		

JAN

JULY	AUGUST	SEPTEMBER	OCTOBER	NOVEMBER	DECEMBER
S M T W T F S	S M T W T F S	S M T W T F S	S M T W T F S	S M T W T F S	S M T W T F S
1 2 3	1 2 3 4 5 6 7	1 2 3 4	1 2	1 2 3 4 5 6	1 2 3 4
5 6 7 8 9 10	8 9 10 11 12 13 14	5 6 7 8 9 10 11	3 4 5 6 7 8 9	7 8 9 10 11 12 13	5 6 7 8 9 10 11
12 13 14 15 16 17	15 16 17 18 19 20 21	12 13 14 15 16 17 18	10 11 12 13 14 15 16	14 15 16 17 18 19 20	12 13 14 15 16 17 18
19 20 21 22 23 24	22 23 24 25 26 27 28	19 20 21 22 23 24 25	17 18 19 20 21 22 23	21 22 23 24 25 26 27	19 20 21 22 23 24 25
26 27 28 29 30 31	29 30 31	26 27 28 29 30	24/31 25 26 27 28 29 30	28 29 30	26 27 28 29 30 31

FRIDAY
29
JANUARY

Jesus told them, "If you have faith and don't doubt,
you can do things like this and much more."

MATTHEW 21:21

TIME	📖 Exodus 10-12	✓
07:00 AM		
07:30 AM		
08:00 AM		
08:30 AM		
09:00 AM		
09:30 AM		
10:00 AM		
10:30 AM		
11:00 AM		
11:30 AM		
12:00 PM		
12:30 PM		
01:00 PM		
01:30 PM		
02:00 PM		
02:30 PM		
03:00 PM		
03:30 PM		
04:00 PM		
04:30 PM		
05:00 PM		
05:30 PM		
06:00 PM		
06:30 PM		
07:00 PM		
07:30 PM		
08:00 PM		

JANUARY
S M T W T F S
              1 2
3 4 5 6 7 8 9
10 11 12 13 14 15 16
17 18 19 20 21 22 23
24/31 25 26 27 28 29 30

FEBRUARY
S M T W T F S
    1 2 3 4 5 6
7 8 9 10 11 12 13
14 15 16 17 18 19 20
21 22 23 24 25 26 27
28

MARCH
S M T W T F S
    1 2 3 4 5 6
7 8 9 10 11 12 13
14 15 16 17 18 19 20
21 22 23 24 25 26 27
28 29 30 31

APRIL
S M T W T F S
            1 2 3
4 5 6 7 8 9 10
11 12 13 14 15 16 17
18 19 20 21 22 23 24
25 26 27 28 29 30

MAY
S M T W T F S
                1
2 3 4 5 6 7 8
9 10 11 12 13 14 15
16 17 18 19 20 21 22
23/30 24/31 25 26 27 28 29

JUNE
S M T W T F S
        1 2 3 4 5
6 7 8 9 10 11 12
13 14 15 16 17 18 19
20 21 22 23 24 25 26
27 28 29 30

Trust not in human wisdom but in the power of God.

1 CORINTHIANS 2:5

SATURDAY
30
JANUARY

TIME	📖 Exodus 13-15	✓

JAN

We know that a person is made right with God
by faith in Jesus Christ, not by obeying the law.

GALATIANS 2:16

SUNDAY
31
JANUARY

TIME	📖 Exodus 16-18	✓

JULY	AUGUST	SEPTEMBER	OCTOBER	NOVEMBER	DECEMBER
S M T W T F S	S M T W T F S	S M T W T F S	S M T W T F S	S M T W T F S	S M T W T F S
1 2 3	1 2 3 4 5 6 7	1 2 3 4	1 2	1 2 3 4 5 6	1 2 3 4
4 5 6 7 8 9 10	8 9 10 11 12 13 14	5 6 7 8 9 10 11	3 4 5 6 7 8 9	7 8 9 10 11 12 13	5 6 7 8 9 10 11
11 12 13 14 15 16 17	15 16 17 18 19 20 21	12 13 14 15 16 17 18	10 11 12 13 14 15 16	14 15 16 17 18 19 20	12 13 14 15 16 17 18
18 19 20 21 22 23 24	22 23 24 25 26 27 28	19 20 21 22 23 24 25	17 18 19 20 21 22 23	21 22 23 24 25 26 27	19 20 21 22 23 24 25
25 26 27 28 29 30 31	29 30 31	26 27 28 29 30	24/31 25 26 27 28 29 30	28 29 30	26 27 28 29 30 31

FEBRUARY

---·•◄►•·---

God loves each of us as if there were only one of us.

St. Augustine

MONTH PLANNER FOR FEBRUARY

1	Monday	
2	Tuesday	
3	Wednesday	
4	Thursday	
5	Friday	
6	Saturday	
7	Sunday	
8	Monday	
9	Tuesday	
10	Wednesday	
11	Thursday	
12	Friday	
13	Saturday	
14	Sunday	
15	Monday	
16	Tuesday	
17	Wednesday	
18	Thursday	
19	Friday	
20	Saturday	
21	Sunday	
22	Monday	
23	Tuesday	
24	Wednesday	
25	Thursday	
26	Friday	
27	Saturday	
28	Sunday	

NOTES

BUDGET FOR FEBRUARY

DATE	ITEM	PAYMENT METHOD	AMOUNT

MONDAY
1
FEBRUARY

TIME	📖 Exodus 19-21	✓
07:00 AM		
07:30 AM		
08:00 AM		
08:30 AM		
09:00 AM		
09:30 AM		
10:00 AM		
10:30 AM		
11:00 AM		
11:30 AM		
12:00 PM		
12:30 PM		
01:00 PM		
01:30 PM		
02:00 PM		
02:30 PM		
03:00 PM		
03:30 PM		
04:00 PM		
04:30 PM		
05:00 PM		
05:30 PM		
06:00 PM		
06:30 PM		
07:00 PM		
07:30 PM		
08:00 PM		

Let all that you do be done with love.

1 CORINTHIANS 16:14

TUESDAY
2
FEBRUARY

FEB

TIME	📖 Exodus 22-24	✓
07:00 AM		
07:30 AM		
08:00 AM		
08:30 AM		
09:00 AM		
09:30 AM		
10:00 AM		
10:30 AM		
11:00 AM		
11:30 AM		
12:00 PM		
12:30 PM		
01:00 PM		
01:30 PM		
02:00 PM		
02:30 PM		
03:00 PM		
03:30 PM		
04:00 PM		
04:30 PM		
05:00 PM		
05:30 PM		
06:00 PM		
06:30 PM		
07:00 PM		
07:30 PM		
08:00 PM		

JULY
S M T W T F S
1 2 3
4 5 6 7 8 9 10
11 12 13 14 15 16 17
18 19 20 21 22 23 24
25 26 27 28 29 30 31

AUGUST
S M T W T F S
1 2 3 4 5 6 7
8 9 10 11 12 13 14
15 16 17 18 19 20 21
22 23 24 25 26 27 28
29 30 31

SEPTEMBER
S M T W T F S
1 2 3 4
5 6 7 8 9 10 11
12 13 14 15 16 17 18
19 20 21 22 23 24 25
26 27 28 29 30

OCTOBER
S M T W T F S
1 2
3 4 5 6 7 8 9
10 11 12 13 14 15 16
17 18 19 20 21 22 23
24/31 25 26 27 28 29 30

NOVEMBER
S M T W T F S
1 2 3 4 5 6
7 8 9 10 11 12 13
14 15 16 17 18 19 20
21 22 23 24 25 26 27
28 29 30

DECEMBER
S M T W T F S
1 2 3 4
5 6 7 8 9 10 11
12 13 14 15 16 17 18
19 20 21 22 23 24 25
26 27 28 29 30 31

"I have loved you even as the Father has loved Me. Remain in My love."

JOHN 15:9

TIME	📖 Exodus 25-27	✓
07:00 AM		
07:30 AM		
08:00 AM		
08:30 AM		
09:00 AM		
09:30 AM		
10:00 AM		
10:30 AM		
11:00 AM		
11:30 AM		
12:00 PM		
12:30 PM		
01:00 PM		
01:30 PM		
02:00 PM		
02:30 PM		
03:00 PM		
03:30 PM		
04:00 PM		
04:30 PM		
05:00 PM		
05:30 PM		
06:00 PM		
06:30 PM		
07:00 PM		
07:30 PM		
08:00 PM		

Above all, love each other deeply,
because love covers over a multitude of sins.

1 PETER 4:8

TIME	📖 Exodus 28-30	✓
07:00 AM		
07:30 AM		
08:00 AM		
08:30 AM		
09:00 AM		
09:30 AM		
10:00 AM		
10:30 AM		
11:00 AM		
11:30 AM		
12:00 PM		
12:30 PM		
01:00 PM		
01:30 PM		
02:00 PM		
02:30 PM		
03:00 PM		
03:30 PM		
04:00 PM		
04:30 PM		
05:00 PM		
05:30 PM		
06:00 PM		
06:30 PM		
07:00 PM		
07:30 PM		
08:00 PM		

FEB

JULY	AUGUST	SEPTEMBER	OCTOBER	NOVEMBER	DECEMBER
S M T W T F S	S M T W T F S	S M T W T F S	S M T W T F S	S M T W T F S	S M T W T F S
1 2 3	1 2 3 4 5 6 7	1 2 3 4	1 2	1 2 3 4 5 6	1 2 3 4
4 5 6 7 8 9 10	8 9 10 11 12 13 14	5 6 7 8 9 10 11	3 4 5 6 7 8 9	7 8 9 10 11 12 13	5 6 7 8 9 10 11
11 12 13 14 15 16 17	15 16 17 18 19 20 21	12 13 14 15 16 17 18	10 11 12 13 14 15 16	14 15 16 17 18 19 20	12 13 14 15 16 17 18
18 19 20 21 22 23 24	22 23 24 25 26 27 28	19 20 21 22 23 24 25	17 18 19 20 21 22 23	21 22 23 24 25 26 27	19 20 21 22 23 24 25
25 26 27 28 29 30 31	29 30 31	26 27 28 29 30	24/31 25 26 27 28 29 30	28 29 30	26 27 28 29 30 31

The faithful love of the LORD never ends! His mercies never cease.
Great is His faithfulness; His mercies begin afresh each morning.

LAMENTATIONS 3:22-23

TIME	📖 Exodus 31-33	✓
07:00 AM		
07:30 AM		
08:00 AM		
08:30 AM		
09:00 AM		
09:30 AM		
10:00 AM		
10:30 AM		
11:00 AM		
11:30 AM		
12:00 PM		
12:30 PM		
01:00 PM		
01:30 PM		
02:00 PM		
02:30 PM		
03:00 PM		
03:30 PM		
04:00 PM		
04:30 PM		
05:00 PM		
05:30 PM		
06:00 PM		
06:30 PM		
07:00 PM		
07:30 PM		
08:00 PM		

JANUARY	FEBRUARY	MARCH	APRIL	MAY	JUNE
S M T W T F S	S M T W T F S	S M T W T F S	S M T W T F S	S M T W T F S	S M T W T F S
1 2	1 2 3 4 5 6	1 2 3 4 5 6	1 2 3	1	1 2 3 4 5
3 4 5 6 7 8 9	7 8 9 10 11 12 13	7 8 9 10 11 12 13	4 5 6 7 8 9 10	2 3 4 5 6 7 8	6 7 8 9 10 11 12
10 11 12 13 14 15 16	14 15 16 17 18 19 20	14 15 16 17 18 19 20	11 12 13 14 15 16 17	9 10 11 12 13 14 15	13 14 15 16 17 18 19
17 18 19 20 21 22 23	21 22 23 24 25 26 27	21 22 23 24 25 26 27	18 19 20 21 22 23 24	16 17 18 19 20 21 22	20 21 22 23 24 25 26
24/31 25 26 27 28 29 30	28	28 29 30 31	25 26 27 28 29 30	23/30 24/31 25 26 27 28 29	27 28 29 30

For God so loved the world that He gave His one and only Son,
that whoever believes in Him shall not perish but have eternal life.

JOHN 3:16

SATURDAY
6
FEBRUARY

TIME	📖 Exodus 34-36	✓

FEB

Whoever does not love does not know God, because God is love.

1 JOHN 4:8

SUNDAY
7
FEBRUARY

TIME	📖 Exodus 37-40	✓

JULY	AUGUST	SEPTEMBER	OCTOBER	NOVEMBER	DECEMBER
S M T W T F S	S M T W T F S	S M T W T F S	S M T W T F S	S M T W T F S	S M T W T F S
1 2 3	1 2 3 4 5 6 7	1 2 3 4	1 2	1 2 3 4 5 6	1 2 3 4
4 5 6 7 8 9 10	8 9 10 11 12 13 14	5 6 7 8 9 10 11	3 4 5 6 7 8 9	7 8 9 10 11 12 13	5 6 7 8 9 10 11
11 12 13 14 15 16 17	15 16 17 18 19 20 21	12 13 14 15 16 17 18	10 11 12 13 14 15 16	14 15 16 17 18 19 20	12 13 14 15 16 17 18
18 19 20 21 22 23 24	22 23 24 25 26 27 28	19 20 21 22 23 24 25	17 18 19 20 21 22 23	21 22 23 24 25 26 27	19 20 21 22 23 24 25
25 26 27 28 29 30 31	29 30 31	26 27 28 29 30	24/31 25 26 27 28 29 30	28 29 30	26 27 28 29 30 31

Love is patient, love is kind. It does not envy,
it does not boast, it is not proud.

1 CORINTHIANS 13:4

TIME	📖 Mark 1-3	✓
07:00 AM		
07:30 AM		
08:00 AM		
08:30 AM		
09:00 AM		
09:30 AM		
10:00 AM		
10:30 AM		
11:00 AM		
11:30 AM		
12:00 PM		
12:30 PM		
01:00 PM		
01:30 PM		
02:00 PM		
02:30 PM		
03:00 PM		
03:30 PM		
04:00 PM		
04:30 PM		
05:00 PM		
05:30 PM		
06:00 PM		
06:30 PM		
07:00 PM		
07:30 PM		
08:00 PM		

JANUARY
S M T W T F S
1 2
3 4 5 6 7 8 9
10 11 12 13 14 15 16
17 18 19 20 21 22 23
24/31 25 26 27 28 29 30

FEBRUARY
S M T W T F S
1 2 3 4 5 6
7 8 9 10 11 12 13
14 15 16 17 18 19 20
21 22 23 24 25 26 27
28

MARCH
S M T W T F S
1 2 3 4 5 6
7 8 9 10 11 12 13
14 15 16 17 18 19 20
21 22 23 24 25 26 27
28 29 30 31

APRIL
S M T W T F S
1 2 3
4 5 6 7 8 9 10
11 12 13 14 15 16 17
18 19 20 21 22 23 24
25 26 27 28 29 30

MAY
S M T W T F S
1
2 3 4 5 6 7 8
9 10 11 12 13 14 15
16 17 18 19 20 21 22
23/30 24/31 25 26 27 28 29

JUNE
S M T W T F S
1 2 3 4 5
6 7 8 9 10 11 12
13 14 15 16 17 18 19
20 21 22 23 24 25 26
27 28 29 30

"This is My commandment, that you
love one another as I have loved you."

JOHN 15:12

TUESDAY
9
FEBRUARY

F
E
B

TIME	📖 Mark 4-6	✓
07:00 AM		
07:30 AM		
08:00 AM		
08:30 AM		
09:00 AM		
09:30 AM		
10:00 AM		
10:30 AM		
11:00 AM		
11:30 AM		
12:00 PM		
12:30 PM		
01:00 PM		
01:30 PM		
02:00 PM		
02:30 PM		
03:00 PM		
03:30 PM		
04:00 PM		
04:30 PM		
05:00 PM		
05:30 PM		
06:00 PM		
06:30 PM		
07:00 PM		
07:30 PM		
08:00 PM		

JULY
S M T W T F S
1 2 3
4 5 6 7 8 9 10
11 12 13 14 15 16 17
18 19 20 21 22 23 24
25 26 27 28 29 30 31

AUGUST
S M T W T F S
1 2 3 4 5 6 7
8 9 10 11 12 13 14
15 16 17 18 19 20 21
22 23 24 25 26 27 28
29 30 31

SEPTEMBER
S M T W T F S
1 2 3 4
5 6 7 8 9 10 11
12 13 14 15 16 17 18
19 20 21 22 23 24 25
26 27 28 29 30

OCTOBER
S M T W T F S
1 2
3 4 5 6 7 8 9
10 11 12 13 14 15 16
17 18 19 20 21 22 23
24/31 25 26 27 28 29 30

NOVEMBER
S M T W T F S
1 2 3 4 5 6
7 8 9 10 11 12 13
14 15 16 17 18 19 20
21 22 23 24 25 26 27
28 29 30

DECEMBER
S M T W T F S
1 2 3 4
5 6 7 8 9 10 11
12 13 14 15 16 17 18
19 20 21 22 23 24 25
26 27 28 29 30 31

WEDNESDAY
10
FEBRUARY

Above all, clothe yourselves with love,
which binds us all together in perfect harmony.

COLOSSIANS 3:14

TIME	📖 Mark 7-9	✓
07:00 AM		
07:30 AM		
08:00 AM		
08:30 AM		
09:00 AM		
09:30 AM		
10:00 AM		
10:30 AM		
11:00 AM		
11:30 AM		
12:00 PM		
12:30 PM		
01:00 PM		
01:30 PM		
02:00 PM		
02:30 PM		
03:00 PM		
03:30 PM		
04:00 PM		
04:30 PM		
05:00 PM		
05:30 PM		
06:00 PM		
06:30 PM		
07:00 PM		
07:30 PM		
08:00 PM		

JANUARY
S M T W T F S
          1 2
3 4 5 6 7 8 9
10 11 12 13 14 15 16
17 18 19 20 21 22 23
24/31 25 26 27 28 29 30

FEBRUARY
S M T W T F S
  1 2 3 4 5 6
7 8 9 10 11 12 13
14 15 16 17 18 19 20
21 22 23 24 25 26 27
28

MARCH
S M T W T F S
  1 2 3 4 5 6
7 8 9 10 11 12 13
14 15 16 17 18 19 20
21 22 23 24 25 26 27
28 29 30 31

APRIL
S M T W T F S
        1 2 3
4 5 6 7 8 9 10
11 12 13 14 15 16 17
18 19 20 21 22 23 24
25 26 27 28 29 30

MAY
S M T W T F S
            1
2 3 4 5 6 7 8
9 10 11 12 13 14 15
16 17 18 19 20 21 22
23/30 24/31 25 26 27 28 29

JUNE
S M T W T F S
    1 2 3 4 5
6 7 8 9 10 11 12
13 14 15 16 17 18 19
20 21 22 23 24 25 26
27 28 29 30

There is no fear in love; but perfect love casts out fear.

1 JOHN 4:18

TIME	📖 Mark 10-12	✓
07:00 AM		
07:30 AM		
08:00 AM		
08:30 AM		
09:00 AM		
09:30 AM		
10:00 AM		
10:30 AM		
11:00 AM		
11:30 AM		
12:00 PM		
12:30 PM		
01:00 PM		
01:30 PM		
02:00 PM		
02:30 PM		
03:00 PM		
03:30 PM		
04:00 PM		
04:30 PM		
05:00 PM		
05:30 PM		
06:00 PM		
06:30 PM		
07:00 PM		
07:30 PM		
08:00 PM		

FEB

JULY	AUGUST	SEPTEMBER	OCTOBER	NOVEMBER	DECEMBER
S M T W T F S	S M T W T F S	S M T W T F S	S M T W T F S	S M T W T F S	S M T W T F S
1 2 3	1 2 3 4 5 6 7	1 2 3 4	1 2	1 2 3 4 5 6	1 2 3 4
4 5 6 7 8 9 10	8 9 10 11 12 13 14	5 6 7 8 9 10 11	3 4 5 6 7 8 9	7 8 9 10 11 12 13	5 6 7 8 9 10 11
11 12 13 14 15 16 17	15 16 17 18 19 20 21	12 13 14 15 16 17 18	10 11 12 13 14 15 16	14 15 16 17 18 19 20	12 13 14 15 16 17 18
18 19 20 21 22 23 24	22 23 24 25 26 27 28	19 20 21 22 23 24 25	17 18 19 20 21 22 23	21 22 23 24 25 26 27	19 20 21 22 23 24 25
25 26 27 28 29 30 31	29 30 31	26 27 28 29 30	24/31 25 26 27 28 29 30	28 29 30	26 27 28 29 30 31

FRIDAY
12
FEBRUARY

See how very much our Father loves us,
for He calls us His children, and that is what we are!

1 JOHN 3:1

TIME	📖 Mark 13-16	✓
07:00 AM		
07:30 AM		
08:00 AM		
08:30 AM		
09:00 AM		
09:30 AM		
10:00 AM		
10:30 AM		
11:00 AM		
11:30 AM		
12:00 PM		
12:30 PM		
01:00 PM		
01:30 PM		
02:00 PM		
02:30 PM		
03:00 PM		
03:30 PM		
04:00 PM		
04:30 PM		
05:00 PM		
05:30 PM		
06:00 PM		
06:30 PM		
07:00 PM		
07:30 PM		
08:00 PM		

JANUARY	FEBRUARY	MARCH	APRIL	MAY	JUNE
S M T W T F S	S M T W T F S	S M T W T F S	S M T W T F S	S M T W T F S	S M T W T F S
1 2	1 2 3 4 5 6	1 2 3 4 5 6	1 2 3	1	1 2 3 4 5
3 4 5 6 7 8 9	7 8 9 10 11 12 13	7 8 9 10 11 12 13	4 5 6 7 8 9 10	2 3 4 5 6 7 8	6 7 8 9 10 11 12
10 11 12 13 14 15 16	14 15 16 17 18 19 20	14 15 16 17 18 19 20	11 12 13 14 15 16 17	9 10 11 12 13 14 15	13 14 15 16 17 18 19
17 18 19 20 21 22 23	21 22 23 24 25 26 27	21 22 23 24 25 26 27	18 19 20 21 22 23 24	16 17 18 19 20 21 22	20 21 22 23 24 25 26
24/31 25 26 27 28 29 30	28	28 29 30 31	25 26 27 28 29 30	23/30 24/31 25 26 27 28 29	27 28 29 30

SATURDAY
13
FEBRUARY

Give thanks to the God of gods. His love endures forever.

PSALM 136:2

TIME	📖 Leviticus 1-3	✓

F
E
B

SUNDAY
14
FEBRUARY

"I lavish unfailing love for a thousand generations
to those who love Me and obey My commands."

DEUTERONOMY 5:10

TIME	📖 Leviticus 4-6	✓

JULY	AUGUST	SEPTEMBER	OCTOBER	NOVEMBER	DECEMBER
S M T W T F S	S M T W T F S	S M T W T F S	S M T W T F S	S M T W T F S	S M T W T F S
1 2 3	1 2 3 4 5 6 7	1 2 3 4	1 2	1 2 3 4 5 6	1 2 3 4
4 5 6 7 8 9 10	8 9 10 11 12 13 14	5 6 7 8 9 10 11	3 4 5 6 7 8 9	7 8 9 10 11 12 13	5 6 7 8 9 10 11
11 12 13 14 15 16 17	15 16 17 18 19 20 21	12 13 14 15 16 17 18	10 11 12 13 14 15 16	14 15 16 17 18 19 20	12 13 14 15 16 17 18
18 19 20 21 22 23 24	22 23 24 25 26 27 28	19 20 21 22 23 24 25	17 18 19 20 21 22 23	21 22 23 24 25 26 27	19 20 21 22 23 24 25
25 26 27 28 29 30 31	29 30 31	26 27 28 29 30	24/31 25 26 27 28 29 30	28 29 30	26 27 28 29 30 31

"You shall love your neighbor as yourself."

MATTHEW 19:19

TIME	📖 Leviticus 7-9	✓
07:00 AM		
07:30 AM		
08:00 AM		
08:30 AM		
09:00 AM		
09:30 AM		
10:00 AM		
10:30 AM		
11:00 AM		
11:30 AM		
12:00 PM		
12:30 PM		
01:00 PM		
01:30 PM		
02:00 PM		
02:30 PM		
03:00 PM		
03:30 PM		
04:00 PM		
04:30 PM		
05:00 PM		
05:30 PM		
06:00 PM		
06:30 PM		
07:00 PM		
07:30 PM		
08:00 PM		

JANUARY	FEBRUARY	MARCH	APRIL	MAY	JUNE
S M T W T F S	S M T W T F S	S M T W T F S	S M T W T F S	S M T W T F S	S M T W T F S
1 2	1 2 3 4 5 6	1 2 3 4 5 6	1 2 3	1	1 2 3 4 5
3 4 5 6 7 8 9	7 8 9 10 11 12 13	7 8 9 10 11 12 13	4 5 6 7 8 9 10	2 3 4 5 6 7 8	6 7 8 9 10 11 12
10 11 12 13 14 15 16	14 15 16 17 18 19 20	14 15 16 17 18 19 20	11 12 13 14 15 16 17	9 10 11 12 13 14 15	13 14 15 16 17 18 19
17 18 19 20 21 22 23	21 22 23 24 25 26 27	21 22 23 24 25 26 27	18 19 20 21 22 23 24	16 17 18 19 20 21 22	20 21 22 23 24 25 26
24/31 25 26 27 28 29 30	28	28 29 30 31	25 26 27 28 29 30	23/30 24/31 25 26 27 28 29	27 28 29 30

Love bears all things, believes all things,
hopes all things, endures all things. Love never ends.

1 CORINTHIANS 13:7-8

FEB

TIME	📖 Leviticus 10-12	✓
07:00 AM		
07:30 AM		
08:00 AM		
08:30 AM		
09:00 AM		
09:30 AM		
10:00 AM		
10:30 AM		
11:00 AM		
11:30 AM		
12:00 PM		
12:30 PM		
01:00 PM		
01:30 PM		
02:00 PM		
02:30 PM		
03:00 PM		
03:30 PM		
04:00 PM		
04:30 PM		
05:00 PM		
05:30 PM		
06:00 PM		
06:30 PM		
07:00 PM		
07:30 PM		
08:00 PM		

JULY	AUGUST	SEPTEMBER	OCTOBER	NOVEMBER	DECEMBER
S M T W T F S	S M T W T F S	S M T W T F S	S M T W T F S	S M T W T F S	S M T W T F S
1 2 3	1 2 3 4 5 6 7	1 2 3 4	1 2	1 2 3 4 5 6	1 2 3 4
4 5 6 7 8 9 10	8 9 10 11 12 13 14	5 6 7 8 9 10 11	3 4 5 6 7 8 9	7 8 9 10 11 12 13	5 6 7 8 9 10 11
11 12 13 14 15 16 17	15 16 17 18 19 20 21	12 13 14 15 16 17 18	10 11 12 13 14 15 16	14 15 16 17 18 19 20	12 13 14 15 16 17 18
18 19 20 21 22 23 24	22 23 24 25 26 27 28	19 20 21 22 23 24 25	17 18 19 20 21 22 23	21 22 23 24 25 26 27	19 20 21 22 23 24 25
25 26 27 28 29 30 31	29 30 31	26 27 28 29 30	24/31 25 26 27 28 29 30	28 29 30	26 27 28 29 30 31

WEDNESDAY
17
FEBRUARY

"I have loved you with an everlasting love;
I have drawn you with unfailing kindness."

JEREMIAH 31:3

TIME	📖 Leviticus 13-15	✓
07:00 AM		
07:30 AM		
08:00 AM		
08:30 AM		
09:00 AM		
09:30 AM		
10:00 AM		
10:30 AM		
11:00 AM		
11:30 AM		
12:00 PM		
12:30 PM		
01:00 PM		
01:30 PM		
02:00 PM		
02:30 PM		
03:00 PM		
03:30 PM		
04:00 PM		
04:30 PM		
05:00 PM		
05:30 PM		
06:00 PM		
06:30 PM		
07:00 PM		
07:30 PM		
08:00 PM		

JANUARY	FEBRUARY	MARCH	APRIL	MAY	JUNE
S M T W T F S	S M T W T F S	S M T W T F S	S M T W T F S	S M T W T F S	S M T W T F S
1 2	1 2 3 4 5 6	1 2 3 4 5 6	1 2 3	1	1 2 3 4 5
3 4 5 6 7 8 9	7 8 9 10 11 12 13	7 8 9 10 11 12 13	4 5 6 7 8 9 10	2 3 4 5 6 7 8	6 7 8 9 10 11 12
10 11 12 13 14 15 16	14 15 16 17 18 19 20	14 15 16 17 18 19 20	11 12 13 14 15 16 17	9 10 11 12 13 14 15	13 14 15 16 17 18 19
17 18 19 20 21 22 23	21 22 23 24 25 26 27	21 22 23 24 25 26 27	18 19 20 21 22 23 24	16 17 18 19 20 21 22	20 21 22 23 24 25 26
24/31 25 26 27 28 29 30	28	28 29 30 31	25 26 27 28 29 30	23/30 24/31 25 26 27 28 29	27 28 29 30

Nothing in all creation will ever be able to separate us
from the love of God that is revealed in Christ Jesus our Lord.

ROMANS 8:39

THURSDAY
18
FEBRUARY

F
E
B

TIME	📖 Leviticus 16-18	✓
07:00 AM		
07:30 AM		
08:00 AM		
08:30 AM		
09:00 AM		
09:30 AM		
10:00 AM		
10:30 AM		
11:00 AM		
11:30 AM		
12:00 PM		
12:30 PM		
01:00 PM		
01:30 PM		
02:00 PM		
02:30 PM		
03:00 PM		
03:30 PM		
04:00 PM		
04:30 PM		
05:00 PM		
05:30 PM		
06:00 PM		
06:30 PM		
07:00 PM		
07:30 PM		
08:00 PM		

JULY	AUGUST	SEPTEMBER	OCTOBER	NOVEMBER	DECEMBER
S M T W T F S	S M T W T F S	S M T W T F S	S M T W T F S	S M T W T F S	S M T W T F S
1 2 3	1 2 3 4 5 6 7	1 2 3 4	1 2	1 2 3 4 5 6	1 2 3 4
4 5 6 7 8 9 10	8 9 10 11 12 13 14	5 6 7 8 9 10 11	3 4 5 6 7 8 9	7 8 9 10 11 12 13	5 6 7 8 9 10 11
11 12 13 14 15 16 17	15 16 17 18 19 20 21	12 13 14 15 16 17 18	10 11 12 13 14 15 16	14 15 16 17 18 19 20	12 13 14 15 16 17 18
18 19 20 21 22 23 24	22 23 24 25 26 27 28	19 20 21 22 23 24 25	17 18 19 20 21 22 23	21 22 23 24 25 26 27	19 20 21 22 23 24 25
25 26 27 28 29 30 31	29 30 31	26 27 28 29 30	24/31 25 26 27 28 29 30	28 29 30	26 27 28 29 30 31

"A new commandment I give to you, that you love one another;
as I have loved you, that you also love one another."

JOHN 13:34

TIME	📖 Leviticus 19-21	✓
07:00 AM		
07:30 AM		
08:00 AM		
08:30 AM		
09:00 AM		
09:30 AM		
10:00 AM		
10:30 AM		
11:00 AM		
11:30 AM		
12:00 PM		
12:30 PM		
01:00 PM		
01:30 PM		
02:00 PM		
02:30 PM		
03:00 PM		
03:30 PM		
04:00 PM		
04:30 PM		
05:00 PM		
05:30 PM		
06:00 PM		
06:30 PM		
07:00 PM		
07:30 PM		
08:00 PM		

JANUARY	FEBRUARY	MARCH	APRIL	MAY	JUNE
S M T W T F S	S M T W T F S	S M T W T F S	S M T W T F S	S M T W T F S	S M T W T F S
1 2	1 2 3 4 5 6	1 2 3 4 5 6	1 2 3	1	1 2 3 4 5
3 4 5 6 7 8 9	7 8 9 10 11 12 13	7 8 9 10 11 12 13	4 5 6 7 8 9 10	2 3 4 5 6 7 8	6 7 8 9 10 11 12
10 11 12 13 14 15 16	14 15 16 17 18 19 20	14 15 16 17 18 19 20	11 12 13 14 15 16 17	9 10 11 12 13 14 15	13 14 15 16 17 18 19
17 18 19 20 21 22 23	21 22 23 24 25 26 27	21 22 23 24 25 26 27	18 19 20 21 22 23 24	16 17 18 19 20 21 22	20 21 22 23 24 25 26
24/31 25 26 27 28 29 30	28	28 29 30 31	25 26 27 28 29 30	23/30 24/31 25 26 27 28 29	27 28 29 30

This is love: not that we loved God, but that He loved
us and send His Son as an atoning sacrifice for our sins.

1 JOHN 4:10

TIME	📖 Leviticus 22-24	✓

No one has ever seen God. But if we love each other,
God lives in us, and His love is brought to full expression in us.

1 JOHN 4:12

TIME	📖 Leviticus 25-27	✓

JULY	AUGUST	SEPTEMBER	OCTOBER	NOVEMBER	DECEMBER
S M T W T F S	S M T W T F S	S M T W T F S	S M T W T F S	S M T W T F S	S M T W T F S
1 2 3	1 2 3 4 5 6 7	1 2 3 4	1 2	1 2 3 4 5 6	1 2 3 4
4 5 6 7 8 9 10	8 9 10 11 12 13 14	5 6 7 8 9 10 11	3 4 5 6 7 8 9	7 8 9 10 11 12 13	5 6 7 8 9 10 11
11 12 13 14 15 16 17	15 16 17 18 19 20 21	12 13 14 15 16 17 18	10 11 12 13 14 15 16	14 15 16 17 18 19 20	12 13 14 15 16 17 18
18 19 20 21 22 23 24	22 23 24 25 26 27 28	19 20 21 22 23 24 25	17 18 19 20 21 22 23	21 22 23 24 25 26 27	19 20 21 22 23 24 25
25 26 27 28 29 30 31	29 30 31	26 27 28 29 30	24/31 25 26 27 28 29 30	28 29 30	26 27 28 29 30 31

I will sing of the steadfast love of the LORD, forever.

PSALM 89:1

TIME	📖 Luke 1-3	✓
07:00 AM		
07:30 AM		
08:00 AM		
08:30 AM		
09:00 AM		
09:30 AM		
10:00 AM		
10:30 AM		
11:00 AM		
11:30 AM		
12:00 PM		
12:30 PM		
01:00 PM		
01:30 PM		
02:00 PM		
02:30 PM		
03:00 PM		
03:30 PM		
04:00 PM		
04:30 PM		
05:00 PM		
05:30 PM		
06:00 PM		
06:30 PM		
07:00 PM		
07:30 PM		
08:00 PM		

God demonstrates His own love toward us,
in that while we were still sinners, Christ died for us.

TIME	📖 Luke 4-6	✓
07:00 AM		
07:30 AM		
08:00 AM		
08:30 AM		
09:00 AM		
09:30 AM		
10:00 AM		
10:30 AM		
11:00 AM		
11:30 AM		
12:00 PM		
12:30 PM		
01:00 PM		
01:30 PM		
02:00 PM		
02:30 PM		
03:00 PM		
03:30 PM		
04:00 PM		
04:30 PM		
05:00 PM		
05:30 PM		
06:00 PM		
06:30 PM		
07:00 PM		
07:30 PM		
08:00 PM		

F
E
B

JULY	AUGUST	SEPTEMBER	OCTOBER	NOVEMBER	DECEMBER
S M T W T F S	S M T W T F S	S M T W T F S	S M T W T F S	S M T W T F S	S M T W T F S
1 2 3	1 2 3 4 5 6 7	1 2 3 4	1 2	1 2 3 4 5 6	1 2 3 4
4 5 6 7 8 9 10	8 9 10 11 12 13 14	5 6 7 8 9 10 11	3 4 5 6 7 8 9	7 8 9 10 11 12 13	5 6 7 8 9 10 11
11 12 13 14 15 16 17	15 16 17 18 19 20 21	12 13 14 15 16 17 18	10 11 12 13 14 15 16	14 15 16 17 18 19 20	12 13 14 15 16 17 18
18 19 20 21 22 23 24	22 23 24 25 26 27 28	19 20 21 22 23 24 25	17 18 19 20 21 22 23	21 22 23 24 25 26 27	19 20 21 22 23 24 25
25 26 27 28 29 30 31	29 30 31	26 27 28 29 30	24/31 25 26 27 28 29 30	28 29 30	26 27 28 29 30 31

WEDNESDAY
24
FEBRUARY

Let's not merely say that we love each other;
let us show the truth by our actions.

TIME	📖 Luke 7-9	✓
07:00 AM		
07:30 AM		
08:00 AM		
08:30 AM		
09:00 AM		
09:30 AM		
10:00 AM		
10:30 AM		
11:00 AM		
11:30 AM		
12:00 PM		
12:30 PM		
01:00 PM		
01:30 PM		
02:00 PM		
02:30 PM		
03:00 PM		
03:30 PM		
04:00 PM		
04:30 PM		
05:00 PM		
05:30 PM		
06:00 PM		
06:30 PM		
07:00 PM		
07:30 PM		
08:00 PM		

JANUARY	FEBRUARY	MARCH	APRIL	MAY	JUNE
S M T W T F S	S M T W T F S	S M T W T F S	S M T W T F S	S M T W T F S	S M T W T F S
1 2	1 2 3 4 5 6	1 2 3 4 5 6	1 2 3	1	1 2 3 4 5
3 4 5 6 7 8 9	7 8 9 10 11 12 13	7 8 9 10 11 12 13	4 5 6 7 8 9 10	2 3 4 5 6 7 8	6 7 8 9 10 11 12
10 11 12 13 14 15 16	14 15 16 17 18 19 20	14 15 16 17 18 19 20	11 12 13 14 15 16 17	9 10 11 12 13 14 15	13 14 15 16 17 18 19
17 18 19 20 21 22 23	21 22 23 24 25 26 27	21 22 23 24 25 26 27	18 19 20 21 22 23 24	16 17 18 19 20 21 22	20 21 22 23 24 25 26
24/31 25 26 27 28 29 30	28	28 29 30 31	25 26 27 28 29 30	23/30 24/31 25 26 27 28 29	27 28 29 30

Three things will last forever – faith, hope,
and love – and the greatest of these is love.

1 CORINTHIANS 13:13

TIME	📖 Luke 10-12	✓
07:00 AM		
07:30 AM		
08:00 AM		
08:30 AM		
09:00 AM		
09:30 AM		
10:00 AM		
10:30 AM		
11:00 AM		
11:30 AM		
12:00 PM		
12:30 PM		
01:00 PM		
01:30 PM		
02:00 PM		
02:30 PM		
03:00 PM		
03:30 PM		
04:00 PM		
04:30 PM		
05:00 PM		
05:30 PM		
06:00 PM		
06:30 PM		
07:00 PM		
07:30 PM		
08:00 PM		

FEB

JULY						
S	M	T	W	T	F	S
				1	2	3
4	5	6	7	8	9	10
11	12	13	14	15	16	17
18	19	20	21	22	23	24
25	26	27	28	29	30	31

AUGUST						
S	M	T	W	T	F	S
1	2	3	4	5	6	7
8	9	10	11	12	13	14
15	16	17	18	19	20	21
22	23	24	25	26	27	28
29	30	31				

SEPTEMBER						
S	M	T	W	T	F	S
			1	2	3	4
5	6	7	8	9	10	11
12	13	14	15	16	17	18
19	20	21	22	23	24	25
26	27	28	29	30		

OCTOBER						
S	M	T	W	T	F	S
					1	2
3	4	5	6	7	8	9
10	11	12	13	14	15	16
17	18	19	20	21	22	23
24/31	25	26	27	28	29	30

NOVEMBER						
S	M	T	W	T	F	S
	1	2	3	4	5	6
7	8	9	10	11	12	13
14	15	16	17	18	19	20
21	22	23	24	25	26	27
28	29	30				

DECEMBER						
S	M	T	W	T	F	S
			1	2	3	4
5	6	7	8	9	10	11
12	13	14	15	16	17	18
19	20	21	22	23	24	25
26	27	28	29	30	31	

FRIDAY
26
FEBRUARY

I trust in Your unfailing love; my heart rejoices in Your salvation.

PSALM 13:5

TIME	📖 Luke 13-15	✓
07:00 AM		
07:30 AM		
08:00 AM		
08:30 AM		
09:00 AM		
09:30 AM		
10:00 AM		
10:30 AM		
11:00 AM		
11:30 AM		
12:00 PM		
12:30 PM		
01:00 PM		
01:30 PM		
02:00 PM		
02:30 PM		
03:00 PM		
03:30 PM		
04:00 PM		
04:30 PM		
05:00 PM		
05:30 PM		
06:00 PM		
06:30 PM		
07:00 PM		
07:30 PM		
08:00 PM		

JANUARY	FEBRUARY	MARCH	APRIL	MAY	JUNE
S M T W T F S	S M T W T F S	S M T W T F S	S M T W T F S	S M T W T F S	S M T W T F S
1 2	1 2 3 4 5 6	1 2 3 4 5 6	1 2 3	1	1 2 3 4 5
3 4 5 6 7 8 9	7 8 9 10 11 12 13	7 8 9 10 11 12 13	4 5 6 7 8 9 10	2 3 4 5 6 7 8	6 7 8 9 10 11 12
10 11 12 13 14 15 16	14 15 16 17 18 19 20	14 15 16 17 18 19 20	11 12 13 14 15 16 17	9 10 11 12 13 14 15	13 14 15 16 17 18 19
17 18 19 20 21 22 23	21 22 23 24 25 26 27	21 22 23 24 25 26 27	18 19 20 21 22 23 24	16 17 18 19 20 21 22	20 21 22 23 24 25 26
24/31 25 26 27 28 29 30	28	28 29 30 31	25 26 27 28 29 30	23/30 24/31 25 26 27 28 29	27 28 29 30

SATURDAY
27
FEBRUARY

Pursue righteousness, faith, love and peace.

2 TIMOTHY 2:22

FEB

TIME	📖 Luke 16-18	✓

SUNDAY
28
FEBRUARY

We love because He first loved us.

1 JOHN 4:19

TIME	📖 Luke 19-21	✓

JULY	AUGUST	SEPTEMBER	OCTOBER	NOVEMBER	DECEMBER
S M T W T F S	S M T W T F S	S M T W T F S	S M T W T F S	S M T W T F S	S M T W T F S
1 2 3	1 2 3 4 5 6 7	1 2 3 4	1 2	1 2 3 4 5 6	1 2 3 4
4 5 6 7 8 9 10	8 9 10 11 12 13 14	5 6 7 8 9 10 11	3 4 5 6 7 8 9	7 8 9 10 11 12 13	5 6 7 8 9 10 11
11 12 13 14 15 16 17	15 16 17 18 19 20 21	12 13 14 15 16 17 18	10 11 12 13 14 15 16	14 15 16 17 18 19 20	12 13 14 15 16 17 18
18 19 20 21 22 23 24	22 23 24 25 26 27 28	19 20 21 22 23 24 25	17 18 19 20 21 22 23	21 22 23 24 25 26 27	19 20 21 22 23 24 25
25 26 27 28 29 30 31	29 30 31	26 27 28 29 30	24/31 25 26 27 28 29 30	28 29 30	26 27 28 29 30 31

MARCH

Joy is the serious business of heaven.

C. S. Lewis

MONTH PLANNER FOR MARCH

1	Monday	
2	Tuesday	
3	Wednesday	
4	Thursday	
5	Friday	
6	Saturday	
7	Sunday	
8	Monday	
9	Tuesday	
10	Wednesday	
11	Thursday	
12	Friday	
13	Saturday	
14	Sunday	
15	Monday	
16	Tuesday	
17	Wednesday	
18	Thursday	
19	Friday	
20	Saturday	
21	Sunday	
22	Monday	
23	Tuesday	
24	Wednesday	
25	Thursday	
26	Friday	
27	Saturday	
28	Sunday	
29	Monday	
30	Tuesday	
31	Wednesday	

NOTES

BUDGET FOR MARCH

DATE	ITEM	PAYMENT METHOD	AMOUNT

MONDAY
1
MARCH

This is the day that the LORD has made; let us rejoice and be glad in it.

PSALM 118:24

TIME	📖 Luke 22-24	✓
07:00 AM		
07:30 AM		
08:00 AM		
08:30 AM		
09:00 AM		
09:30 AM		
10:00 AM		
10:30 AM		
11:00 AM		
11:30 AM		
12:00 PM		
12:30 PM		
01:00 PM		
01:30 PM		
02:00 PM		
02:30 PM		
03:00 PM		
03:30 PM		
04:00 PM		
04:30 PM		
05:00 PM		
05:30 PM		
06:00 PM		
06:30 PM		
07:00 PM		
07:30 PM		
08:00 PM		

JANUARY	FEBRUARY	MARCH	APRIL	MAY	JUNE
S M T W T F S	S M T W T F S	S M T W T F S	S M T W T F S	S M T W T F S	S M T W T F S
1 2	1 2 3 4 5 6	1 2 3 4 5 6	1 2 3	1	1 2 3 4 5
3 4 5 6 7 8 9	7 8 9 10 11 12 13	7 8 9 10 11 12 13	4 5 6 7 8 9 10	2 3 4 5 6 7 8	6 7 8 9 10 11 12
10 11 12 13 14 15 16	14 15 16 17 18 19 20	14 15 16 17 18 19 20	11 12 13 14 15 16 17	9 10 11 12 13 14 15	13 14 15 16 17 18 19
17 18 19 20 21 22 23	21 22 23 24 25 26 27	21 22 23 24 25 26 27	18 19 20 21 22 23 24	16 17 18 19 20 21 22	20 21 22 23 24 25 26
24/31 25 26 27 28 29 30	28	28 29 30 31	25 26 27 28 29 30	23/30 24/31 25 26 27 28 29	27 28 29 30

The joy of the LORD is your strength.

NEHEMIAH 8:10

TUESDAY
2
MARCH

MAR

TIME	📖 Numbers 1-3	✓
07:00 AM		
07:30 AM		
08:00 AM		
08:30 AM		
09:00 AM		
09:30 AM		
10:00 AM		
10:30 AM		
11:00 AM		
11:30 AM		
12:00 PM		
12:30 PM		
01:00 PM		
01:30 PM		
02:00 PM		
02:30 PM		
03:00 PM		
03:30 PM		
04:00 PM		
04:30 PM		
05:00 PM		
05:30 PM		
06:00 PM		
06:30 PM		
07:00 PM		
07:30 PM		
08:00 PM		

JULY	AUGUST	SEPTEMBER	OCTOBER	NOVEMBER	DECEMBER
S M T W T F S	S M T W T F S	S M T W T F S	S M T W T F S	S M T W T F S	S M T W T F S
1 2 3	1 2 3 4 5 6 7	1 2 3 4	1 2	1 2 3 4 5 6	1 2 3 4
4 5 6 7 8 9 10	8 9 10 11 12 13 14	5 6 7 8 9 10 11	3 4 5 6 7 8 9	7 8 9 10 11 12 13	5 6 7 8 9 10 11
11 12 13 14 15 16 17	15 16 17 18 19 20 21	12 13 14 15 16 17 18	10 11 12 13 14 15 16	14 15 16 17 18 19 20	12 13 14 15 16 17 18
18 19 20 21 22 23 24	22 23 24 25 26 27 28	19 20 21 22 23 24 25	17 18 19 20 21 22 23	21 22 23 24 25 26 27	19 20 21 22 23 24 25
25 26 27 28 29 30 31	29 30 31	26 27 28 29 30	24/31 25 26 27 28 29 30	28 29 30	26 27 28 29 30 31

Those who sow with tears will reap with songs of joy.

PSALM 126:5

TIME	📖 Numbers 4-6	✓
07:00 AM		
07:30 AM		
08:00 AM		
08:30 AM		
09:00 AM		
09:30 AM		
10:00 AM		
10:30 AM		
11:00 AM		
11:30 AM		
12:00 PM		
12:30 PM		
01:00 PM		
01:30 PM		
02:00 PM		
02:30 PM		
03:00 PM		
03:30 PM		
04:00 PM		
04:30 PM		
05:00 PM		
05:30 PM		
06:00 PM		
06:30 PM		
07:00 PM		
07:30 PM		
08:00 PM		

JANUARY	FEBRUARY	MARCH	APRIL	MAY	JUNE
S M T W T F S	S M T W T F S	S M T W T F S	S M T W T F S	S M T W T F S	S M T W T F S
1 2	1 2 3 4 5 6	1 2 3 4 5 6	1 2 3	1	1 2 3 4 5
3 4 5 6 7 8 9	7 8 9 10 11 12 13	7 8 9 10 11 12 13	4 5 6 7 8 9 10	2 3 4 5 6 7 8	6 7 8 9 10 11 12
10 11 12 13 14 15 16	14 15 16 17 18 19 20	14 15 16 17 18 19 20	11 12 13 14 15 16 17	9 10 11 12 13 14 15	13 14 15 16 17 18 19
17 18 19 20 21 22 23	21 22 23 24 25 26 27	21 22 23 24 25 26 27	18 19 20 21 22 23 24	16 17 18 19 20 21 22	20 21 22 23 24 25 26
24/31 25 26 27 28 29 30	28	28 29 30 31	25 26 27 28 29 30	23/30 24/31 25 26 27 28 29	27 28 29 30

Glory in His holy name; let the hearts of those who seek the LORD rejoice.

PSALM 105:3

TIME	📖 Numbers 7-9	✓
07:00 AM		
07:30 AM		
08:00 AM		
08:30 AM		
09:00 AM		
09:30 AM		
10:00 AM		
10:30 AM		
11:00 AM		
11:30 AM		
12:00 PM		
12:30 PM		
01:00 PM		
01:30 PM		
02:00 PM		
02:30 PM		
03:00 PM		
03:30 PM		
04:00 PM		
04:30 PM		
05:00 PM		
05:30 PM		
06:00 PM		
06:30 PM		
07:00 PM		
07:30 PM		
08:00 PM		

MAR

JULY	AUGUST	SEPTEMBER	OCTOBER	NOVEMBER	DECEMBER
S M T W T F S	S M T W T F S	S M T W T F S	S M T W T F S	S M T W T F S	S M T W T F S
1 2 3	1 2 3 4 5 6 7	1 2 3 4	1 2	1 2 3 4 5 6	1 2 3 4
4 5 6 7 8 9 10	8 9 10 11 12 13 14	5 6 7 8 9 10 11	3 4 5 6 7 8 9	7 8 9 10 11 12 13	5 6 7 8 9 10 11
11 12 13 14 15 16 17	15 16 17 18 19 20 21	12 13 14 15 16 17 18	10 11 12 13 14 15 16	14 15 16 17 18 19 20	12 13 14 15 16 17 18
18 19 20 21 22 23 24	22 23 24 25 26 27 28	19 20 21 22 23 24 25	17 18 19 20 21 22 23	21 22 23 24 25 26 27	19 20 21 22 23 24 25
25 26 27 28 29 30 31	29 30 31	26 27 28 29 30	24/31 25 26 27 28 29 30	28 29 30	26 27 28 29 30 31

FRIDAY
5
MARCH

TIME	📖 Numbers 10-12	✓
07:00 AM		
07:30 AM		
08:00 AM		
08:30 AM		
09:00 AM		
09:30 AM		
10:00 AM		
10:30 AM		
11:00 AM		
11:30 AM		
12:00 PM		
12:30 PM		
01:00 PM		
01:30 PM		
02:00 PM		
02:30 PM		
03:00 PM		
03:30 PM		
04:00 PM		
04:30 PM		
05:00 PM		
05:30 PM		
06:00 PM		
06:30 PM		
07:00 PM		
07:30 PM		
08:00 PM		

JANUARY	FEBRUARY	MARCH	APRIL	MAY	JUNE
S M T W T F S	S M T W T F S	S M T W T F S	S M T W T F S	S M T W T F S	S M T W T F S
1 2	1 2 3 4 5 6	1 2 3 4 5 6	1 2 3	1	1 2 3 4 5
3 4 5 6 7 8 9	7 8 9 10 11 12 13	7 8 9 10 11 12 13	4 5 6 7 8 9 10	2 3 4 5 6 7 8	6 7 8 9 10 11 12
10 11 12 13 14 15 16	14 15 16 17 18 19 20	14 15 16 17 18 19 20	11 12 13 14 15 16 17	9 10 11 12 13 14 15	13 14 15 16 17 18 19
17 18 19 20 21 22 23	21 22 23 24 25 26 27	21 22 23 24 25 26 27	18 19 20 21 22 23 24	16 17 18 19 20 21 22	20 21 22 23 24 25 26
24/31 25 26 27 28 29 30	28	28 29 30 31	25 26 27 28 29 30	23/30 24/31 25 26 27 28 29	27 28 29 30

Let all those who seek You rejoice and be glad in You; and let those who love Your salvation say continually, "Let God be magnified!"

PSALM 70:4

SATURDAY
6
MARCH

TIME	📖 Numbers 13-15	✓

In Him our hearts rejoice, for we trust in His holy name.

PSALM 33:21

SUNDAY
7
MARCH

TIME	📖 Numbers 16-18	✓

	JULY							AUGUST							SEPTEMBER							OCTOBER							NOVEMBER							DECEMBER					
S	M	T	W	T	F	S	S	M	T	W	T	F	S	S	M	T	W	T	F	S	S	M	T	W	T	F	S	S	M	T	W	T	F	S	S	M	T	W	T	F	S
				1	2	3	1	2	3	4	5	6	7				1	2	3	4						1	2	1	2	3	4	5	6				1	2	3	4
4	5	6	7	8	9	10	8	9	10	11	12	13	14	5	6	7	8	9	10	11	3	4	5	6	7	8	9	7	8	9	10	11	12	13	5	6	7	8	9	10	11
11	12	13	14	15	16	17	15	16	17	18	19	20	21	12	13	14	15	16	17	18	10	11	12	13	14	15	16	14	15	16	17	18	19	20	12	13	14	15	16	17	18
18	19	20	21	22	23	24	22	23	24	25	26	27	28	19	20	21	22	23	24	25	17	18	19	20	21	22	23	21	22	23	24	25	26	27	19	20	21	22	23	24	25
25	26	27	28	29	30	31	29	30	31					26	27	28	29	30			24/31	25	26	27	28	29	30	28	29	30					26	27	28	29	30	31	

MONDAY

8

MARCH

"Be happy! Yes, leap for joy! For a great reward awaits you in heaven."

LUKE 6:23

TIME	📖 Numbers 19-21	✓
07:00 AM		
07:30 AM		
08:00 AM		
08:30 AM		
09:00 AM		
09:30 AM		
10:00 AM		
10:30 AM		
11:00 AM		
11:30 AM		
12:00 PM		
12:30 PM		
01:00 PM		
01:30 PM		
02:00 PM		
02:30 PM		
03:00 PM		
03:30 PM		
04:00 PM		
04:30 PM		
05:00 PM		
05:30 PM		
06:00 PM		
06:30 PM		
07:00 PM		
07:30 PM		
08:00 PM		

JANUARY	FEBRUARY	MARCH	APRIL	MAY	JUNE
S M T W T F S	S M T W T F S	S M T W T F S	S M T W T F S	S M T W T F S	S M T W T F S
1 2	1 2 3 4 5 6	1 2 3 4 5 6	1 2 3	1	1 2 3 4 5
3 4 5 6 7 8 9	7 8 9 10 11 12 13	7 8 9 10 11 12 13	4 5 6 7 8 9 10	2 3 4 5 6 7 8	6 7 8 9 10 11 12
10 11 12 13 14 15 16	14 15 16 17 18 19 20	14 15 16 17 18 19 20	11 12 13 14 15 16 17	9 10 11 12 13 14 15	13 14 15 16 17 18 19
17 18 19 20 21 22 23	21 22 23 24 25 26 27	21 22 23 24 25 26 27	18 19 20 21 22 23 24	16 17 18 19 20 21 22	20 21 22 23 24 25 26
24/31 25 26 27 28 29 30	28	28 29 30 31	25 26 27 28 29 30	23/30 24/31 25 26 27 28 29	27 28 29 30

You who are young, be happy while you are young,
and let your heart give you joy in the days of your youth.

TIME	📖 Numbers 22-24	✓
07:00 AM		
07:30 AM		
08:00 AM		
08:30 AM		
09:00 AM		
09:30 AM		
10:00 AM		
10:30 AM		
11:00 AM		
11:30 AM		
12:00 PM		
12:30 PM		
01:00 PM		
01:30 PM		
02:00 PM		
02:30 PM		
03:00 PM		
03:30 PM		
04:00 PM		
04:30 PM		
05:00 PM		
05:30 PM		
06:00 PM		
06:30 PM		
07:00 PM		
07:30 PM		
08:00 PM		

MAR

	JULY							AUGUST							SEPTEMBER							OCTOBER							NOVEMBER							DECEMBER						
S	M	T	W	T	F	S	S	M	T	W	T	F	S	S	M	T	W	T	F	S	S	M	T	W	T	F	S	S	M	T	W	T	F	S	S	M	T	W	T	F	S
				1	2	3	1	2	3	4	5	6	7				1	2	3	4						1	2		1	2	3	4	5	6				1	2	3	4
4	5	6	7	8	9	10	8	9	10	11	12	13	14	5	6	7	8	9	10	11	3	4	5	6	7	8	9	7	8	9	10	11	12	13	5	6	7	8	9	10	11
11	12	13	14	15	16	17	15	16	17	18	19	20	21	12	13	14	15	16	17	18	10	11	12	13	14	15	16	14	15	16	17	18	19	20	12	13	14	15	16	17	18
18	19	20	21	22	23	24	22	23	24	25	26	27	28	19	20	21	22	23	24	25	17	18	19	20	21	22	23	21	22	23	24	25	26	27	19	20	21	22	23	24	25
25	26	27	28	29	30	31	29	30	31					26	27	28	29	30			24/31	25	26	27	28	29	30	28	29	30					26	27	28	29	30	31	

You turned my wailing into dancing;
You removed my sackcloth and clothed me with joy.

PSALM 30:11

TIME	📖 Numbers 25-27	✓
07:00 AM		
07:30 AM		
08:00 AM		
08:30 AM		
09:00 AM		
09:30 AM		
10:00 AM		
10:30 AM		
11:00 AM		
11:30 AM		
12:00 PM		
12:30 PM		
01:00 PM		
01:30 PM		
02:00 PM		
02:30 PM		
03:00 PM		
03:30 PM		
04:00 PM		
04:30 PM		
05:00 PM		
05:30 PM		
06:00 PM		
06:30 PM		
07:00 PM		
07:30 PM		
08:00 PM		

JANUARY	FEBRUARY	MARCH	APRIL	MAY	JUNE
S M T W T F S	S M T W T F S	S M T W T F S	S M T W T F S	S M T W T F S	S M T W T F S
1 2	1 2 3 4 5 6	1 2 3 4 5 6	1 2 3	1	1 2 3 4 5
3 4 5 6 7 8 9	7 8 9 10 11 12 13	7 8 9 10 11 12 13	4 5 6 7 8 9 10	2 3 4 5 6 7 8	6 7 8 9 10 11 12
10 11 12 13 14 15 16	14 15 16 17 18 19 20	14 15 16 17 18 19 20	11 12 13 14 15 16 17	9 10 11 12 13 14 15	13 14 15 16 17 18 19
17 18 19 20 21 22 23	21 22 23 24 25 26 27	21 22 23 24 25 26 27	18 19 20 21 22 23 24	16 17 18 19 20 21 22	20 21 22 23 24 25 26
24/31 25 26 27 28 29 30	28	28 29 30 31	25 26 27 28 29 30	23/30 24/31 25 26 27 28 29	27 28 29 30

Those who look to Him for help will be radiant with joy;
no shadow of shame will darken their faces.

TIME	📖 Numbers 28-30	✓
07:00 AM		
07:30 AM		
08:00 AM		
08:30 AM		
09:00 AM		
09:30 AM		
10:00 AM		
10:30 AM		
11:00 AM		
11:30 AM		
12:00 PM		
12:30 PM		
01:00 PM		
01:30 PM		
02:00 PM		
02:30 PM		
03:00 PM		
03:30 PM		
04:00 PM		
04:30 PM		
05:00 PM		
05:30 PM		
06:00 PM		
06:30 PM		
07:00 PM		
07:30 PM		
08:00 PM		

JULY
S M T W T F S
1 2 3
4 5 6 7 8 9 10
11 12 13 14 15 16 17
18 19 20 21 22 23 24
25 26 27 28 29 30 31

AUGUST
S M T W T F S
1 2 3 4 5 6 7
8 9 10 11 12 13 14
15 16 17 18 19 20 21
22 23 24 25 26 27 28
29 30 31

SEPTEMBER
S M T W T F S
1 2 3 4
5 6 7 8 9 10 11
12 13 14 15 16 17 18
19 20 21 22 23 24 25
26 27 28 29 30

OCTOBER
S M T W T F S
1 2
3 4 5 6 7 8 9
10 11 12 13 14 15 16
17 18 19 20 21 22 23
24/31 25 26 27 28 29 30

NOVEMBER
S M T W T F S
1 2 3 4 5 6
7 8 9 10 11 12 13
14 15 16 17 18 19 20
21 22 23 24 25 26 27
28 29 30

DECEMBER
S M T W T F S
1 2 3 4
5 6 7 8 9 10 11
12 13 14 15 16 17 18
19 20 21 22 23 24 25
26 27 28 29 30 31

Always be full of joy in the Lord. I say it again – rejoice!

PHILIPPIANS 4:4

TIME	📖 Numbers 31-33	✓
07:00 AM		
07:30 AM		
08:00 AM		
08:30 AM		
09:00 AM		
09:30 AM		
10:00 AM		
10:30 AM		
11:00 AM		
11:30 AM		
12:00 PM		
12:30 PM		
01:00 PM		
01:30 PM		
02:00 PM		
02:30 PM		
03:00 PM		
03:30 PM		
04:00 PM		
04:30 PM		
05:00 PM		
05:30 PM		
06:00 PM		
06:30 PM		
07:00 PM		
07:30 PM		
08:00 PM		

	JANUARY	FEBRUARY	MARCH	APRIL	MAY	JUNE
S M T W T F S						
JANUARY						
S M T W T F S	S M T W T F S	S M T W T F S	S M T W T F S	S M T W T F S	S M T W T F S	
	1 2	1 2 3 4 5 6	1 2 3 4 5 6	1 2 3	1	1 2 3 4 5
3 4 5 6 7 8 9	7 8 9 10 11 12 13	7 8 9 10 11 12 13	4 5 6 7 8 9 10	2 3 4 5 6 7 8	6 7 8 9 10 11 12	
10 11 12 13 14 15 16	14 15 16 17 18 19 20	14 15 16 17 18 19 20	11 12 13 14 15 16 17	9 10 11 12 13 14 15	13 14 15 16 17 18 19	
17 18 19 20 21 22 23	21 22 23 24 25 26 27	21 22 23 24 25 26 27	18 19 20 21 22 23 24	16 17 18 19 20 21 22	20 21 22 23 24 25 26	
24/31 25 26 27 28 29 30	28	28 29 30 31	25 26 27 28 29 30	23/30 24/31 25 26 27 28 29	27 28 29 30	

The precepts of the LORD are right, giving joy to the heart.
The commands of the LORD are radiant, giving light to the eyes.

PSALM 19:8

SATURDAY
13
MARCH

MAR

TIME	📖 Numbers 34-36	✓

A joyful heart is good medicine, but a crushed spirit dries up the bones.

PROVERBS 17:22

SUNDAY
14
MARCH

TIME	Mothering Sunday (UK)	📖 John 1-3	✓

JULY	AUGUST	SEPTEMBER	OCTOBER	NOVEMBER	DECEMBER
S M T W T F S	S M T W T F S	S M T W T F S	S M T W T F S	S M T W T F S	S M T W T F S
1 2 3	1 2 3 4 5 6 7	1 2 3 4	1 2	1 2 3 4 5 6	1 2 3 4
4 5 6 7 8 9 10	8 9 10 11 12 13 14	5 6 7 8 9 10 11	3 4 5 6 7 8 9	7 8 9 10 11 12 13	5 6 7 8 9 10 11
11 12 13 14 15 16 17	15 16 17 18 19 20 21	12 13 14 15 16 17 18	10 11 12 13 14 15 16	14 15 16 17 18 19 20	12 13 14 15 16 17 18
18 19 20 21 22 23 24	22 23 24 25 26 27 28	19 20 21 22 23 24 25	17 18 19 20 21 22 23	21 22 23 24 25 26 27	19 20 21 22 23 24 25
25 26 27 28 29 30 31	29 30 31	26 27 28 29 30	24/31 25 26 27 28 29 30	28 29 30	26 27 28 29 30 31

MONDAY
15
MARCH

His anger lasts only a moment, but His favor lasts a lifetime!
Weeping may last through the night, but joy comes with the morning.

PSALM 30:5

TIME	📖 John 4-6	✓
07:00 AM		
07:30 AM		
08:00 AM		
08:30 AM		
09:00 AM		
09:30 AM		
10:00 AM		
10:30 AM		
11:00 AM		
11:30 AM		
12:00 PM		
12:30 PM		
01:00 PM		
01:30 PM		
02:00 PM		
02:30 PM		
03:00 PM		
03:30 PM		
04:00 PM		
04:30 PM		
05:00 PM		
05:30 PM		
06:00 PM		
06:30 PM		
07:00 PM		
07:30 PM		
08:00 PM		

JANUARY	FEBRUARY	MARCH	APRIL	MAY	JUNE
S M T W T F S	S M T W T F S	S M T W T F S	S M T W T F S	S M T W T F S	S M T W T F S
1 2	1 2 3 4 5 6	1 2 3 4 5 6	1 2 3	1	1 2 3 4 5
3 4 5 6 7 8 9	7 8 9 10 11 12 13	7 8 9 10 11 12 13	4 5 6 7 8 9 10	2 3 4 5 6 7 8	6 7 8 9 10 11 12
10 11 12 13 14 15 16	14 15 16 17 18 19 20	14 15 16 17 18 19 20	11 12 13 14 15 16 17	9 10 11 12 13 14 15	13 14 15 16 17 18 19
17 18 19 20 21 22 23	21 22 23 24 25 26 27	21 22 23 24 25 26 27	18 19 20 21 22 23 24	16 17 18 19 20 21 22	20 21 22 23 24 25 26
24/31 25 26 27 28 29 30	28	28 29 30 31	25 26 27 28 29 30	23/30 24/31 25 26 27 28 29	27 28 29 30

Light shines on the godly, and joy on those whose hearts are right.

PSALM 97:11

TIME	📖 John 7-9	✓
07:00 AM		
07:30 AM		
08:00 AM		
08:30 AM		
09:00 AM		
09:30 AM		
10:00 AM		
10:30 AM		
11:00 AM		
11:30 AM		
12:00 PM		
12:30 PM		
01:00 PM		
01:30 PM		
02:00 PM		
02:30 PM		
03:00 PM		
03:30 PM		
04:00 PM		
04:30 PM		
05:00 PM		
05:30 PM		
06:00 PM		
06:30 PM		
07:00 PM		
07:30 PM		
08:00 PM		

JULY
S M T W T F S
            1 2 3
4 5 6 7 8 9 10
11 12 13 14 15 16 17
18 19 20 21 22 23 24
25 26 27 28 29 30 31

AUGUST
S M T W T F S
1 2 3 4 5 6 7
8 9 10 11 12 13 14
15 16 17 18 19 20 21
22 23 24 25 26 27 28
29 30 31

SEPTEMBER
S M T W T F S
        1 2 3 4
5 6 7 8 9 10 11
12 13 14 15 16 17 18
19 20 21 22 23 24 25
26 27 28 29 30

OCTOBER
S M T W T F S
            1 2
3 4 5 6 7 8 9
10 11 12 13 14 15 16
17 18 19 20 21 22 23
24/31 25 26 27 28 29 30

NOVEMBER
S M T W T F S
1 2 3 4 5 6
7 8 9 10 11 12 13
14 15 16 17 18 19 20
21 22 23 24 25 26 27
28 29 30

DECEMBER
S M T W T F S
            1 2 3 4
5 6 7 8 9 10 11
12 13 14 15 16 17 18
19 20 21 22 23 24 25
26 27 28 29 30 31

WEDNESDAY
17
MARCH

The LORD has done great things for us, and we are filled with joy.

PSALM 126:3

TIME	📖 John 10-12	✓
07:00 AM		
07:30 AM		
08:00 AM		
08:30 AM		
09:00 AM		
09:30 AM		
10:00 AM		
10:30 AM		
11:00 AM		
11:30 AM		
12:00 PM		
12:30 PM		
01:00 PM		
01:30 PM		
02:00 PM		
02:30 PM		
03:00 PM		
03:30 PM		
04:00 PM		
04:30 PM		
05:00 PM		
05:30 PM		
06:00 PM		
06:30 PM		
07:00 PM		
07:30 PM		
08:00 PM		

To the person who pleases Him, God gives wisdom,
knowledge and happiness.

ECCLESIASTES 2:26

TIME	📖 John 13-15	✓
07:00 AM		
07:30 AM		
08:00 AM		
08:30 AM		
09:00 AM		
09:30 AM		
10:00 AM		
10:30 AM		
11:00 AM		
11:30 AM		
12:00 PM		
12:30 PM		
01:00 PM		
01:30 PM		
02:00 PM		
02:30 PM		
03:00 PM		
03:30 PM		
04:00 PM		
04:30 PM		
05:00 PM		
05:30 PM		
06:00 PM		
06:30 PM		
07:00 PM		
07:30 PM		
08:00 PM		

MAR

JULY	AUGUST	SEPTEMBER	OCTOBER	NOVEMBER	DECEMBER
S M T W T F S	S M T W T F S	S M T W T F S	S M T W T F S	S M T W T F S	S M T W T F S
1 2 3	1 2 3 4 5 6 7	1 2 3 4	1 2	1 2 3 4 5 6	1 2 3 4
4 5 6 7 8 9 10	8 9 10 11 12 13 14	5 6 7 8 9 10 11	3 4 5 6 7 8 9	7 8 9 10 11 12 13	5 6 7 8 9 10 11
11 12 13 14 15 16 17	15 16 17 18 19 20 21	12 13 14 15 16 17 18	10 11 12 13 14 15 16	14 15 16 17 18 19 20	12 13 14 15 16 17 18
18 19 20 21 22 23 24	22 23 24 25 26 27 28	19 20 21 22 23 24 25	17 18 19 20 21 22 23	21 22 23 24 25 26 27	19 20 21 22 23 24 25
25 26 27 28 29 30 31	29 30 31	26 27 28 29 30	24/31 25 26 27 28 29 30	28 29 30	26 27 28 29 30 31

FRIDAY
19
MARCH

I know that there is nothing better for people than to be happy and do good while they live.

ECCLESIASTES 3:12

TIME	📖 John 16-18	✓
07:00 AM		
07:30 AM		
08:00 AM		
08:30 AM		
09:00 AM		
09:30 AM		
10:00 AM		
10:30 AM		
11:00 AM		
11:30 AM		
12:00 PM		
12:30 PM		
01:00 PM		
01:30 PM		
02:00 PM		
02:30 PM		
03:00 PM		
03:30 PM		
04:00 PM		
04:30 PM		
05:00 PM		
05:30 PM		
06:00 PM		
06:30 PM		
07:00 PM		
07:30 PM		
08:00 PM		

JANUARY
S M T W T F S
1 2
3 4 5 6 7 8 9
10 11 12 13 14 15 16
17 18 19 20 21 22 23
24/31 25 26 27 28 29 30

FEBRUARY
S M T W T F S
1 2 3 4 5 6
7 8 9 10 11 12 13
14 15 16 17 18 19 20
21 22 23 24 25 26 27
28

MARCH
S M T W T F S
1 2 3 4 5 6
7 8 9 10 11 12 13
14 15 16 17 18 19 20
21 22 23 24 25 26 27
28 29 30 31

APRIL
S M T W T F S
1 2 3
4 5 6 7 8 9 10
11 12 13 14 15 16 17
18 19 20 21 22 23 24
25 26 27 28 29 30

MAY
S M T W T F S
1
2 3 4 5 6 7 8
9 10 11 12 13 14 15
16 17 18 19 20 21 22
23/30 24/31 25 26 27 28 29

JUNE
S M T W T F S
1 2 3 4 5
6 7 8 9 10 11 12
13 14 15 16 17 18 19
20 21 22 23 24 25 26
27 28 29 30

The LORD is my strength and shield.
He helps me, and my heart is filled with joy.

PSALM 28:7

TIME	📖 John 19-21	✓

Shouts of joy and victory resound in the tents of the righteous:
"The LORD's right hand has done mighty things!"

PSALM 118:15

TIME	📖 Deuteronomy 1-3	✓

	JULY							AUGUST							SEPTEMBER							OCTOBER							NOVEMBER							DECEMBER				
S	M	T	W	T	F	S	S	M	T	W	T	F	S	S	M	T	W	T	F	S	S	M	T	W	T	F	S	S	M	T	W	T	F	S	S	M	T	W	T	F	S
				1	2	3		1	2	3	4	5	6	7				1	2	3	4						1	2		1	2	3	4	5	6			1	2	3	4
4	5	6	7	8	9	10	8	9	10	11	12	13	14	5	6	7	8	9	10	11	3	4	5	6	7	8	9	7	8	9	10	11	12	13	5	6	7	8	9	10	11
11	12	13	14	15	16	17	15	16	17	18	19	20	21	12	13	14	15	16	17	18	10	11	12	13	14	15	16	14	15	16	17	18	19	20	12	13	14	15	16	17	18
18	19	20	21	22	23	24	22	23	24	25	26	27	28	19	20	21	22	23	24	25	17	18	19	20	21	22	23	21	22	23	24	25	26	27	19	20	21	22	23	24	25
25	26	27	28	29	30	31	29	30	31					26	27	28	29	30			24/31	25	26	27	28	29	30	28	29	30					26	27	28	29	30	31	

You have given me greater joy than those who
have abundant harvests of grain and new wine.

PSALM 4:7

TIME	📖 Deuteronomy 4-6	✓
07:00 AM		
07:30 AM		
08:00 AM		
08:30 AM		
09:00 AM		
09:30 AM		
10:00 AM		
10:30 AM		
11:00 AM		
11:30 AM		
12:00 PM		
12:30 PM		
01:00 PM		
01:30 PM		
02:00 PM		
02:30 PM		
03:00 PM		
03:30 PM		
04:00 PM		
04:30 PM		
05:00 PM		
05:30 PM		
06:00 PM		
06:30 PM		
07:00 PM		
07:30 PM		
08:00 PM		

	JANUARY			FEBRUARY			MARCH			APRIL			MAY			JUNE	
S M T W T F S			S M T W T F S			S M T W T F S			S M T W T F S			S M T W T F S			S M T W T F S		
1 2			1 2 3 4 5 6			1 2 3 4 5 6			1 2 3			1			1 2 3 4 5		
3 4 5 6 7 8 9			7 8 9 10 11 12 13			7 8 9 10 11 12 13			4 5 6 7 8 9 10			2 3 4 5 6 7 8			6 7 8 9 10 11 12		
10 11 12 13 14 15 16			14 15 16 17 18 19 20			14 15 16 17 18 19 20			11 12 13 14 15 16 17			9 10 11 12 13 14 15			13 14 15 16 17 18 19		
17 18 19 20 21 22 23			21 22 23 24 25 26 27			21 22 23 24 25 26 27			18 19 20 21 22 23 24			16 17 18 19 20 21 22			20 21 22 23 24 25 26		
24/31 25 26 27 28 29 30			28			28 29 30 31			25 26 27 28 29 30			23/30 24/31 25 26 27 28 29			27 28 29 30		

May the God of hope fill you with all joy and peace as you trust in Him, so that you may overflow with hope by the power of the Holy Spirit.

ROMANS 15:13

TUESDAY
23
MARCH

TIME	📖 Deuteronomy 7-9	✓
07:00 AM		
07:30 AM		
08:00 AM		
08:30 AM		
09:00 AM		
09:30 AM		
10:00 AM		
10:30 AM		
11:00 AM		
11:30 AM		
12:00 PM		
12:30 PM		
01:00 PM		
01:30 PM		
02:00 PM		
02:30 PM		
03:00 PM		
03:30 PM		
04:00 PM		
04:30 PM		
05:00 PM		
05:30 PM		
06:00 PM		
06:30 PM		
07:00 PM		
07:30 PM		
08:00 PM		

MAR

JULY							AUGUST							SEPTEMBER							OCTOBER							NOVEMBER							DECEMBER						
S	M	T	W	T	F	S	S	M	T	W	T	F	S	S	M	T	W	T	F	S	S	M	T	W	T	F	S	S	M	T	W	T	F	S	S	M	T	W	T	F	S
				1	2	3	1	2	3	4	5	6	7				1	2	3	4					1	2		1	2	3	4	5	6				1	2	3	4
4	5	6	7	8	9	10	8	9	10	11	12	13	14	5	6	7	8	9	10	11	3	4	5	6	7	8	9	7	8	9	10	11	12	13	5	6	7	8	9	10	11
11	12	13	14	15	16	17	15	16	17	18	19	20	21	12	13	14	15	16	17	18	10	11	12	13	14	15	16	14	15	16	17	18	19	20	12	13	14	15	16	17	18
18	19	20	21	22	23	24	22	23	24	25	26	27	28	19	20	21	22	23	24	25	17	18	19	20	21	22	23	21	22	23	24	25	26	27	19	20	21	22	23	24	25
25	26	27	28	29	30	31	29	30	31					26	27	28	29	30			24/31	25	26	27	28	29	30	28	29	30					26	27	28	29	30	31	

Because You are my help, I sing in the shadow of Your wings.

PSALM 63:7

TIME	📖 Deuteronomy 10-12	✓
07:00 AM		
07:30 AM		
08:00 AM		
08:30 AM		
09:00 AM		
09:30 AM		
10:00 AM		
10:30 AM		
11:00 AM		
11:30 AM		
12:00 PM		
12:30 PM		
01:00 PM		
01:30 PM		
02:00 PM		
02:30 PM		
03:00 PM		
03:30 PM		
04:00 PM		
04:30 PM		
05:00 PM		
05:30 PM		
06:00 PM		
06:30 PM		
07:00 PM		
07:30 PM		
08:00 PM		

JANUARY	FEBRUARY	MARCH	APRIL	MAY	JUNE
S M T W T F S	S M T W T F S	S M T W T F S	S M T W T F S	S M T W T F S	S M T W T F S
1 2	1 2 3 4 5 6	1 2 3 4 5 6	1 2 3	1	1 2 3 4 5
3 4 5 6 7 8 9	7 8 9 10 11 12 13	7 8 9 10 11 12 13	4 5 6 7 8 9 10	2 3 4 5 6 7 8	6 7 8 9 10 11 12
10 11 12 13 14 15 16	14 15 16 17 18 19 20	14 15 16 17 18 19 20	11 12 13 14 15 16 17	9 10 11 12 13 14 15	13 14 15 16 17 18 19
17 18 19 20 21 22 23	21 22 23 24 25 26 27	21 22 23 24 25 26 27	18 19 20 21 22 23 24	16 17 18 19 20 21 22	20 21 22 23 24 25 26
24/31 25 26 27 28 29 30	28	28 29 30 31	25 26 27 28 29 30	23/30 24/31 25 26 27 28 29	27 28 29 30

You love Him even though you have never seen Him.
Though you do not see Him now, you trust Him;
and you rejoice with a glorious, inexpressible joy.

1 PETER 1:8

TIME	📖 Deuteronomy 13-15	✓
07:00 AM		
07:30 AM		
08:00 AM		
08:30 AM		
09:00 AM		
09:30 AM		
10:00 AM		
10:30 AM		
11:00 AM		
11:30 AM		
12:00 PM		
12:30 PM		
01:00 PM		
01:30 PM		
02:00 PM		
02:30 PM		
03:00 PM		
03:30 PM		
04:00 PM		
04:30 PM		
05:00 PM		
05:30 PM		
06:00 PM		
06:30 PM		
07:00 PM		
07:30 PM		
08:00 PM		

MAR

JULY							AUGUST							SEPTEMBER							OCTOBER							NOVEMBER							DECEMBER						
S	M	T	W	T	F	S	S	M	T	W	T	F	S	S	M	T	W	T	F	S	S	M	T	W	T	F	S	S	M	T	W	T	F	S	S	M	T	W	T	F	S
				1	2	3	1	2	3	4	5	6	7			1	2	3	4						1	2	1	2	3	4	5	6				1	2	3	4
4	5	6	7	8	9	10	8	9	10	11	12	13	14	5	6	7	8	9	10	11	3	4	5	6	7	8	9	7	8	9	10	11	12	13	5	6	7	8	9	10	11
11	12	13	14	15	16	17	15	16	17	18	19	20	21	12	13	14	15	16	17	18	10	11	12	13	14	15	16	14	15	16	17	18	19	20	12	13	14	15	16	17	18
18	19	20	21	22	23	24	22	23	24	25	26	27	28	19	20	21	22	23	24	25	17	18	19	20	21	22	23	21	22	23	24	25	26	27	19	20	21	22	23	24	25
25	26	27	28	29	30	31	29	30	31					26	27	28	29	30			24/31	25	26	27	28	29	30	28	29	30					26	27	28	29	30	31	

When Your words came, I ate them;
they were my joy and my heart's delight.

JEREMIAH 15:16

TIME	📖 Deuteronomy 16-18	✓
07:00 AM		
07:30 AM		
08:00 AM		
08:30 AM		
09:00 AM		
09:30 AM		
10:00 AM		
10:30 AM		
11:00 AM		
11:30 AM		
12:00 PM		
12:30 PM		
01:00 PM		
01:30 PM		
02:00 PM		
02:30 PM		
03:00 PM		
03:30 PM		
04:00 PM		
04:30 PM		
05:00 PM		
05:30 PM		
06:00 PM		
06:30 PM		
07:00 PM		
07:30 PM		
08:00 PM		

JANUARY
S M T W T F S
                1 2
3 4 5 6 7 8 9
10 11 12 13 14 15 16
17 18 19 20 21 22 23
24/31 25 26 27 28 29 30

FEBRUARY
S M T W T F S
1 2 3 4 5 6
7 8 9 10 11 12 13
14 15 16 17 18 19 20
21 22 23 24 25 26 27
28

MARCH
S M T W T F S
1 2 3 4 5 6
7 8 9 10 11 12 13
14 15 16 17 18 19 20
21 22 23 24 25 26 27
28 29 30 31

APRIL
S M T W T F S
            1 2 3
4 5 6 7 8 9 10
11 12 13 14 15 16 17
18 19 20 21 22 23 24
25 26 27 28 29 30

MAY
S M T W T F S
                  1
2 3 4 5 6 7 8
9 10 11 12 13 14 15
16 17 18 19 20 21 22
23/30 24/31 25 26 27 28 29

JUNE
S M T W T F S
      1 2 3 4 5
6 7 8 9 10 11 12
13 14 15 16 17 18 19
20 21 22 23 24 25 26
27 28 29 30

The Holy Spirit produces this kind of fruit in our lives:
love, joy, peace, patience, kindness, goodness, faithfulness.

GALATIANS 5:22

TIME	📖 Deuteronomy 19-21	✓

When troubles come your way, consider it an
opportunity for great joy. For you know that when
your faith is tested, your endurance has a chance to grow.

JAMES 1:2-3

TIME	📖 Deuteronomy 22-24	✓

JULY	AUGUST	SEPTEMBER	OCTOBER	NOVEMBER	DECEMBER
S M T W T F S	S M T W T F S	S M T W T F S	S M T W T F S	S M T W T F S	S M T W T F S
1 2 3	1 2 3 4 5 6 7	1 2 3 4	1 2	1 2 3 4 5 6	1 2 3 4
4 5 6 7 8 9 10	8 9 10 11 12 13 14	5 6 7 8 9 10 11	3 4 5 6 7 8 9	7 8 9 10 11 12 13	5 6 7 8 9 10 11
11 12 13 14 15 16 17	15 16 17 18 19 20 21	12 13 14 15 16 17 18	10 11 12 13 14 15 16	14 15 16 17 18 19 20	12 13 14 15 16 17 18
18 19 20 21 22 23 24	22 23 24 25 26 27 28	19 20 21 22 23 24 25	17 18 19 20 21 22 23	21 22 23 24 25 26 27	19 20 21 22 23 24 25
25 26 27 28 29 30 31	29 30 31	26 27 28 29 30	24/31 25 26 27 28 29 30	28 29 30	26 27 28 29 30 31

MONDAY
29
MARCH

May you be filled with joy, always thanking the Father.
COLOSSIANS 1:11-12

TIME	📖 Deuteronomy 25-27	✓
07:00 AM		
07:30 AM		
08:00 AM		
08:30 AM		
09:00 AM		
09:30 AM		
10:00 AM		
10:30 AM		
11:00 AM		
11:30 AM		
12:00 PM		
12:30 PM		
01:00 PM		
01:30 PM		
02:00 PM		
02:30 PM		
03:00 PM		
03:30 PM		
04:00 PM		
04:30 PM		
05:00 PM		
05:30 PM		
06:00 PM		
06:30 PM		
07:00 PM		
07:30 PM		
08:00 PM		

JANUARY
S M T W T F S
            1 2
3 4 5 6 7 8 9
10 11 12 13 14 15 16
17 18 19 20 21 22 23
24/31 25 26 27 28 29 30

FEBRUARY
S M T W T F S
    1 2 3 4 5 6
7 8 9 10 11 12 13
14 15 16 17 18 19 20
21 22 23 24 25 26 27
28

MARCH
S M T W T F S
    1 2 3 4 5 6
7 8 9 10 11 12 13
14 15 16 17 18 19 20
21 22 23 24 25 26 27
28 29 30 31

APRIL
S M T W T F S
            1 2 3
4 5 6 7 8 9 10
11 12 13 14 15 16 17
18 19 20 21 22 23 24
25 26 27 28 29 30

MAY
S M T W T F S
                1
2 3 4 5 6 7 8
9 10 11 12 13 14 15
16 17 18 19 20 21 22
23/30 24/31 25 26 27 28 29

JUNE
S M T W T F S
        1 2 3 4 5
6 7 8 9 10 11 12
13 14 15 16 17 18 19
20 21 22 23 24 25 26
27 28 29 30

When times are good, be happy; but when times are bad,
consider this: God has made the one as well as the other.

ECCLESIASTES 7:14

MAR

TIME	📖 Deuteronomy 28-30	✓
07:00 AM		
07:30 AM		
08:00 AM		
08:30 AM		
09:00 AM		
09:30 AM		
10:00 AM		
10:30 AM		
11:00 AM		
11:30 AM		
12:00 PM		
12:30 PM		
01:00 PM		
01:30 PM		
02:00 PM		
02:30 PM		
03:00 PM		
03:30 PM		
04:00 PM		
04:30 PM		
05:00 PM		
05:30 PM		
06:00 PM		
06:30 PM		
07:00 PM		
07:30 PM		
08:00 PM		

JULY	AUGUST	SEPTEMBER	OCTOBER	NOVEMBER	DECEMBER
S M T W T F S	S M T W T F S	S M T W T F S	S M T W T F S	S M T W T F S	S M T W T F S
1 2 3	1 2 3 4 5 6 7	1 2 3 4	1 2	1 2 3 4 5 6	1 2 3 4
4 5 6 7 8 9 10	8 9 10 11 12 13 14	5 6 7 8 9 10 11	3 4 5 6 7 8 9	7 8 9 10 11 12 13	5 6 7 8 9 10 11
11 12 13 14 15 16 17	15 16 17 18 19 20 21	12 13 14 15 16 17 18	10 11 12 13 14 15 16	14 15 16 17 18 19 20	12 13 14 15 16 17 18
18 19 20 21 22 23 24	22 23 24 25 26 27 28	19 20 21 22 23 24 25	17 18 19 20 21 22 23	21 22 23 24 25 26 27	19 20 21 22 23 24 25
25 26 27 28 29 30 31	29 30 31	26 27 28 29 30	24/31 25 26 27 28 29 30	28 29 30	26 27 28 29 30 31

"You have sorrow now, but I will see you again;
then you will rejoice, and no one can rob you of that joy."

JOHN 16:22

TIME	📖 Deuteronomy 31-34	✓
07:00 AM		
07:30 AM		
08:00 AM		
08:30 AM		
09:00 AM		
09:30 AM		
10:00 AM		
10:30 AM		
11:00 AM		
11:30 AM		
12:00 PM		
12:30 PM		
01:00 PM		
01:30 PM		
02:00 PM		
02:30 PM		
03:00 PM		
03:30 PM		
04:00 PM		
04:30 PM		
05:00 PM		
05:30 PM		
06:00 PM		
06:30 PM		
07:00 PM		
07:30 PM		
08:00 PM		

JANUARY	FEBRUARY	MARCH	APRIL	MAY	JUNE
S M T W T F S	S M T W T F S	S M T W T F S	S M T W T F S	S M T W T F S	S M T W T F S
1 2	1 2 3 4 5 6	1 2 3 4 5 6	1 2 3	1	1 2 3 4 5
3 4 5 6 7 8 9	7 8 9 10 11 12 13	7 8 9 10 11 12 13	4 5 6 7 8 9 10	2 3 4 5 6 7 8	6 7 8 9 10 11 12
10 11 12 13 14 15 16	14 15 16 17 18 19 20	14 15 16 17 18 19 20	11 12 13 14 15 16 17	9 10 11 12 13 14 15	13 14 15 16 17 18 19
17 18 19 20 21 22 23	21 22 23 24 25 26 27	21 22 23 24 25 26 27	18 19 20 21 22 23 24	16 17 18 19 20 21 22	20 21 22 23 24 25 26
24/31 25 26 27 28 29 30	28	28 29 30 31	25 26 27 28 29 30	23/30 24/31 25 26 27 28 29	27 28 29 30

APRIL

God cannot give us a happiness
and peace apart from Himself,
because it is not there.
There is no such thing.

C. S. Lewis

MONTH PLANNER FOR APRIL

1	Thursday	
2	Friday	
3	Saturday	
4	Sunday	
5	Monday	
6	Tuesday	
7	Wednesday	
8	Thursday	
9	Friday	
10	Saturday	
11	Sunday	
12	Monday	
13	Tuesday	
14	Wednesday	
15	Thursday	
16	Friday	
17	Saturday	
18	Sunday	
19	Monday	
20	Tuesday	
21	Wednesday	
22	Thursday	
23	Friday	
24	Saturday	
25	Sunday	
26	Monday	
27	Tuesday	
28	Wednesday	
29	Thursday	
30	Friday	

NOTES

BUDGET FOR APRIL

DATE	ITEM	PAYMENT METHOD	AMOUNT

THURSDAY
1
APRIL

"I am leaving you with a gift – peace of mind and heart."

JOHN 14:27

TIME	📖 Acts 1-3	✓
07:00 AM		
07:30 AM		
08:00 AM		
08:30 AM		
09:00 AM		
09:30 AM		
10:00 AM		
10:30 AM		
11:00 AM		
11:30 AM		
12:00 PM		
12:30 PM		
01:00 PM		
01:30 PM		
02:00 PM		
02:30 PM		
03:00 PM		
03:30 PM		
04:00 PM		
04:30 PM		
05:00 PM		
05:30 PM		
06:00 PM		
06:30 PM		
07:00 PM		
07:30 PM		
08:00 PM		

JANUARY	FEBRUARY	MARCH	APRIL	MAY	JUNE
S M T W T F S	S M T W T F S	S M T W T F S	S M T W T F S	S M T W T F S	S M T W T F S
1 2	1 2 3 4 5 6	1 2 3 4 5 6	1 2 3	1	1 2 3 4 5
3 4 5 6 7 8 9	7 8 9 10 11 12 13	7 8 9 10 11 12 13	4 5 6 7 8 9 10	2 3 4 5 6 7 8	6 7 8 9 10 11 12
10 11 12 13 14 15 16	14 15 16 17 18 19 20	14 15 16 17 18 19 20	11 12 13 14 15 16 17	9 10 11 12 13 14 15	13 14 15 16 17 18 19
17 18 19 20 21 22 23	21 22 23 24 25 26 27	21 22 23 24 25 26 27	18 19 20 21 22 23 24	16 17 18 19 20 21 22	20 21 22 23 24 25 26
24/31 25 26 27 28 29 30	28	28 29 30 31	25 26 27 28 29 30	23/30 24/31 25 26 27 28 29	27 28 29 30

"In Me you may have peace. In the world you will have tribulation; but be of good cheer, I have overcome the world."

JOHN 16:33

TIME	Good Friday	📖 Acts 4-6	✓
07:00 AM			
07:30 AM			
08:00 AM			
08:30 AM			
09:00 AM			
09:30 AM			
10:00 AM			
10:30 AM			
11:00 AM			
11:30 AM			
12:00 PM			
12:30 PM			
01:00 PM			
01:30 PM			
02:00 PM			
02:30 PM			
03:00 PM			
03:30 PM			
04:00 PM			
04:30 PM			
05:00 PM			
05:30 PM			
06:00 PM			
06:30 PM			
07:00 PM			
07:30 PM			
08:00 PM			

APR

JULY								AUGUST								SEPTEMBER								OCTOBER								NOVEMBER								DECEMBER						
S	M	T	W	T	F	S		S	M	T	W	T	F	S		S	M	T	W	T	F	S		S	M	T	W	T	F	S		S	M	T	W	T	F	S		S	M	T	W	T	F	S
					1	2	3		1	2	3	4	5	6	7					1	2	3	4						1	2			1	2	3	4	5	6					1	2	3	4
4	5	6	7	8	9	10		8	9	10	11	12	13	14		5	6	7	8	9	10	11		3	4	5	6	7	8	9		7	8	9	10	11	12	13		5	6	7	8	9	10	11
11	12	13	14	15	16	17		15	16	17	18	19	20	21		12	13	14	15	16	17	18		10	11	12	13	14	15	16		14	15	16	17	18	19	20		12	13	14	15	16	17	18
18	19	20	21	22	23	24		22	23	24	25	26	27	28		19	20	21	22	23	24	25		17	18	19	20	21	22	23		21	22	23	24	25	26	27		19	20	21	22	23	24	25
25	26	27	28	29	30	31		29	30	31						26	27	28	29	30				24/31	25	26	27	28	29	30		28	29	30						26	27	28	29	30	31

SATURDAY
3
APRIL

A happy heart makes the face cheerful.

PROVERBS 15:13

TIME	📖 Acts 7-9	✓

SUNDAY
4
APRIL

"Come to Me, all of you who are weary and carry
heavy burdens, and I will give you rest."

MATTHEW 11:28

TIME	📖 Acts 10-12	Easter Sunday	✓

JANUARY	FEBRUARY	MARCH	APRIL	MAY	JUNE
S M T W T F S	S M T W T F S	S M T W T F S	S M T W T F S	S M T W T F S	S M T W T F S
1 2	1 2 3 4 5 6	1 2 3 4 5 6	1 2 3	1	1 2 3 4 5
3 4 5 6 7 8 9	7 8 9 10 11 12 13	7 8 9 10 11 12 13	4 5 6 7 8 9 10	2 3 4 5 6 7 8	6 7 8 9 10 11 12
10 11 12 13 14 15 16	14 15 16 17 18 19 20	14 15 16 17 18 19 20	11 12 13 14 15 16 17	9 10 11 12 13 14 15	13 14 15 16 17 18 19
17 18 19 20 21 22 23	21 22 23 24 25 26 27	21 22 23 24 25 26 27	18 19 20 21 22 23 24	16 17 18 19 20 21 22	20 21 22 23 24 25 26
24/31 25 26 27 28 29 30	28	28 29 30 31	25 26 27 28 29 30	23/30 24/31 25 26 27 28 29	27 28 29 30

The mind governed by the Spirit is life and peace.

ROMANS 8:6

TIME	📖 Acts 13-15	✓
07:00 AM		
07:30 AM		
08:00 AM		
08:30 AM		
09:00 AM		
09:30 AM		
10:00 AM		
10:30 AM		
11:00 AM		
11:30 AM		
12:00 PM		
12:30 PM		
01:00 PM		
01:30 PM		
02:00 PM		
02:30 PM		
03:00 PM		
03:30 PM		
04:00 PM		
04:30 PM		
05:00 PM		
05:30 PM		
06:00 PM		
06:30 PM		
07:00 PM		
07:30 PM		
08:00 PM		

APR

JULY	AUGUST	SEPTEMBER	OCTOBER	NOVEMBER	DECEMBER
S M T W T F S	S M T W T F S	S M T W T F S	S M T W T F S	S M T W T F S	S M T W T F S
1 2 3	1 2 3 4 5 6 7	1 2 3 4	1 2	1 2 3 4 5 6	1 2 3 4
4 5 6 7 8 9 10	8 9 10 11 12 13 14	5 6 7 8 9 10 11	3 4 5 6 7 8 9	7 8 9 10 11 12 13	5 6 7 8 9 10 11
11 12 13 14 15 16 17	15 16 17 18 19 20 21	12 13 14 15 16 17 18	10 11 12 13 14 15 16	14 15 16 17 18 19 20	12 13 14 15 16 17 18
18 19 20 21 22 23 24	22 23 24 25 26 27 28	19 20 21 22 23 24 25	17 18 19 20 21 22 23	21 22 23 24 25 26 27	19 20 21 22 23 24 25
25 26 27 28 29 30 31	29 30 31	26 27 28 29 30	24/31 25 26 27 28 29 30	28 29 30	26 27 28 29 30 31

TUESDAY
6
APRIL

The peace of God, which surpasses all understanding,
will guard your hearts and your minds in Christ Jesus.

PHILIPPIANS 4:7

TIME	📖 Acts 16-18	✓
07:00 AM		
07:30 AM		
08:00 AM		
08:30 AM		
09:00 AM		
09:30 AM		
10:00 AM		
10:30 AM		
11:00 AM		
11:30 AM		
12:00 PM		
12:30 PM		
01:00 PM		
01:30 PM		
02:00 PM		
02:30 PM		
03:00 PM		
03:30 PM		
04:00 PM		
04:30 PM		
05:00 PM		
05:30 PM		
06:00 PM		
06:30 PM		
07:00 PM		
07:30 PM		
08:00 PM		

JANUARY	FEBRUARY	MARCH	APRIL	MAY	JUNE
S M T W T F S	S M T W T F S	S M T W T F S	S M T W T F S	S M T W T F S	S M T W T F S
1 2	1 2 3 4 5 6	1 2 3 4 5 6	1 2 3	1	1 2 3 4 5
3 4 5 6 7 8 9	7 8 9 10 11 12 13	7 8 9 10 11 12 13	4 5 6 7 8 9 10	2 3 4 5 6 7 8	6 7 8 9 10 11 12
10 11 12 13 14 15 16	14 15 16 17 18 19 20	14 15 16 17 18 19 20	11 12 13 14 15 16 17	9 10 11 12 13 14 15	13 14 15 16 17 18 19
17 18 19 20 21 22 23	21 22 23 24 25 26 27	21 22 23 24 25 26 27	18 19 20 21 22 23 24	16 17 18 19 20 21 22	20 21 22 23 24 25 26
24/31 25 26 27 28 29 30	28	28 29 30 31	25 26 27 28 29 30	23/30 24/31 25 26 27 28 29	27 28 29 30

Let us therefore make every effort to do
what leads to peace and to mutual edification.

ROMANS 14:19

TIME	📖 Acts 19-21	✓
07:00 AM		
07:30 AM		
08:00 AM		
08:30 AM		
09:00 AM		
09:30 AM		
10:00 AM		
10:30 AM		
11:00 AM		
11:30 AM		
12:00 PM		
12:30 PM		
01:00 PM		
01:30 PM		
02:00 PM		
02:30 PM		
03:00 PM		
03:30 PM		
04:00 PM		
04:30 PM		
05:00 PM		
05:30 PM		
06:00 PM		
06:30 PM		
07:00 PM		
07:30 PM		
08:00 PM		

APR

	JULY							AUGUST							SEPTEMBER							OCTOBER							NOVEMBER							DECEMBER					
S	M	T	W	T	F	S	S	M	T	W	T	F	S	S	M	T	W	T	F	S	S	M	T	W	T	F	S	S	M	T	W	T	F	S	S	M	T	W	T	F	S
				1	2	3	1	2	3	4	5	6	7				1	2	3	4						1	2	1	2	3	4	5	6				1	2	3	4
4	5	6	7	8	9	10	8	9	10	11	12	13	14	5	6	7	8	9	10	11	3	4	5	6	7	8	9	7	8	9	10	11	12	13	5	6	7	8	9	10	11
11	12	13	14	15	16	17	15	16	17	18	19	20	21	12	13	14	15	16	17	18	10	11	12	13	14	15	16	14	15	16	17	18	19	20	12	13	14	15	16	17	18
18	19	20	21	22	23	24	22	23	24	25	26	27	28	19	20	21	22	23	24	25	17	18	19	20	21	22	23	21	22	23	24	25	26	27	19	20	21	22	23	24	25
25	26	27	28	29	30	31	29	30	31					26	27	28	29	30			24/31	25	26	27	28	29	30	28	29	30					26	27	28	29	30	31	

THURSDAY
8
APRIL

Let the peace of Christ rule in your hearts.

COLOSSIANS 3:15

TIME	📖 Acts 22-24	✓
07:00 AM		
07:30 AM		
08:00 AM		
08:30 AM		
09:00 AM		
09:30 AM		
10:00 AM		
10:30 AM		
11:00 AM		
11:30 AM		
12:00 PM		
12:30 PM		
01:00 PM		
01:30 PM		
02:00 PM		
02:30 PM		
03:00 PM		
03:30 PM		
04:00 PM		
04:30 PM		
05:00 PM		
05:30 PM		
06:00 PM		
06:30 PM		
07:00 PM		
07:30 PM		
08:00 PM		

	JANUARY							FEBRUARY							MARCH							APRIL							MAY							JUNE					
S	M	T	W	T	F	S	S	M	T	W	T	F	S	S	M	T	W	T	F	S	S	M	T	W	T	F	S	S	M	T	W	T	F	S	S	M	T	W	T	F	S
					1	2		1	2	3	4	5	6		1	2	3	4	5	6					1	2	3							1			1	2	3	4	5
3	4	5	6	7	8	9	7	8	9	10	11	12	13	7	8	9	10	11	12	13	4	5	6	7	8	9	10	2	3	4	5	6	7	8	6	7	8	9	10	11	12
10	11	12	13	14	15	16	14	15	16	17	18	19	20	14	15	16	17	18	19	20	11	12	13	14	15	16	17	9	10	11	12	13	14	15	13	14	15	16	17	18	19
17	18	19	20	21	22	23	21	22	23	24	25	26	27	21	22	23	24	25	26	27	18	19	20	21	22	23	24	16	17	18	19	20	21	22	20	21	22	23	24	25	26
24/31	25	26	27	28	29	30	28							28	29	30	31				25	26	27	28	29	30		23/30 24/31	25	26	27	28	29		27	28	29	30			

You will keep in perfect peace those whose minds
are steadfast, because they trust in You!

ISAIAH 26:3

FRIDAY
9
APRIL

TIME	📖 Acts 25-28	✓
07:00 AM		
07:30 AM		
08:00 AM		
08:30 AM		
09:00 AM		
09:30 AM		
10:00 AM		
10:30 AM		
11:00 AM		
11:30 AM		
12:00 PM		
12:30 PM		
01:00 PM		
01:30 PM		
02:00 PM		
02:30 PM		
03:00 PM		
03:30 PM		
04:00 PM		
04:30 PM		
05:00 PM		
05:30 PM		
06:00 PM		
06:30 PM		
07:00 PM		
07:30 PM		
08:00 PM		

APR

JULY	AUGUST	SEPTEMBER	OCTOBER	NOVEMBER	DECEMBER
S M T W T F S	S M T W T F S	S M T W T F S	S M T W T F S	S M T W T F S	S M T W T F S
1 2 3	1 2 3 4 5 6 7	1 2 3 4	1 2	1 2 3 4 5 6	1 2 3 4
4 5 6 7 8 9 10	8 9 10 11 12 13 14	5 6 7 8 9 10 11	3 4 5 6 7 8 9	7 8 9 10 11 12 13	5 6 7 8 9 10 11
11 12 13 14 15 16 17	15 16 17 18 19 20 21	12 13 14 15 16 17 18	10 11 12 13 14 15 16	14 15 16 17 18 19 20	12 13 14 15 16 17 18
18 19 20 21 22 23 24	22 23 24 25 26 27 28	19 20 21 22 23 24 25	17 18 19 20 21 22 23	21 22 23 24 25 26 27	19 20 21 22 23 24 25
25 26 27 28 29 30 31	29 30 31	26 27 28 29 30	24/31 25 26 27 28 29 30	28 29 30	26 27 28 29 30 31

SATURDAY
10
APRIL

*I will both lie down in peace, and sleep;
for You alone, O Lord, make me dwell in safety.*

PSALM 4:8

TIME	📖 Joshua 1-3	✓

SUNDAY
11
APRIL

If it is possible, as far as it depends on you, live at peace with everyone.

ROMANS 12:18

TIME	📖 Joshua 4-6	✓

JANUARY	FEBRUARY	MARCH	APRIL	MAY	JUNE
S M T W T F S	S M T W T F S	S M T W T F S	S M T W T F S	S M T W T F S	S M T W T F S
1 2	1 2 3 4 5 6	1 2 3 4 5 6	1 2 3	1	1 2 3 4 5
3 4 5 6 7 8 9	7 8 9 10 11 12 13	7 8 9 10 11 12 13	4 5 6 7 8 9 10	2 3 4 5 6 7 8	6 7 8 9 10 11 12
10 11 12 13 14 15 16	14 15 16 17 18 19 20	14 15 16 17 18 19 20	11 12 13 14 15 16 17	9 10 11 12 13 14 15	13 14 15 16 17 18 19
17 18 19 20 21 22 23	21 22 23 24 25 26 27	21 22 23 24 25 26 27	18 19 20 21 22 23 24	16 17 18 19 20 21 22	20 21 22 23 24 25 26
24/31 25 26 27 28 29 30	28	28 29 30 31	25 26 27 28 29 30	23/30 24/31 25 26 27 28 29	27 28 29 30

"Blessed are the peacemakers, for they shall be called sons of God."

MATTHEW 5:9

TIME	📖 Joshua 7-9	✓
07:00 AM		
07:30 AM		
08:00 AM		
08:30 AM		
09:00 AM		
09:30 AM		
10:00 AM		
10:30 AM		
11:00 AM		
11:30 AM		
12:00 PM		
12:30 PM		
01:00 PM		
01:30 PM		
02:00 PM		
02:30 PM		
03:00 PM		
03:30 PM		
04:00 PM		
04:30 PM		
05:00 PM		
05:30 PM		
06:00 PM		
06:30 PM		
07:00 PM		
07:30 PM		
08:00 PM		

APR

JULY	AUGUST	SEPTEMBER	OCTOBER	NOVEMBER	DECEMBER
S M T W T F S	S M T W T F S	S M T W T F S	S M T W T F S	S M T W T F S	S M T W T F S
1 2 3	1 2 3 4 5 6 7	1 2 3 4	1 2	1 2 3 4 5 6	1 2 3 4
4 5 6 7 8 9 10	8 9 10 11 12 13 14	5 6 7 8 9 10 11	3 4 5 6 7 8 9	7 8 9 10 11 12 13	5 6 7 8 9 10 11
11 12 13 14 15 16 17	15 16 17 18 19 20 21	12 13 14 15 16 17 18	10 11 12 13 14 15 16	14 15 16 17 18 19 20	12 13 14 15 16 17 18
18 19 20 21 22 23 24	22 23 24 25 26 27 28	19 20 21 22 23 24 25	17 18 19 20 21 22 23	21 22 23 24 25 26 27	19 20 21 22 23 24 25
25 26 27 28 29 30 31	29 30 31	26 27 28 29 30	24/31 25 26 27 28 29 30	28 29 30	26 27 28 29 30 31

TUESDAY
13
APRIL

Those who walk uprightly enter into peace.

ISAIAH 57:2

TIME	📖 Joshua 10-12	✓
07:00 AM		
07:30 AM		
08:00 AM		
08:30 AM		
09:00 AM		
09:30 AM		
10:00 AM		
10:30 AM		
11:00 AM		
11:30 AM		
12:00 PM		
12:30 PM		
01:00 PM		
01:30 PM		
02:00 PM		
02:30 PM		
03:00 PM		
03:30 PM		
04:00 PM		
04:30 PM		
05:00 PM		
05:30 PM		
06:00 PM		
06:30 PM		
07:00 PM		
07:30 PM		
08:00 PM		

JANUARY	FEBRUARY	MARCH	APRIL	MAY	JUNE
S M T W T F S	S M T W T F S	S M T W T F S	S M T W T F S	S M T W T F S	S M T W T F S
1 2	1 2 3 4 5 6	1 2 3 4 5 6	1 2 3	1	1 2 3 4 5
3 4 5 6 7 8 9	7 8 9 10 11 12 13	7 8 9 10 11 12 13	4 5 6 7 8 9 10	2 3 4 5 6 7 8	6 7 8 9 10 11 12
10 11 12 13 14 15 16	14 15 16 17 18 19 20	14 15 16 17 18 19 20	11 12 13 14 15 16 17	9 10 11 12 13 14 15	13 14 15 16 17 18 19
17 18 19 20 21 22 23	21 22 23 24 25 26 27	21 22 23 24 25 26 27	18 19 20 21 22 23 24	16 17 18 19 20 21 22	20 21 22 23 24 25 26
24/31 25 26 27 28 29 30	28	28 29 30 31	25 26 27 28 29 30	23/30 24/31 25 26 27 28 29	27 28 29 30

God is not a God of confusion but of peace.

1 CORINTHIANS 14:33

TIME	📖 Joshua 13-15	✓
07:00 AM		
07:30 AM		
08:00 AM		
08:30 AM		
09:00 AM		
09:30 AM		
10:00 AM		
10:30 AM		
11:00 AM		
11:30 AM		
12:00 PM		
12:30 PM		
01:00 PM		
01:30 PM		
02:00 PM		
02:30 PM		
03:00 PM		
03:30 PM		
04:00 PM		
04:30 PM		
05:00 PM		
05:30 PM		
06:00 PM		
06:30 PM		
07:00 PM		
07:30 PM		
08:00 PM		

APR

JULY	AUGUST	SEPTEMBER	OCTOBER	NOVEMBER	DECEMBER
S M T W T F S	S M T W T F S	S M T W T F S	S M T W T F S	S M T W T F S	S M T W T F S
1 2 3	1 2 3 4 5 6 7	1 2 3 4	1 2	1 2 3 4 5 6	1 2 3 4
4 5 6 7 8 9 10	8 9 10 11 12 13 14	5 6 7 8 9 10 11	3 4 5 6 7 8 9	7 8 9 10 11 12 13	5 6 7 8 9 10 11
11 12 13 14 15 16 17	15 16 17 18 19 20 21	12 13 14 15 16 17 18	10 11 12 13 14 15 16	14 15 16 17 18 19 20	12 13 14 15 16 17 18
18 19 20 21 22 23 24	22 23 24 25 26 27 28	19 20 21 22 23 24 25	17 18 19 20 21 22 23	21 22 23 24 25 26 27	19 20 21 22 23 24 25
25 26 27 28 29 30 31	29 30 31	26 27 28 29 30	24/31 25 26 27 28 29 30	28 29 30	26 27 28 29 30 31

THURSDAY
15
APRIL

The meek will inherit the land and enjoy peace and prosperity.

PSALM 37:11

TIME	📖 Joshua 16-18	✓
07:00 AM		
07:30 AM		
08:00 AM		
08:30 AM		
09:00 AM		
09:30 AM		
10:00 AM		
10:30 AM		
11:00 AM		
11:30 AM		
12:00 PM		
12:30 PM		
01:00 PM		
01:30 PM		
02:00 PM		
02:30 PM		
03:00 PM		
03:30 PM		
04:00 PM		
04:30 PM		
05:00 PM		
05:30 PM		
06:00 PM		
06:30 PM		
07:00 PM		
07:30 PM		
08:00 PM		

JANUARY
S M T W T F S
                1 2
3 4 5 6 7 8 9
10 11 12 13 14 15 16
17 18 19 20 21 22 23
24/31 25 26 27 28 29 30

FEBRUARY
S M T W T F S
    1 2 3 4 5 6
7 8 9 10 11 12 13
14 15 16 17 18 19 20
21 22 23 24 25 26 27
28

MARCH
S M T W T F S
    1 2 3 4 5 6
7 8 9 10 11 12 13
14 15 16 17 18 19 20
21 22 23 24 25 26 27
28 29 30 31

APRIL
S M T W T F S
            1 2 3
4 5 6 7 8 9 10
11 12 13 14 15 16 17
18 19 20 21 22 23 24
25 26 27 28 29 30

MAY
S M T W T F S
                1
2 3 4 5 6 7 8
9 10 11 12 13 14 15
16 17 18 19 20 21 22
23/30 24/31 25 26 27 28 29

JUNE
S M T W T F S
        1 2 3 4 5
6 7 8 9 10 11 12
13 14 15 16 17 18 19
20 21 22 23 24 25 26
27 28 29 30

The work of righteousness will be peace, and the
effect of righteousness, quietness and assurance forever.

ISAIAH 32:17

TIME	📖 Joshua 19-21	✓
07:00 AM		
07:30 AM		
08:00 AM		
08:30 AM		
09:00 AM		
09:30 AM		
10:00 AM		
10:30 AM		
11:00 AM		
11:30 AM		
12:00 PM		
12:30 PM		
01:00 PM		
01:30 PM		
02:00 PM		
02:30 PM		
03:00 PM		
03:30 PM		
04:00 PM		
04:30 PM		
05:00 PM		
05:30 PM		
06:00 PM		
06:30 PM		
07:00 PM		
07:30 PM		
08:00 PM		

APR

	JULY		AUGUST		SEPTEMBER		OCTOBER		NOVEMBER		DECEMBER
S M T W T F S		S M T W T F S		S M T W T F S		S M T W T F S		S M T W T F S		S M T W T F S

JULY
S M T W T F S
          1 2 3
 4 5 6 7 8 9 10
11 12 13 14 15 16 17
18 19 20 21 22 23 24
25 26 27 28 29 30 31

AUGUST
S M T W T F S
 1 2 3 4 5 6 7
 8 9 10 11 12 13 14
15 16 17 18 19 20 21
22 23 24 25 26 27 28
29 30 31

SEPTEMBER
S M T W T F S
          1 2 3 4
 5 6 7 8 9 10 11
12 13 14 15 16 17 18
19 20 21 22 23 24 25
26 27 28 29 30

OCTOBER
S M T W T F S
                1 2
 3 4 5 6 7 8 9
10 11 12 13 14 15 16
17 18 19 20 21 22 23
24/31 25 26 27 28 29 30

NOVEMBER
S M T W T F S
    1 2 3 4 5 6
 7 8 9 10 11 12 13
14 15 16 17 18 19 20
21 22 23 24 25 26 27
28 29 30

DECEMBER
S M T W T F S
          1 2 3 4
 5 6 7 8 9 10 11
12 13 14 15 16 17 18
19 20 21 22 23 24 25
26 27 28 29 30 31

SATURDAY
17
APRIL

God reconciled everything to Himself. He made peace with everything
in heaven and on earth by means of Christ's blood on the cross.
COLOSSIANS 1:20

TIME	📖 Joshua 22-24	✓

SUNDAY
18
APRIL

The God of peace be with you.
ROMANS 15:33

TIME	📖 Romans 1-3	✓

JANUARY	FEBRUARY	MARCH	APRIL	MAY	JUNE
S M T W T F S	S M T W T F S	S M T W T F S	S M T W T F S	S M T W T F S	S M T W T F S
1 2	1 2 3 4 5 6	1 2 3 4 5 6	1 2 3	1	1 2 3 4 5
3 4 5 6 7 8 9	7 8 9 10 11 12 13	7 8 9 10 11 12 13	4 5 6 7 8 9 10	2 3 4 5 6 7 8	6 7 8 9 10 11 12
10 11 12 13 14 15 16	14 15 16 17 18 19 20	14 15 16 17 18 19 20	11 12 13 14 15 16 17	9 10 11 12 13 14 15	13 14 15 16 17 18 19
17 18 19 20 21 22 23	21 22 23 24 25 26 27	21 22 23 24 25 26 27	18 19 20 21 22 23 24	16 17 18 19 20 21 22	20 21 22 23 24 25 26
24/31 25 26 27 28 29 30	28	28 29 30 31	25 26 27 28 29 30	23/30 24/31 25 26 27 28 29	27 28 29 30

The kingdom of God is not a matter of eating and drinking
but of righteousness and peace and joy in the Holy Spirit.

ROMANS 14:17

TIME	📖 Romans 4-6	✓
07:00 AM		
07:30 AM		
08:00 AM		
08:30 AM		
09:00 AM		
09:30 AM		
10:00 AM		
10:30 AM		
11:00 AM		
11:30 AM		
12:00 PM		
12:30 PM		
01:00 PM		
01:30 PM		
02:00 PM		
02:30 PM		
03:00 PM		
03:30 PM		
04:00 PM		
04:30 PM		
05:00 PM		
05:30 PM		
06:00 PM		
06:30 PM		
07:00 PM		
07:30 PM		
08:00 PM		

A
P
R

JULY	AUGUST	SEPTEMBER	OCTOBER	NOVEMBER	DECEMBER
S M T W T F S	S M T W T F S	S M T W T F S	S M T W T F S	S M T W T F S	S M T W T F S
1 2 3	1 2 3 4 5 6 7	1 2 3 4	1 2	1 2 3 4 5 6	1 2 3 4
4 5 6 7 8 9 10	8 9 10 11 12 13 14	5 6 7 8 9 10 11	3 4 5 6 7 8 9	7 8 9 10 11 12 13	5 6 7 8 9 10 11
11 12 13 14 15 16 17	15 16 17 18 19 20 21	12 13 14 15 16 17 18	10 11 12 13 14 15 16	14 15 16 17 18 19 20	12 13 14 15 16 17 18
18 19 20 21 22 23 24	22 23 24 25 26 27 28	19 20 21 22 23 24 25	17 18 19 20 21 22 23	21 22 23 24 25 26 27	19 20 21 22 23 24 25
25 26 27 28 29 30 31	29 30 31	26 27 28 29 30	24/31 25 26 27 28 29 30	28 29 30	26 27 28 29 30 31

TUESDAY
20
APRIL

May God give you more and more grace and peace.

TIME	📖 Romans 7-9	✓
07:00 AM		
07:30 AM		
08:00 AM		
08:30 AM		
09:00 AM		
09:30 AM		
10:00 AM		
10:30 AM		
11:00 AM		
11:30 AM		
12:00 PM		
12:30 PM		
01:00 PM		
01:30 PM		
02:00 PM		
02:30 PM		
03:00 PM		
03:30 PM		
04:00 PM		
04:30 PM		
05:00 PM		
05:30 PM		
06:00 PM		
06:30 PM		
07:00 PM		
07:30 PM		
08:00 PM		

JANUARY	FEBRUARY	MARCH	APRIL	MAY	JUNE
S M T W T F S	S M T W T F S	S M T W T F S	S M T W T F S	S M T W T F S	S M T W T F S
1 2	1 2 3 4 5 6	1 2 3 4 5 6	1 2 3	1	1 2 3 4 5
3 4 5 6 7 8 9	7 8 9 10 11 12 13	7 8 9 10 11 12 13	4 5 6 7 8 9 10	2 3 4 5 6 7 8	6 7 8 9 10 11 12
10 11 12 13 14 15 16	14 15 16 17 18 19 20	14 15 16 17 18 19 20	11 12 13 14 15 16 17	9 10 11 12 13 14 15	13 14 15 16 17 18 19
17 18 19 20 21 22 23	21 22 23 24 25 26 27	21 22 23 24 25 26 27	18 19 20 21 22 23 24	16 17 18 19 20 21 22	20 21 22 23 24 25 26
24/31 25 26 27 28 29 30	28	28 29 30 31	25 26 27 28 29 30	23/30 24/31 25 26 27 28 29	27 28 29 30

For unto us a Child is born, unto us a Son is given.
And His name will be called Wonderful, Counselor,
Mighty God, Everlasting Father, Prince of Peace.

ISAIAH 9:6

WEDNESDAY
21
APRIL

TIME	📖 Romans 10-12	✓
07:00 AM		
07:30 AM		
08:00 AM		
08:30 AM		
09:00 AM		
09:30 AM		
10:00 AM		
10:30 AM		
11:00 AM		
11:30 AM		
12:00 PM		
12:30 PM		
01:00 PM		
01:30 PM		
02:00 PM		
02:30 PM		
03:00 PM		
03:30 PM		
04:00 PM		
04:30 PM		
05:00 PM		
05:30 PM		
06:00 PM		
06:30 PM		
07:00 PM		
07:30 PM		
08:00 PM		

APR

JULY	AUGUST	SEPTEMBER	OCTOBER	NOVEMBER	DECEMBER
S M T W T F S	S M T W T F S	S M T W T F S	S M T W T F S	S M T W T F S	S M T W T F S
1 2 3	1 2 3 4 5 6 7	1 2 3 4	1 2	1 2 3 4 5 6	1 2 3 4
4 5 6 7 8 9 10	8 9 10 11 12 13 14	5 6 7 8 9 10 11	3 4 5 6 7 8 9	7 8 9 10 11 12 13	5 6 7 8 9 10 11
11 12 13 14 15 16 17	15 16 17 18 19 20 21	12 13 14 15 16 17 18	10 11 12 13 14 15 16	14 15 16 17 18 19 20	12 13 14 15 16 17 18
18 19 20 21 22 23 24	22 23 24 25 26 27 28	19 20 21 22 23 24 25	17 18 19 20 21 22 23	21 22 23 24 25 26 27	19 20 21 22 23 24 25
25 26 27 28 29 30 31	29 30 31	26 27 28 29 30	24/31 25 26 27 28 29 30	28 29 30	26 27 28 29 30 31

THURSDAY
22
APRIL

Strive for peace with everyone, and for the
holiness without which no one will see the Lord.

HEBREWS 12:14

TIME	📖 Romans 13-16	✓
07:00 AM		
07:30 AM		
08:00 AM		
08:30 AM		
09:00 AM		
09:30 AM		
10:00 AM		
10:30 AM		
11:00 AM		
11:30 AM		
12:00 PM		
12:30 PM		
01:00 PM		
01:30 PM		
02:00 PM		
02:30 PM		
03:00 PM		
03:30 PM		
04:00 PM		
04:30 PM		
05:00 PM		
05:30 PM		
06:00 PM		
06:30 PM		
07:00 PM		
07:30 PM		
08:00 PM		

JANUARY
S M T W T F S
          1 2
3 4 5 6 7 8 9
10 11 12 13 14 15 16
17 18 19 20 21 22 23
24/31 25 26 27 28 29 30

FEBRUARY
S M T W T F S
  1 2 3 4 5 6
7 8 9 10 11 12 13
14 15 16 17 18 19 20
21 22 23 24 25 26 27
28

MARCH
S M T W T F S
  1 2 3 4 5 6
7 8 9 10 11 12 13
14 15 16 17 18 19 20
21 22 23 24 25 26 27
28 29 30 31

APRIL
S M T W T F S
          1 2 3
4 5 6 7 8 9 10
11 12 13 14 15 16 17
18 19 20 21 22 23 24
25 26 27 28 29 30

MAY
S M T W T F S
              1
2 3 4 5 6 7 8
9 10 11 12 13 14 15
16 17 18 19 20 21 22
23/30 24/31 25 26 27 28 29

JUNE
S M T W T F S
    1 2 3 4 5
6 7 8 9 10 11 12
13 14 15 16 17 18 19
20 21 22 23 24 25 26
27 28 29 30

Look at those who are honest and good,
for a wonderful future awaits those who love peace.

PSALM 37:37

TIME	📖 Judges 1-3	✓
07:00 AM		
07:30 AM		
08:00 AM		
08:30 AM		
09:00 AM		
09:30 AM		
10:00 AM		
10:30 AM		
11:00 AM		
11:30 AM		
12:00 PM		
12:30 PM		
01:00 PM		
01:30 PM		
02:00 PM		
02:30 PM		
03:00 PM		
03:30 PM		
04:00 PM		
04:30 PM		
05:00 PM		
05:30 PM		
06:00 PM		
06:30 PM		
07:00 PM		
07:30 PM		
08:00 PM		

APR

JULY	AUGUST	SEPTEMBER	OCTOBER	NOVEMBER	DECEMBER
S M T W T F S	S M T W T F S	S M T W T F S	S M T W T F S	S M T W T F S	S M T W T F S
1 2 3	1 2 3 4 5 6 7	1 2 3 4	1 2	1 2 3 4 5 6	1 2 3 4
4 5 6 7 8 9 10	8 9 10 11 12 13 14	5 6 7 8 9 10 11	3 4 5 6 7 8 9	7 8 9 10 11 12 13	5 6 7 8 9 10 11
11 12 13 14 15 16 17	15 16 17 18 19 20 21	12 13 14 15 16 17 18	10 11 12 13 14 15 16	14 15 16 17 18 19 20	12 13 14 15 16 17 18
18 19 20 21 22 23 24	22 23 24 25 26 27 28	19 20 21 22 23 24 25	17 18 19 20 21 22 23	21 22 23 24 25 26 27	19 20 21 22 23 24 25
25 26 27 28 29 30 31	29 30 31	26 27 28 29 30	24/31 25 26 27 28 29 30	28 29 30	26 27 28 29 30 31

SATURDAY
24
APRIL

Those who are peacemakers will plant seeds
of peace and reap a harvest of righteousness.

JAMES 3:18

TIME	📖 Judges 4-6	✓

SUNDAY
25
APRIL

Don't worry about anything; instead, pray about everything.
Tell God what you need, and thank Him for all He has done.

PHILIPPIANS 4:6

TIME	📖 Judges 7-9	✓

JANUARY	FEBRUARY	MARCH	APRIL	MAY	JUNE
S M T W T F S	S M T W T F S	S M T W T F S	S M T W T F S	S M T W T F S	S M T W T F S
1 2	1 2 3 4 5 6	1 2 3 4 5 6	1 2 3	1	1 2 3 4 5
3 4 5 6 7 8 9	7 8 9 10 11 12 13	7 8 9 10 11 12 13	4 5 6 7 8 9 10	2 3 4 5 6 7 8	6 7 8 9 10 11 12
10 11 12 13 14 15 16	14 15 16 17 18 19 20	14 15 16 17 18 19 20	11 12 13 14 15 16 17	9 10 11 12 13 14 15	13 14 15 16 17 18 19
17 18 19 20 21 22 23	21 22 23 24 25 26 27	21 22 23 24 25 26 27	18 19 20 21 22 23 24	16 17 18 19 20 21 22	20 21 22 23 24 25 26
24/31 25 26 27 28 29 30	28	28 29 30 31	25 26 27 28 29 30	23/30 24/31 25 26 27 28 29	27 28 29 30

Lord, You establish peace for us; all that we
have accomplished You have done for us.

ISAIAH 26:12

TIME	📖 Judges 10-12	✓
07:00 AM		
07:30 AM		
08:00 AM		
08:30 AM		
09:00 AM		
09:30 AM		
10:00 AM		
10:30 AM		
11:00 AM		
11:30 AM		
12:00 PM		
12:30 PM		
01:00 PM		
01:30 PM		
02:00 PM		
02:30 PM		
03:00 PM		
03:30 PM		
04:00 PM		
04:30 PM		
05:00 PM		
05:30 PM		
06:00 PM		
06:30 PM		
07:00 PM		
07:30 PM		
08:00 PM		

APR

JULY	AUGUST	SEPTEMBER	OCTOBER	NOVEMBER	DECEMBER
S M T W T F S	S M T W T F S	S M T W T F S	S M T W T F S	S M T W T F S	S M T W T F S
1 2 3	1 2 3 4 5 6 7	1 2 3 4	1 2	1 2 3 4 5 6	1 2 3 4
4 5 6 7 8 9 10	8 9 10 11 12 13 14	5 6 7 8 9 10 11	3 4 5 6 7 8 9	7 8 9 10 11 12 13	5 6 7 8 9 10 11
11 12 13 14 15 16 17	15 16 17 18 19 20 21	12 13 14 15 16 17 18	10 11 12 13 14 15 16	14 15 16 17 18 19 20	12 13 14 15 16 17 18
18 19 20 21 22 23 24	22 23 24 25 26 27 28	19 20 21 22 23 24 25	17 18 19 20 21 22 23	21 22 23 24 25 26 27	19 20 21 22 23 24 25
25 26 27 28 29 30 31	29 30 31	26 27 28 29 30	24/31 25 26 27 28 29 30	28 29 30	26 27 28 29 30 31

TUESDAY
27
APRIL

Because of God's tender mercy, the morning light from heaven
is about to break upon us, to guide us to the path of peace.

LUKE 1:78-79

TIME	📖 Judges 13-15	✓
07:00 AM		
07:30 AM		
08:00 AM		
08:30 AM		
09:00 AM		
09:30 AM		
10:00 AM		
10:30 AM		
11:00 AM		
11:30 AM		
12:00 PM		
12:30 PM		
01:00 PM		
01:30 PM		
02:00 PM		
02:30 PM		
03:00 PM		
03:30 PM		
04:00 PM		
04:30 PM		
05:00 PM		
05:30 PM		
06:00 PM		
06:30 PM		
07:00 PM		
07:30 PM		
08:00 PM		

JANUARY	FEBRUARY	MARCH	APRIL	MAY	JUNE
S M T W T F S	S M T W T F S	S M T W T F S	S M T W T F S	S M T W T F S	S M T W T F S
1 2	1 2 3 4 5 6	1 2 3 4 5 6	1 2 3	1	1 2 3 4 5
3 4 5 6 7 8 9	7 8 9 10 11 12 13	7 8 9 10 11 12 13	4 5 6 7 8 9 10	2 3 4 5 6 7 8	6 7 8 9 10 11 12
10 11 12 13 14 15 16	14 15 16 17 18 19 20	14 15 16 17 18 19 20	11 12 13 14 15 16 17	9 10 11 12 13 14 15	13 14 15 16 17 18 19
17 18 19 20 21 22 23	21 22 23 24 25 26 27	21 22 23 24 25 26 27	18 19 20 21 22 23 24	16 17 18 19 20 21 22	20 21 22 23 24 25 26
24/31 25 26 27 28 29 30	28	28 29 30 31	25 26 27 28 29 30	23/30 24/31 25 26 27 28 29	27 28 29 30

Deceit is in the hearts of those who plot evil,
but those who promote peace have joy.

PROVERBS 12:20

TIME	📖 Judges 16-18	✓
07:00 AM		
07:30 AM		
08:00 AM		
08:30 AM		
09:00 AM		
09:30 AM		
10:00 AM		
10:30 AM		
11:00 AM		
11:30 AM		
12:00 PM		
12:30 PM		
01:00 PM		
01:30 PM		
02:00 PM		
02:30 PM		
03:00 PM		
03:30 PM		
04:00 PM		
04:30 PM		
05:00 PM		
05:30 PM		
06:00 PM		
06:30 PM		
07:00 PM		
07:30 PM		
08:00 PM		

APR

JULY	AUGUST	SEPTEMBER	OCTOBER	NOVEMBER	DECEMBER
S M T W T F S	S M T W T F S	S M T W T F S	S M T W T F S	S M T W T F S	S M T W T F S
1 2 3	1 2 3 4 5 6 7	1 2 3 4	1 2	1 2 3 4 5 6	1 2 3 4
4 5 6 7 8 9 10	8 9 10 11 12 13 14	5 6 7 8 9 10 11	3 4 5 6 7 8 9	7 8 9 10 11 12 13	5 6 7 8 9 10 11
11 12 13 14 15 16 17	15 16 17 18 19 20 21	12 13 14 15 16 17 18	10 11 12 13 14 15 16	14 15 16 17 18 19 20	12 13 14 15 16 17 18
18 19 20 21 22 23 24	22 23 24 25 26 27 28	19 20 21 22 23 24 25	17 18 19 20 21 22 23	21 22 23 24 25 26 27	19 20 21 22 23 24 25
25 26 27 28 29 30 31	29 30 31	26 27 28 29 30	24/31 25 26 27 28 29 30	28 29 30	26 27 28 29 30 31

You will go out in joy and be led forth in peace.

ISAIAH 55:12

TIME	📖 Judges 19-21	✓
07:00 AM		
07:30 AM		
08:00 AM		
08:30 AM		
09:00 AM		
09:30 AM		
10:00 AM		
10:30 AM		
11:00 AM		
11:30 AM		
12:00 PM		
12:30 PM		
01:00 PM		
01:30 PM		
02:00 PM		
02:30 PM		
03:00 PM		
03:30 PM		
04:00 PM		
04:30 PM		
05:00 PM		
05:30 PM		
06:00 PM		
06:30 PM		
07:00 PM		
07:30 PM		
08:00 PM		

JANUARY
S M T W T F S
1 2
3 4 5 6 7 8 9
10 11 12 13 14 15 16
17 18 19 20 21 22 23
24/31 25 26 27 28 29 30

FEBRUARY
S M T W T F S
1 2 3 4 5 6
7 8 9 10 11 12 13
14 15 16 17 18 19 20
21 22 23 24 25 26 27
28

MARCH
S M T W T F S
1 2 3 4 5 6
7 8 9 10 11 12 13
14 15 16 17 18 19 20
21 22 23 24 25 26 27
28 29 30 31

APRIL
S M T W T F S
1 2 3
4 5 6 7 8 9 10
11 12 13 14 15 16 17
18 19 20 21 22 23 24
25 26 27 28 29 30

MAY
S M T W T F S
1
2 3 4 5 6 7 8
9 10 11 12 13 14 15
16 17 18 19 20 21 22
23/30 24/31 25 26 27 28 29

JUNE
S M T W T F S
1 2 3 4 5
6 7 8 9 10 11 12
13 14 15 16 17 18 19
20 21 22 23 24 25 26
27 28 29 30

Grace to you and peace from God our Father and the Lord Jesus Christ.

GALATIANS 1:3

TIME	📖 Ruth 1-2	✓
07:00 AM		
07:30 AM		
08:00 AM		
08:30 AM		
09:00 AM		
09:30 AM		
10:00 AM		
10:30 AM		
11:00 AM		
11:30 AM		
12:00 PM		
12:30 PM		
01:00 PM		
01:30 PM		
02:00 PM		
02:30 PM		
03:00 PM		
03:30 PM		
04:00 PM		
04:30 PM		
05:00 PM		
05:30 PM		
06:00 PM		
06:30 PM		
07:00 PM		
07:30 PM		
08:00 PM		

A
P
R

JULY	AUGUST	SEPTEMBER	OCTOBER	NOVEMBER	DECEMBER
S M T W T F S	S M T W T F S	S M T W T F S	S M T W T F S	S M T W T F S	S M T W T F S
1 2 3	1 2 3 4 5 6 7	1 2 3 4	1 2	1 2 3 4 5 6	1 2 3 4
4 5 6 7 8 9 10	8 9 10 11 12 13 14	5 6 7 8 9 10 11	3 4 5 6 7 8 9	7 8 9 10 11 12 13	5 6 7 8 9 10 11
11 12 13 14 15 16 17	15 16 17 18 19 20 21	12 13 14 15 16 17 18	10 11 12 13 14 15 16	14 15 16 17 18 19 20	12 13 14 15 16 17 18
18 19 20 21 22 23 24	22 23 24 25 26 27 28	19 20 21 22 23 24 25	17 18 19 20 21 22 23	21 22 23 24 25 26 27	19 20 21 22 23 24 25
25 26 27 28 29 30 31	29 30 31	26 27 28 29 30	24/31 25 26 27 28 29 30	28 29 30	26 27 28 29 30 31

MAY

The climax of God's happiness is the
delight He takes in the echoes of His
excellence in the praises of His people.

John Piper

MONTH PLANNER FOR MAY

1	Saturday
2	Sunday
3	Monday
4	Tuesday
5	Wednesday
6	Thursday
7	Friday
8	Saturday
9	Sunday
10	Monday
11	Tuesday
12	Wednesday
13	Thursday
14	Friday
15	Saturday
16	Sunday
17	Monday
18	Tuesday
19	Wednesday
20	Thursday
21	Friday
22	Saturday
23	Sunday
24	Monday
25	Tuesday
26	Wednesday
27	Thursday
28	Friday
29	Saturday
30	Sunday
31	Monday

NOTES

BUDGET FOR MAY

DATE	ITEM	PAYMENT METHOD	AMOUNT

SATURDAY
1
MAY

Sing praises to God and to His name!

PSALM 68:4

TIME	📖 Ruth 3-4	✓

SUNDAY
2
MAY

Let everything that has breath praise the LORD. Praise the LORD.

PSALM 150:6

TIME	📖 1 Corinthians 1-3	✓

JANUARY	FEBRUARY	MARCH	APRIL	MAY	JUNE
S M T W T F S	S M T W T F S	S M T W T F S	S M T W T F S	S M T W T F S	S M T W T F S
1 2	1 2 3 4 5 6	1 2 3 4 5 6	1 2 3	1	1 2 3 4 5
3 4 5 6 7 8 9	7 8 9 10 11 12 13	7 8 9 10 11 12 13	4 5 6 7 8 9 10	2 3 4 5 6 7 8	6 7 8 9 10 11 12
10 11 12 13 14 15 16	14 15 16 17 18 19 20	14 15 16 17 18 19 20	11 12 13 14 15 16 17	9 10 11 12 13 14 15	13 14 15 16 17 18 19
17 18 19 20 21 22 23	21 22 23 24 25 26 27	21 22 23 24 25 26 27	18 19 20 21 22 23 24	16 17 18 19 20 21 22	20 21 22 23 24 25 26
24/31 25 26 27 28 29 30	28	28 29 30 31	25 26 27 28 29 30	23/30 24/31 25 26 27 28 29	27 28 29 30

Enter His gates with thanksgiving and His courts with praise;
give thanks to Him and praise His name.

PSALM 100:4

MONDAY
3
MAY

TIME	📖 1 Corinthians 4-6	✓
07:00 AM		
07:30 AM		
08:00 AM		
08:30 AM		
09:00 AM		
09:30 AM		
10:00 AM		
10:30 AM		
11:00 AM		
11:30 AM		
12:00 PM		
12:30 PM		
01:00 PM		
01:30 PM		
02:00 PM		
02:30 PM		
03:00 PM		
03:30 PM		
04:00 PM		
04:30 PM		
05:00 PM		
05:30 PM		
06:00 PM		
06:30 PM		
07:00 PM		
07:30 PM		
08:00 PM		

M
A
Y

JULY	AUGUST	SEPTEMBER	OCTOBER	NOVEMBER	DECEMBER
S M T W T F S	S M T W T F S	S M T W T F S	S M T W T F S	S M T W T F S	S M T W T F S
1 2 3	1 2 3 4 5 6 7	1 2 3 4	1 2	1 2 3 4 5 6	1 2 3 4
4 5 6 7 8 9 10	8 9 10 11 12 13 14	5 6 7 8 9 10 11	3 4 5 6 7 8 9	7 8 9 10 11 12 13	5 6 7 8 9 10 11
11 12 13 14 15 16 17	15 16 17 18 19 20 21	12 13 14 15 16 17 18	10 11 12 13 14 15 16	14 15 16 17 18 19 20	12 13 14 15 16 17 18
18 19 20 21 22 23 24	22 23 24 25 26 27 28	19 20 21 22 23 24 25	17 18 19 20 21 22 23	21 22 23 24 25 26 27	19 20 21 22 23 24 25
25 26 27 28 29 30 31	29 30 31	26 27 28 29 30	24/31 25 26 27 28 29 30	28 29 30	26 27 28 29 30 31

Praise the LORD! Sing to the LORD a new song.
Sing His praises in the assembly of the faithful.

PSALM 149:1

TIME	📖 1 Corinthians 7-9	✓
07:00 AM		
07:30 AM		
08:00 AM		
08:30 AM		
09:00 AM		
09:30 AM		
10:00 AM		
10:30 AM		
11:00 AM		
11:30 AM		
12:00 PM		
12:30 PM		
01:00 PM		
01:30 PM		
02:00 PM		
02:30 PM		
03:00 PM		
03:30 PM		
04:00 PM		
04:30 PM		
05:00 PM		
05:30 PM		
06:00 PM		
06:30 PM		
07:00 PM		
07:30 PM		
08:00 PM		

JANUARY	FEBRUARY	MARCH	APRIL	MAY	JUNE
S M T W T F S	S M T W T F S	S M T W T F S	S M T W T F S	S M T W T F S	S M T W T F S
1 2	1 2 3 4 5 6	1 2 3 4 5 6	1 2 3	1	1 2 3 4 5
3 4 5 6 7 8 9	7 8 9 10 11 12 13	7 8 9 10 11 12 13	4 5 6 7 8 9 10	2 3 4 5 6 7 8	6 7 8 9 10 11 12
10 11 12 13 14 15 16	14 15 16 17 18 19 20	14 15 16 17 18 19 20	11 12 13 14 15 16 17	9 10 11 12 13 14 15	13 14 15 16 17 18 19
17 18 19 20 21 22 23	21 22 23 24 25 26 27	21 22 23 24 25 26 27	18 19 20 21 22 23 24	16 17 18 19 20 21 22	20 21 22 23 24 25 26
24/31 25 26 27 28 29 30	28	28 29 30 31	25 26 27 28 29 30	23/30 24/31 25 26 27 28 29	27 28 29 30

Declare His glory among the nations, His wonders among all peoples.

1 CHRONICLES 16:24

TIME	📖 1 Corinthians 10-12	✓
07:00 AM		
07:30 AM		
08:00 AM		
08:30 AM		
09:00 AM		
09:30 AM		
10:00 AM		
10:30 AM		
11:00 AM		
11:30 AM		
12:00 PM		
12:30 PM		
01:00 PM		
01:30 PM		
02:00 PM		
02:30 PM		
03:00 PM		
03:30 PM		
04:00 PM		
04:30 PM		
05:00 PM		
05:30 PM		
06:00 PM		
06:30 PM		
07:00 PM		
07:30 PM		
08:00 PM		

MAY

JULY							AUGUST							SEPTEMBER							OCTOBER							NOVEMBER							DECEMBER						
S	M	T	W	T	F	S	S	M	T	W	T	F	S	S	M	T	W	T	F	S	S	M	T	W	T	F	S	S	M	T	W	T	F	S	S	M	T	W	T	F	S
				1	2	3	1	2	3	4	5	6	7				1	2	3	4						1	2	1	2	3	4	5	6				1	2	3	4
4	5	6	7	8	9	10	8	9	10	11	12	13	14	5	6	7	8	9	10	11	3	4	5	6	7	8	9	7	8	9	10	11	12	13	5	6	7	8	9	10	11
11	12	13	14	15	16	17	15	16	17	18	19	20	21	12	13	14	15	16	17	18	10	11	12	13	14	15	16	14	15	16	17	18	19	20	12	13	14	15	16	17	18
18	19	20	21	22	23	24	22	23	24	25	26	27	28	19	20	21	22	23	24	25	17	18	19	20	21	22	23	21	22	23	24	25	26	27	19	20	21	22	23	24	25
25	26	27	28	29	30	31	29	30	31					26	27	28	29	30			24/31	25	26	27	28	29	30	28	29	30					26	27	28	29	30	31	

Let heaven and earth praise Him, the seas and all that move in them.

PSALM 69:34

TIME	📖 1 Corinthians 13-16	✓
07:00 AM		
07:30 AM		
08:00 AM		
08:30 AM		
09:00 AM		
09:30 AM		
10:00 AM		
10:30 AM		
11:00 AM		
11:30 AM		
12:00 PM		
12:30 PM		
01:00 PM		
01:30 PM		
02:00 PM		
02:30 PM		
03:00 PM		
03:30 PM		
04:00 PM		
04:30 PM		
05:00 PM		
05:30 PM		
06:00 PM		
06:30 PM		
07:00 PM		
07:30 PM		
08:00 PM		

JANUARY	FEBRUARY	MARCH	APRIL	MAY	JUNE
S M T W T F S	S M T W T F S	S M T W T F S	S M T W T F S	S M T W T F S	S M T W T F S
1 2	1 2 3 4 5 6	1 2 3 4 5 6	1 2 3	1	1 2 3 4 5
3 4 5 6 7 8 9	7 8 9 10 11 12 13	7 8 9 10 11 12 13	4 5 6 7 8 9 10	2 3 4 5 6 7 8	6 7 8 9 10 11 12
10 11 12 13 14 15 16	14 15 16 17 18 19 20	14 15 16 17 18 19 20	11 12 13 14 15 16 17	9 10 11 12 13 14 15	13 14 15 16 17 18 19
17 18 19 20 21 22 23	21 22 23 24 25 26 27	21 22 23 24 25 26 27	18 19 20 21 22 23 24	16 17 18 19 20 21 22	20 21 22 23 24 25 26
24/31 25 26 27 28 29 30	28	28 29 30 31	25 26 27 28 29 30	23/30 24/31 25 26 27 28 29	27 28 29 30

Great are the works of the LORD; they are
pondered by all who delight in them.

PSALM 111:2

TIME	📖 1 Samuel 1-3	✓
07:00 AM		
07:30 AM		
08:00 AM		
08:30 AM		
09:00 AM		
09:30 AM		
10:00 AM		
10:30 AM		
11:00 AM		
11:30 AM		
12:00 PM		
12:30 PM		
01:00 PM		
01:30 PM		
02:00 PM		
02:30 PM		
03:00 PM		
03:30 PM		
04:00 PM		
04:30 PM		
05:00 PM		
05:30 PM		
06:00 PM		
06:30 PM		
07:00 PM		
07:30 PM		
08:00 PM		

M
A
Y

JULY	AUGUST	SEPTEMBER	OCTOBER	NOVEMBER	DECEMBER
S M T W T F S	S M T W T F S	S M T W T F S	S M T W T F S	S M T W T F S	S M T W T F S
1 2 3	1 2 3 4 5 6 7	1 2 3 4	1 2	1 2 3 4 5 6	1 2 3 4
4 5 6 7 8 9 10	8 9 10 11 12 13 14	5 6 7 8 9 10 11	3 4 5 6 7 8 9	7 8 9 10 11 12 13	5 6 7 8 9 10 11
11 12 13 14 15 16 17	15 16 17 18 19 20 21	12 13 14 15 16 17 18	10 11 12 13 14 15 16	14 15 16 17 18 19 20	12 13 14 15 16 17 18
18 19 20 21 22 23 24	22 23 24 25 26 27 28	19 20 21 22 23 24 25	17 18 19 20 21 22 23	21 22 23 24 25 26 27	19 20 21 22 23 24 25
25 26 27 28 29 30 31	29 30 31	26 27 28 29 30	24/31 25 26 27 28 29 30	28 29 30	26 27 28 29 30 31

SATURDAY
8
MAY

Give thanks to the LORD and proclaim His greatness.
Let the whole world know what He has done.

PSALM 105:1

TIME	📖 1 Samuel 4-6	✓

SUNDAY
9
MAY

Let them praise Your great and awesome name! Holy is He!

PSALM 99:3

TIME	📖 1 Samuel 7-9	Mother's Day	✓

JANUARY	FEBRUARY	MARCH	APRIL	MAY	JUNE
S M T W T F S	S M T W T F S	S M T W T F S	S M T W T F S	S M T W T F S	S M T W T F S
1 2	1 2 3 4 5 6	1 2 3 4 5 6	1 2 3	1	1 2 3 4 5
3 4 5 6 7 8 9	7 8 9 10 11 12 13	7 8 9 10 11 12 13	4 5 6 7 8 9 10	2 3 4 5 6 7 8	6 7 8 9 10 11 12
10 11 12 13 14 15 16	14 15 16 17 18 19 20	14 15 16 17 18 19 20	11 12 13 14 15 16 17	9 10 11 12 13 14 15	13 14 15 16 17 18 19
17 18 19 20 21 22 23	21 22 23 24 25 26 27	21 22 23 24 25 26 27	18 19 20 21 22 23 24	16 17 18 19 20 21 22	20 21 22 23 24 25 26
24/31 25 26 27 28 29 30	28	28 29 30 31	25 26 27 28 29 30	23/30 24/31 25 26 27 28 29	27 28 29 30

Praise the LORD, for the LORD is good;
sing praises to His name, for it is pleasant.

PSALM 135:3

TIME	📖 1 Samuel 10-12	✓
07:00 AM		
07:30 AM		
08:00 AM		
08:30 AM		
09:00 AM		
09:30 AM		
10:00 AM		
10:30 AM		
11:00 AM		
11:30 AM		
12:00 PM		
12:30 PM		
01:00 PM		
01:30 PM		
02:00 PM		
02:30 PM		
03:00 PM		
03:30 PM		
04:00 PM		
04:30 PM		
05:00 PM		
05:30 PM		
06:00 PM		
06:30 PM		
07:00 PM		
07:30 PM		
08:00 PM		

MAY

JULY	AUGUST	SEPTEMBER	OCTOBER	NOVEMBER	DECEMBER
S M T W T F S	S M T W T F S	S M T W T F S	S M T W T F S	S M T W T F S	S M T W T F S
1 2 3	1 2 3 4 5 6 7	1 2 3 4	1 2	1 2 3 4 5 6	1 2 3 4
4 5 6 7 8 9 10	8 9 10 11 12 13 14	5 6 7 8 9 10 11	3 4 5 6 7 8 9	7 8 9 10 11 12 13	5 6 7 8 9 10 11
11 12 13 14 15 16 17	15 16 17 18 19 20 21	12 13 14 15 16 17 18	10 11 12 13 14 15 16	14 15 16 17 18 19 20	12 13 14 15 16 17 18
18 19 20 21 22 23 24	22 23 24 25 26 27 28	19 20 21 22 23 24 25	17 18 19 20 21 22 23	21 22 23 24 25 26 27	19 20 21 22 23 24 25
25 26 27 28 29 30 31	29 30 31	26 27 28 29 30	24/31 25 26 27 28 29 30	28 29 30	26 27 28 29 30 31

TUESDAY
11
MAY

Because Your steadfast love is better than life, my lips will praise You.

PSALM 63:3

TIME	📖 1 Samuel 13-15	✓
07:00 AM		
07:30 AM		
08:00 AM		
08:30 AM		
09:00 AM		
09:30 AM		
10:00 AM		
10:30 AM		
11:00 AM		
11:30 AM		
12:00 PM		
12:30 PM		
01:00 PM		
01:30 PM		
02:00 PM		
02:30 PM		
03:00 PM		
03:30 PM		
04:00 PM		
04:30 PM		
05:00 PM		
05:30 PM		
06:00 PM		
06:30 PM		
07:00 PM		
07:30 PM		
08:00 PM		

	JANUARY							FEBRUARY							MARCH							APRIL							MAY							JUNE					
S	M	T	W	T	F	S	S	M	T	W	T	F	S	S	M	T	W	T	F	S	S	M	T	W	T	F	S	S	M	T	W	T	F	S	S	M	T	W	T	F	S
					1	2		1	2	3	4	5	6		1	2	3	4	5	6					1	2	3							1			1	2	3	4	5
3	4	5	6	7	8	9	7	8	9	10	11	12	13	7	8	9	10	11	12	13	4	5	6	7	8	9	10	2	3	4	5	6	7	8	6	7	8	9	10	11	12
10	11	12	13	14	15	16	14	15	16	17	18	19	20	14	15	16	17	18	19	20	11	12	13	14	15	16	17	9	10	11	12	13	14	15	13	14	15	16	17	18	19
17	18	19	20	21	22	23	21	22	23	24	25	26	27	21	22	23	24	25	26	27	18	19	20	21	22	23	24	16	17	18	19	20	21	22	20	21	22	23	24	25	26
24/31	25	26	27	28	29	30	28							28	29	30	31				25	26	27	28	29	30		23/30	24/31	25	26	27	28	29	27	28	29	30			

Shout to the LORD, all the earth; break out in praise and sing for joy!

PSALM 98:4

TIME	📖 1 Samuel 16-18	✓
07:00 AM		
07:30 AM		
08:00 AM		
08:30 AM		
09:00 AM		
09:30 AM		
10:00 AM		
10:30 AM		
11:00 AM		
11:30 AM		
12:00 PM		
12:30 PM		
01:00 PM		
01:30 PM		
02:00 PM		
02:30 PM		
03:00 PM		
03:30 PM		
04:00 PM		
04:30 PM		
05:00 PM		
05:30 PM		
06:00 PM		
06:30 PM		
07:00 PM		
07:30 PM		
08:00 PM		

M
A
Y

JULY	AUGUST	SEPTEMBER	OCTOBER	NOVEMBER	DECEMBER
S M T W T F S	S M T W T F S	S M T W T F S	S M T W T F S	S M T W T F S	S M T W T F S
1 2 3	1 2 3 4 5 6 7	1 2 3 4	1 2	1 2 3 4 5 6	1 2 3 4
4 5 6 7 8 9 10	8 9 10 11 12 13 14	5 6 7 8 9 10 11	3 4 5 6 7 8 9	7 8 9 10 11 12 13	5 6 7 8 9 10 11
11 12 13 14 15 16 17	15 16 17 18 19 20 21	12 13 14 15 16 17 18	10 11 12 13 14 15 16	14 15 16 17 18 19 20	12 13 14 15 16 17 18
18 19 20 21 22 23 24	22 23 24 25 26 27 28	19 20 21 22 23 24 25	17 18 19 20 21 22 23	21 22 23 24 25 26 27	19 20 21 22 23 24 25
25 26 27 28 29 30 31	29 30 31	26 27 28 29 30	24/31 25 26 27 28 29 30	28 29 30	26 27 28 29 30 31

THURSDAY
13
MAY

I will praise the LORD according to His righteousness,
and will sing praise to the name of the LORD Most High.

PSALM 7:17

TIME	📖 1 Samuel 19-21	Ascension Day	✓
07:00 AM			
07:30 AM			
08:00 AM			
08:30 AM			
09:00 AM			
09:30 AM			
10:00 AM			
10:30 AM			
11:00 AM			
11:30 AM			
12:00 PM			
12:30 PM			
01:00 PM			
01:30 PM			
02:00 PM			
02:30 PM			
03:00 PM			
03:30 PM			
04:00 PM			
04:30 PM			
05:00 PM			
05:30 PM			
06:00 PM			
06:30 PM			
07:00 PM			
07:30 PM			
08:00 PM			

JANUARY
S M T W T F S
            1 2
3 4 5 6 7 8 9
10 11 12 13 14 15 16
17 18 19 20 21 22 23
24/31 25 26 27 28 29 30

FEBRUARY
S M T W T F S
    1 2 3 4 5 6
7 8 9 10 11 12 13
14 15 16 17 18 19 20
21 22 23 24 25 26 27
28

MARCH
S M T W T F S
    1 2 3 4 5 6
7 8 9 10 11 12 13
14 15 16 17 18 19 20
21 22 23 24 25 26 27
28 29 30 31

APRIL
S M T W T F S
            1 2 3
4 5 6 7 8 9 10
11 12 13 14 15 16 17
18 19 20 21 22 23 24
25 26 27 28 29 30

MAY
S M T W T F S
                    1
2 3 4 5 6 7 8
9 10 11 12 13 14 15
16 17 18 19 20 21 22
23/30 24/31 25 26 27 28 29

JUNE
S M T W T F S
        1 2 3 4 5
6 7 8 9 10 11 12
13 14 15 16 17 18 19
20 21 22 23 24 25 26
27 28 29 30

Shout with joy to the LORD, all the earth! Worship the
LORD with gladness. Come before Him, singing with joy.

PSALM 100:1-2

TIME	📖 1 Samuel 22-24	✓
07:00 AM		
07:30 AM		
08:00 AM		
08:30 AM		
09:00 AM		
09:30 AM		
10:00 AM		
10:30 AM		
11:00 AM		
11:30 AM		
12:00 PM		
12:30 PM		
01:00 PM		
01:30 PM		
02:00 PM		
02:30 PM		
03:00 PM		
03:30 PM		
04:00 PM		
04:30 PM		
05:00 PM		
05:30 PM		
06:00 PM		
06:30 PM		
07:00 PM		
07:30 PM		
08:00 PM		

M
A
Y

JULY	AUGUST	SEPTEMBER	OCTOBER	NOVEMBER	DECEMBER
S M T W T F S	S M T W T F S	S M T W T F S	S M T W T F S	S M T W T F S	S M T W T F S
1 2 3	1 2 3 4 5 6 7	1 2 3 4	1 2	1 2 3 4 5 6	1 2 3 4
4 5 6 7 8 9 10	8 9 10 11 12 13 14	5 6 7 8 9 10 11	3 4 5 6 7 8 9	7 8 9 10 11 12 13	5 6 7 8 9 10 11
11 12 13 14 15 16 17	15 16 17 18 19 20 21	12 13 14 15 16 17 18	10 11 12 13 14 15 16	14 15 16 17 18 19 20	12 13 14 15 16 17 18
18 19 20 21 22 23 24	22 23 24 25 26 27 28	19 20 21 22 23 24 25	17 18 19 20 21 22 23	21 22 23 24 25 26 27	19 20 21 22 23 24 25
25 26 27 28 29 30 31	29 30 31	26 27 28 29 30	24/31 25 26 27 28 29 30	28 29 30	26 27 28 29 30 31

SATURDAY
15
MAY

Praise the LORD from the heavens; praise Him in the heights above.

PSALM 148:1

TIME	📖 1 Samuel 25-27	✓

SUNDAY
16
MAY

Whatever you do, in word or deed, do everything in the name
of the Lord Jesus, giving thanks to God the Father through Him.

COLOSSIANS 3:17

TIME	📖 1 Samuel 28-31	✓

JANUARY
S M T W T F S
            1 2
3 4 5 6 7 8 9
10 11 12 13 14 15 16
17 18 19 20 21 22 23
24/31 25 26 27 28 29 30

FEBRUARY
S M T W T F S
  1 2 3 4 5 6
7 8 9 10 11 12 13
14 15 16 17 18 19 20
21 22 23 24 25 26 27
28

MARCH
S M T W T F S
  1 2 3 4 5 6
7 8 9 10 11 12 13
14 15 16 17 18 19 20
21 22 23 24 25 26 27
28 29 30 31

APRIL
S M T W T F S
          1 2 3
4 5 6 7 8 9 10
11 12 13 14 15 16 17
18 19 20 21 22 23 24
25 26 27 28 29 30

MAY
S M T W T F S
                1
2 3 4 5 6 7 8
9 10 11 12 13 14 15
16 17 18 19 20 21 22
23/30 24/31 25 26 27 28 29

JUNE
S M T W T F S
    1 2 3 4 5
6 7 8 9 10 11 12
13 14 15 16 17 18 19
20 21 22 23 24 25 26
27 28 29 30

Let them praise the name of the LORD, for His name alone
is exalted; His majesty is above earth and heaven.

PSALM 148:13

TIME	📖 2 Corinthians 1-3	✓
07:00 AM		
07:30 AM		
08:00 AM		
08:30 AM		
09:00 AM		
09:30 AM		
10:00 AM		
10:30 AM		
11:00 AM		
11:30 AM		
12:00 PM		
12:30 PM		
01:00 PM		
01:30 PM		
02:00 PM		
02:30 PM		
03:00 PM		
03:30 PM		
04:00 PM		
04:30 PM		
05:00 PM		
05:30 PM		
06:00 PM		
06:30 PM		
07:00 PM		
07:30 PM		
08:00 PM		

MAY

JULY	AUGUST	SEPTEMBER	OCTOBER	NOVEMBER	DECEMBER
S M T W T F S	S M T W T F S	S M T W T F S	S M T W T F S	S M T W T F S	S M T W T F S
1 2 3	1 2 3 4 5 6 7	1 2 3 4	1 2	1 2 3 4 5 6	1 2 3 4
4 5 6 7 8 9 10	8 9 10 11 12 13 14	5 6 7 8 9 10 11	3 4 5 6 7 8 9	7 8 9 10 11 12 13	5 6 7 8 9 10 11
11 12 13 14 15 16 17	15 16 17 18 19 20 21	12 13 14 15 16 17 18	10 11 12 13 14 15 16	14 15 16 17 18 19 20	12 13 14 15 16 17 18
18 19 20 21 22 23 24	22 23 24 25 26 27 28	19 20 21 22 23 24 25	17 18 19 20 21 22 23	21 22 23 24 25 26 27	19 20 21 22 23 24 25
25 26 27 28 29 30 31	29 30 31	26 27 28 29 30	24/31 25 26 27 28 29 30	28 29 30	26 27 28 29 30 31

TUESDAY
18
MAY

As for me, I will always have hope; I will praise You more and more.

PSALM 71:14

TIME	📖 2 Corinthians 4-6	✓
07:00 AM		
07:30 AM		
08:00 AM		
08:30 AM		
09:00 AM		
09:30 AM		
10:00 AM		
10:30 AM		
11:00 AM		
11:30 AM		
12:00 PM		
12:30 PM		
01:00 PM		
01:30 PM		
02:00 PM		
02:30 PM		
03:00 PM		
03:30 PM		
04:00 PM		
04:30 PM		
05:00 PM		
05:30 PM		
06:00 PM		
06:30 PM		
07:00 PM		
07:30 PM		
08:00 PM		

JANUARY
S M T W T F S
1 2
3 4 5 6 7 8 9
10 11 12 13 14 15 16
17 18 19 20 21 22 23
24/31 25 26 27 28 29 30

FEBRUARY
S M T W T F S
1 2 3 4 5 6
7 8 9 10 11 12 13
14 15 16 17 18 19 20
21 22 23 24 25 26 27
28

MARCH
S M T W T F S
1 2 3 4 5 6
7 8 9 10 11 12 13
14 15 16 17 18 19 20
21 22 23 24 25 26 27
28 29 30 31

APRIL
S M T W T F S
1 2 3
4 5 6 7 8 9 10
11 12 13 14 15 16 17
18 19 20 21 22 23 24
25 26 27 28 29 30

MAY
S M T W T F S
1
2 3 4 5 6 7 8
9 10 11 12 13 14 15
16 17 18 19 20 21 22
23/30 24/31 25 26 27 28 29

JUNE
S M T W T F S
1 2 3 4 5
6 7 8 9 10 11 12
13 14 15 16 17 18 19
20 21 22 23 24 25 26
27 28 29 30

WEDNESDAY
19
MAY

I will exalt You, my God and King, and praise Your name forever and ever.
I will praise You every day; yes, I will praise You forever.

PSALM 145:1-2

TIME	📖 2 Corinthians 7-9	✓
07:00 AM		
07:30 AM		
08:00 AM		
08:30 AM		
09:00 AM		
09:30 AM		
10:00 AM		
10:30 AM		
11:00 AM		
11:30 AM		
12:00 PM		
12:30 PM		
01:00 PM		
01:30 PM		
02:00 PM		
02:30 PM		
03:00 PM		
03:30 PM		
04:00 PM		
04:30 PM		
05:00 PM		
05:30 PM		
06:00 PM		
06:30 PM		
07:00 PM		
07:30 PM		
08:00 PM		

M A Y

JULY	AUGUST	SEPTEMBER	OCTOBER	NOVEMBER	DECEMBER
S M T W T F S	S M T W T F S	S M T W T F S	S M T W T F S	S M T W T F S	S M T W T F S
1 2 3	1 2 3 4 5 6 7	1 2 3 4	1 2	1 2 3 4 5 6	1 2 3 4
4 5 6 7 8 9 10	8 9 10 11 12 13 14	5 6 7 8 9 10 11	3 4 5 6 7 8 9	7 8 9 10 11 12 13	5 6 7 8 9 10 11
11 12 13 14 15 16 17	15 16 17 18 19 20 21	12 13 14 15 16 17 18	10 11 12 13 14 15 16	14 15 16 17 18 19 20	12 13 14 15 16 17 18
18 19 20 21 22 23 24	22 23 24 25 26 27 28	19 20 21 22 23 24 25	17 18 19 20 21 22 23	21 22 23 24 25 26 27	19 20 21 22 23 24 25
25 26 27 28 29 30 31	29 30 31	26 27 28 29 30	24/31 25 26 27 28 29 30	28 29 30	26 27 28 29 30 31

THURSDAY

20
MAY

Oh give thanks to the Lord; call upon His name;
make known His deeds among the peoples!

TIME	📖 2 Corinthians 10-13	✓
07:00 AM		
07:30 AM		
08:00 AM		
08:30 AM		
09:00 AM		
09:30 AM		
10:00 AM		
10:30 AM		
11:00 AM		
11:30 AM		
12:00 PM		
12:30 PM		
01:00 PM		
01:30 PM		
02:00 PM		
02:30 PM		
03:00 PM		
03:30 PM		
04:00 PM		
04:30 PM		
05:00 PM		
05:30 PM		
06:00 PM		
06:30 PM		
07:00 PM		
07:30 PM		
08:00 PM		

JANUARY	FEBRUARY	MARCH	APRIL	MAY	JUNE
S M T W T F S	S M T W T F S	S M T W T F S	S M T W T F S	S M T W T F S	S M T W T F S
1 2	1 2 3 4 5 6	1 2 3 4 5 6	1 2 3	1	1 2 3 4 5
3 4 5 6 7 8 9	7 8 9 10 11 12 13	7 8 9 10 11 12 13	4 5 6 7 8 9 10	2 3 4 5 6 7 8	6 7 8 9 10 11 12
10 11 12 13 14 15 16	14 15 16 17 18 19 20	14 15 16 17 18 19 20	11 12 13 14 15 16 17	9 10 11 12 13 14 15	13 14 15 16 17 18 19
17 18 19 20 21 22 23	21 22 23 24 25 26 27	21 22 23 24 25 26 27	18 19 20 21 22 23 24	16 17 18 19 20 21 22	20 21 22 23 24 25 26
24/31 25 26 27 28 29 30	28	28 29 30 31	25 26 27 28 29 30	23/30 24/31 25 26 27 28 29	27 28 29 30

Praise the Lord! I will thank the Lord with all
my heart as I meet with His godly people.

PSALM 111:1

TIME	📖 2 Samuel 1-3	✓
07:00 AM		
07:30 AM		
08:00 AM		
08:30 AM		
09:00 AM		
09:30 AM		
10:00 AM		
10:30 AM		
11:00 AM		
11:30 AM		
12:00 PM		
12:30 PM		
01:00 PM		
01:30 PM		
02:00 PM		
02:30 PM		
03:00 PM		
03:30 PM		
04:00 PM		
04:30 PM		
05:00 PM		
05:30 PM		
06:00 PM		
06:30 PM		
07:00 PM		
07:30 PM		
08:00 PM		

MAY

JULY	AUGUST	SEPTEMBER	OCTOBER	NOVEMBER	DECEMBER
S M T W T F S	S M T W T F S	S M T W T F S	S M T W T F S	S M T W T F S	S M T W T F S
1 2 3	1 2 3 4 5 6 7	1 2 3 4	1 2	1 2 3 4 5 6	1 2 3 4
4 5 6 7 8 9 10	8 9 10 11 12 13 14	5 6 7 8 9 10 11	3 4 5 6 7 8 9	7 8 9 10 11 12 13	5 6 7 8 9 10 11
11 12 13 14 15 16 17	15 16 17 18 19 20 21	12 13 14 15 16 17 18	10 11 12 13 14 15 16	14 15 16 17 18 19 20	12 13 14 15 16 17 18
18 19 20 21 22 23 24	22 23 24 25 26 27 28	19 20 21 22 23 24 25	17 18 19 20 21 22 23	21 22 23 24 25 26 27	19 20 21 22 23 24 25
25 26 27 28 29 30 31	29 30 31	26 27 28 29 30	24/31 25 26 27 28 29 30	28 29 30	26 27 28 29 30 31

SATURDAY
22
MAY

Let all that I am praise the Lord. O Lord my God, how great You are! You are robed with honor and majesty. You are dressed in a robe of light.

PSALM 104:1-2

TIME	📖 2 Samuel 4-6	✓

SUNDAY
23
MAY

Let my mouth be filled with Your praise and with Your glory all the day.

PSALM 71:8

TIME	📖 2 Samuel 7-9	✓

JANUARY	FEBRUARY	MARCH	APRIL	MAY	JUNE
S M T W T F S	S M T W T F S	S M T W T F S	S M T W T F S	S M T W T F S	S M T W T F S
1 2	1 2 3 4 5 6	1 2 3 4 5 6	1 2 3	1	1 2 3 4 5
3 4 5 6 7 8 9	7 8 9 10 11 12 13	7 8 9 10 11 12 13	4 5 6 7 8 9 10	2 3 4 5 6 7 8	6 7 8 9 10 11 12
10 11 12 13 14 15 16	14 15 16 17 18 19 20	14 15 16 17 18 19 20	11 12 13 14 15 16 17	9 10 11 12 13 14 15	13 14 15 16 17 18 19
17 18 19 20 21 22 23	21 22 23 24 25 26 27	21 22 23 24 25 26 27	18 19 20 21 22 23 24	16 17 18 19 20 21 22	20 21 22 23 24 25 26
24/31 25 26 27 28 29 30	28	28 29 30 31	25 26 27 28 29 30	23/30 24/31 25 26 27 28 29	27 28 29 30

Come, let us sing for joy to the LORD;
let us shout aloud to the Rock of our salvation.

PSALM 95:1

MONDAY
24
MAY

TIME	📖 2 Samuel 10-12	✓
07:00 AM		
07:30 AM		
08:00 AM		
08:30 AM		
09:00 AM		
09:30 AM		
10:00 AM		
10:30 AM		
11:00 AM		
11:30 AM		
12:00 PM		
12:30 PM		
01:00 PM		
01:30 PM		
02:00 PM		
02:30 PM		
03:00 PM		
03:30 PM		
04:00 PM		
04:30 PM		
05:00 PM		
05:30 PM		
06:00 PM		
06:30 PM		
07:00 PM		
07:30 PM		
08:00 PM		

MAY

JULY							AUGUST							SEPTEMBER							OCTOBER							NOVEMBER							DECEMBER						
S	M	T	W	T	F	S	S	M	T	W	T	F	S	S	M	T	W	T	F	S	S	M	T	W	T	F	S	S	M	T	W	T	F	S	S	M	T	W	T	F	S
				1	2	3	1	2	3	4	5	6	7				1	2	3	4						1	2		1	2	3	4	5	6				1	2	3	4
4	5	6	7	8	9	10	8	9	10	11	12	13	14	5	6	7	8	9	10	11	3	4	5	6	7	8	9	7	8	9	10	11	12	13	5	6	7	8	9	10	11
11	12	13	14	15	16	17	15	16	17	18	19	20	21	12	13	14	15	16	17	18	10	11	12	13	14	15	16	14	15	16	17	18	19	20	12	13	14	15	16	17	18
18	19	20	21	22	23	24	22	23	24	25	26	27	28	19	20	21	22	23	24	25	17	18	19	20	21	22	23	21	22	23	24	25	26	27	19	20	21	22	23	24	25
25	26	27	28	29	30	31	29	30	31					26	27	28	29	30			24/31	25	26	27	28	29	30	28	29	30					26	27	28	29	30	31	

All glory to Him who alone is God,
our Savior through Jesus Christ our Lord.

JUDE 25

TIME	📖 2 Samuel 13-15	✓
07:00 AM		
07:30 AM		
08:00 AM		
08:30 AM		
09:00 AM		
09:30 AM		
10:00 AM		
10:30 AM		
11:00 AM		
11:30 AM		
12:00 PM		
12:30 PM		
01:00 PM		
01:30 PM		
02:00 PM		
02:30 PM		
03:00 PM		
03:30 PM		
04:00 PM		
04:30 PM		
05:00 PM		
05:30 PM		
06:00 PM		
06:30 PM		
07:00 PM		
07:30 PM		
08:00 PM		

JANUARY
S M T W T F S
1 2
3 4 5 6 7 8 9
10 11 12 13 14 15 16
17 18 19 20 21 22 23
24/31 25 26 27 28 29 30

FEBRUARY
S M T W T F S
1 2 3 4 5 6
7 8 9 10 11 12 13
14 15 16 17 18 19 20
21 22 23 24 25 26 27
28

MARCH
S M T W T F S
1 2 3 4 5 6
7 8 9 10 11 12 13
14 15 16 17 18 19 20
21 22 23 24 25 26 27
28 29 30 31

APRIL
S M T W T F S
1 2 3
4 5 6 7 8 9 10
11 12 13 14 15 16 17
18 19 20 21 22 23 24
25 26 27 28 29 30

MAY
S M T W T F S
1
2 3 4 5 6 7 8
9 10 11 12 13 14 15
16 17 18 19 20 21 22
23/30 24/31 25 26 27 28 29

JUNE
S M T W T F S
1 2 3 4 5
6 7 8 9 10 11 12
13 14 15 16 17 18 19
20 21 22 23 24 25 26
27 28 29 30

I will greatly praise the LORD with my mouth;
yes, I will praise Him among the multitude.

PSALM 109:30

WEDNESDAY
26
MAY

TIME	📖 2 Samuel 16-18	✓
07:00 AM		
07:30 AM		
08:00 AM		
08:30 AM		
09:00 AM		
09:30 AM		
10:00 AM		
10:30 AM		
11:00 AM		
11:30 AM		
12:00 PM		
12:30 PM		
01:00 PM		
01:30 PM		
02:00 PM		
02:30 PM		
03:00 PM		
03:30 PM		
04:00 PM		
04:30 PM		
05:00 PM		
05:30 PM		
06:00 PM		
06:30 PM		
07:00 PM		
07:30 PM		
08:00 PM		

MAY

JULY	AUGUST	SEPTEMBER	OCTOBER	NOVEMBER	DECEMBER
S M T W T F S	S M T W T F S	S M T W T F S	S M T W T F S	S M T W T F S	S M T W T F S
1 2 3	1 2 3 4 5 6 7	1 2 3 4	1 2	1 2 3 4 5 6	1 2 3 4
4 5 6 7 8 9 10	8 9 10 11 12 13 14	5 6 7 8 9 10 11	3 4 5 6 7 8 9	7 8 9 10 11 12 13	5 6 7 8 9 10 11
11 12 13 14 15 16 17	15 16 17 18 19 20 21	12 13 14 15 16 17 18	10 11 12 13 14 15 16	14 15 16 17 18 19 20	12 13 14 15 16 17 18
18 19 20 21 22 23 24	22 23 24 25 26 27 28	19 20 21 22 23 24 25	17 18 19 20 21 22 23	21 22 23 24 25 26 27	19 20 21 22 23 24 25
25 26 27 28 29 30 31	29 30 31	26 27 28 29 30	24/31 25 26 27 28 29 30	28 29 30	26 27 28 29 30 31

THURSDAY
27
MAY

Praise the LORD! How good to sing praises
to our God! How delightful and how fitting!

PSALM 147:1

TIME	📖 2 Samuel 19-21	✓
07:00 AM		
07:30 AM		
08:00 AM		
08:30 AM		
09:00 AM		
09:30 AM		
10:00 AM		
10:30 AM		
11:00 AM		
11:30 AM		
12:00 PM		
12:30 PM		
01:00 PM		
01:30 PM		
02:00 PM		
02:30 PM		
03:00 PM		
03:30 PM		
04:00 PM		
04:30 PM		
05:00 PM		
05:30 PM		
06:00 PM		
06:30 PM		
07:00 PM		
07:30 PM		
08:00 PM		

JANUARY	FEBRUARY	MARCH	APRIL	MAY	JUNE
S M T W T F S	S M T W T F S	S M T W T F S	S M T W T F S	S M T W T F S	S M T W T F S
1 2	1 2 3 4 5 6	1 2 3 4 5 6	1 2 3	1	1 2 3 4 5
3 4 5 6 7 8 9	7 8 9 10 11 12 13	7 8 9 10 11 12 13	4 5 6 7 8 9 10	2 3 4 5 6 7 8	6 7 8 9 10 11 12
10 11 12 13 14 15 16	14 15 16 17 18 19 20	14 15 16 17 18 19 20	11 12 13 14 15 16 17	9 10 11 12 13 14 15	13 14 15 16 17 18 19
17 18 19 20 21 22 23	21 22 23 24 25 26 27	21 22 23 24 25 26 27	18 19 20 21 22 23 24	16 17 18 19 20 21 22	20 21 22 23 24 25 26
24/31 25 26 27 28 29 30	28	28 29 30 31	25 26 27 28 29 30	23/30 24/31 25 26 27 28 29	27 28 29 30

LORD, You are my God; I will exalt You and praise Your name, for in perfect
faithfulness You have done wonderful things, things planned long ago.

ISAIAH 25:1

TIME	📖 2 Samuel 22-24	✓
07:00 AM		
07:30 AM		
08:00 AM		
08:30 AM		
09:00 AM		
09:30 AM		
10:00 AM		
10:30 AM		
11:00 AM		
11:30 AM		
12:00 PM		
12:30 PM		
01:00 PM		
01:30 PM		
02:00 PM		
02:30 PM		
03:00 PM		
03:30 PM		
04:00 PM		
04:30 PM		
05:00 PM		
05:30 PM		
06:00 PM		
06:30 PM		
07:00 PM		
07:30 PM		
08:00 PM		

MAY

JULY
S M T W T F S
          1 2 3
4 5 6 7 8 9 10
11 12 13 14 15 16 17
18 19 20 21 22 23 24
25 26 27 28 29 30 31

AUGUST
S M T W T F S
1 2 3 4 5 6 7
8 9 10 11 12 13 14
15 16 17 18 19 20 21
22 23 24 25 26 27 28
29 30 31

SEPTEMBER
S M T W T F S
          1 2 3 4
5 6 7 8 9 10 11
12 13 14 15 16 17 18
19 20 21 22 23 24 25
26 27 28 29 30

OCTOBER
S M T W T F S
                1 2
3 4 5 6 7 8 9
10 11 12 13 14 15 16
17 18 19 20 21 22 23
24/31 25 26 27 28 29 30

NOVEMBER
S M T W T F S
    1 2 3 4 5 6
7 8 9 10 11 12 13
14 15 16 17 18 19 20
21 22 23 24 25 26 27
28 29 30

DECEMBER
S M T W T F S
                1 2 3 4
5 6 7 8 9 10 11
12 13 14 15 16 17 18
19 20 21 22 23 24 25
26 27 28 29 30 31

SATURDAY
29
MAY

Through Jesus, therefore, let us continually offer to God a
sacrifice of praise – the fruit of lips that openly profess His name.

HEBREWS 13:15

TIME	📖 Galatians 1-3	✓

SUNDAY
30
MAY

You are a chosen people, God's special possession,
that you may declare the praises of Him who
called you out of darkness into His wonderful light.

1 PETER 2:9

TIME	📖 Galatians 4-6	✓

JANUARY	FEBRUARY	MARCH	APRIL	MAY	JUNE
S M T W T F S	S M T W T F S	S M T W T F S	S M T W T F S	S M T W T F S	S M T W T F S
1 2	1 2 3 4 5 6	1 2 3 4 5 6	1 2 3	1	1 2 3 4 5
3 4 5 6 7 8 9	7 8 9 10 11 12 13	7 8 9 10 11 12 13	4 5 6 7 8 9 10	2 3 4 5 6 7 8	6 7 8 9 10 11 12
10 11 12 13 14 15 16	14 15 16 17 18 19 20	14 15 16 17 18 19 20	11 12 13 14 15 16 17	9 10 11 12 13 14 15	13 14 15 16 17 18 19
17 18 19 20 21 22 23	21 22 23 24 25 26 27	21 22 23 24 25 26 27	18 19 20 21 22 23 24	16 17 18 19 20 21 22	20 21 22 23 24 25 26
24/31 25 26 27 28 29 30	28	28 29 30 31	25 26 27 28 29 30	23/30 24/31 25 26 27 28 29	27 28 29 30

For of Him and through Him and to Him are
all things, to whom be glory forever. Amen.

TIME	📖 1 Kings 1-3	✓
07:00 AM		
07:30 AM		
08:00 AM		
08:30 AM		
09:00 AM		
09:30 AM		
10:00 AM		
10:30 AM		
11:00 AM		
11:30 AM		
12:00 PM		
12:30 PM		
01:00 PM		
01:30 PM		
02:00 PM		
02:30 PM		
03:00 PM		
03:30 PM		
04:00 PM		
04:30 PM		
05:00 PM		
05:30 PM		
06:00 PM		
06:30 PM		
07:00 PM		
07:30 PM		
08:00 PM		

MAY

JULY	AUGUST	SEPTEMBER	OCTOBER	NOVEMBER	DECEMBER
S M T W T F S	S M T W T F S	S M T W T F S	S M T W T F S	S M T W T F S	S M T W T F S
1 2 3	1 2 3 4 5 6 7	1 2 3 4	1 2	1 2 3 4 5 6	1 2 3 4
4 5 6 7 8 9 10	8 9 10 11 12 13 14	5 6 7 8 9 10 11	3 4 5 6 7 8 9	7 8 9 10 11 12 13	5 6 7 8 9 10 11
11 12 13 14 15 16 17	15 16 17 18 19 20 21	12 13 14 15 16 17 18	10 11 12 13 14 15 16	14 15 16 17 18 19 20	12 13 14 15 16 17 18
18 19 20 21 22 23 24	22 23 24 25 26 27 28	19 20 21 22 23 24 25	17 18 19 20 21 22 23	21 22 23 24 25 26 27	19 20 21 22 23 24 25
25 26 27 28 29 30 31	29 30 31	26 27 28 29 30	24/31 25 26 27 28 29 30	28 29 30	26 27 28 29 30 31

JUNE

Where God guides He provides.

MONTH PLANNER FOR JUNE

1	Tuesday	
2	Wednesday	
3	Thursday	
4	Friday	
5	Saturday	
6	Sunday	
7	Monday	
8	Tuesday	
9	Wednesday	
10	Thursday	
11	Friday	
12	Saturday	
13	Sunday	
14	Monday	
15	Tuesday	
16	Wednesday	
17	Thursday	
18	Friday	
19	Saturday	
20	Sunday	
21	Monday	
22	Tuesday	
23	Wednesday	
24	Thursday	
25	Friday	
26	Saturday	
27	Sunday	
28	Monday	
29	Tuesday	
30	Wednesday	

NOTES

BUDGET FOR JUNE

DATE	ITEM	PAYMENT METHOD	AMOUNT	

TUESDAY
1
JUNE

"For I know the plans I have for you," says the Lord. "They are plans for good and not for disaster, to give you a future and a hope."

JEREMIAH 29:11

TIME	📖 1 Kings 4-6	✓
07:00 AM		
07:30 AM		
08:00 AM		
08:30 AM		
09:00 AM		
09:30 AM		
10:00 AM		
10:30 AM		
11:00 AM		
11:30 AM		
12:00 PM		
12:30 PM		
01:00 PM		
01:30 PM		
02:00 PM		
02:30 PM		
03:00 PM		
03:30 PM		
04:00 PM		
04:30 PM		
05:00 PM		
05:30 PM		
06:00 PM		
06:30 PM		
07:00 PM		
07:30 PM		
08:00 PM		

JANUARY
S M T W T F S
1 2
3 4 5 6 7 8 9
10 11 12 13 14 15 16
17 18 19 20 21 22 23
24/31 25 26 27 28 29 30

FEBRUARY
S M T W T F S
1 2 3 4 5 6
7 8 9 10 11 12 13
14 15 16 17 18 19 20
21 22 23 24 25 26 27
28

MARCH
S M T W T F S
1 2 3 4 5 6
7 8 9 10 11 12 13
14 15 16 17 18 19 20
21 22 23 24 25 26 27
28 29 30 31

APRIL
S M T W T F S
1 2 3
4 5 6 7 8 9 10
11 12 13 14 15 16 17
18 19 20 21 22 23 24
25 26 27 28 29 30

MAY
S M T W T F S
1
2 3 4 5 6 7 8
9 10 11 12 13 14 15
16 17 18 19 20 21 22
23/30 24/31 25 26 27 28 29

JUNE
S M T W T F S
1 2 3 4 5
6 7 8 9 10 11 12
13 14 15 16 17 18 19
20 21 22 23 24 25 26
27 28 29 30

WEDNESDAY

2

JUNE

Many are the plans in a person's heart,
but it is the Lord's purpose that prevails.

PROVERBS 19:21

TIME	📖 1 Kings 7-9	✓
07:00 AM		
07:30 AM		
08:00 AM		
08:30 AM		
09:00 AM		
09:30 AM		
10:00 AM		
10:30 AM		
11:00 AM		
11:30 AM		
12:00 PM		
12:30 PM		
01:00 PM		
01:30 PM		
02:00 PM		
02:30 PM		
03:00 PM		
03:30 PM		
04:00 PM		
04:30 PM		
05:00 PM		
05:30 PM		
06:00 PM		
06:30 PM		
07:00 PM		
07:30 PM		
08:00 PM		

JUN

	JULY		AUGUST		SEPTEMBER		OCTOBER		NOVEMBER		DECEMBER

JULY
S M T W T F S
            1 2 3
4 5 6 7 8 9 10
11 12 13 14 15 16 17
18 19 20 21 22 23 24
25 26 27 28 29 30 31

AUGUST
S M T W T F S
1 2 3 4 5 6 7
8 9 10 11 12 13 14
15 16 17 18 19 20 21
22 23 24 25 26 27 28
29 30 31

SEPTEMBER
S M T W T F S
         1 2 3 4
5 6 7 8 9 10 11
12 13 14 15 16 17 18
19 20 21 22 23 24 25
26 27 28 29 30

OCTOBER
S M T W T F S
               1 2
3 4 5 6 7 8 9
10 11 12 13 14 15 16
17 18 19 20 21 22 23
24/31 25 26 27 28 29 30

NOVEMBER
S M T W T F S
   1 2 3 4 5 6
7 8 9 10 11 12 13
14 15 16 17 18 19 20
21 22 23 24 25 26 27
28 29 30

DECEMBER
S M T W T F S
            1 2 3 4
5 6 7 8 9 10 11
12 13 14 15 16 17 18
19 20 21 22 23 24 25
26 27 28 29 30 31

The counsel of the Lord stands forever,
the plans of His heart to all generations.

PSALM 33:11

TIME	📖 1 Kings 10-12	✓
07:00 AM		
07:30 AM		
08:00 AM		
08:30 AM		
09:00 AM		
09:30 AM		
10:00 AM		
10:30 AM		
11:00 AM		
11:30 AM		
12:00 PM		
12:30 PM		
01:00 PM		
01:30 PM		
02:00 PM		
02:30 PM		
03:00 PM		
03:30 PM		
04:00 PM		
04:30 PM		
05:00 PM		
05:30 PM		
06:00 PM		
06:30 PM		
07:00 PM		
07:30 PM		
08:00 PM		

JANUARY	FEBRUARY	MARCH	APRIL	MAY	JUNE
S M T W T F S	S M T W T F S	S M T W T F S	S M T W T F S	S M T W T F S	S M T W T F S
1 2	1 2 3 4 5 6	1 2 3 4 5 6	1 2 3	1	1 2 3 4 5
3 4 5 6 7 8 9	7 8 9 10 11 12 13	7 8 9 10 11 12 13	4 5 6 7 8 9 10	2 3 4 5 6 7 8	6 7 8 9 10 11 12
10 11 12 13 14 15 16	14 15 16 17 18 19 20	14 15 16 17 18 19 20	11 12 13 14 15 16 17	9 10 11 12 13 14 15	13 14 15 16 17 18 19
17 18 19 20 21 22 23	21 22 23 24 25 26 27	21 22 23 24 25 26 27	18 19 20 21 22 23 24	16 17 18 19 20 21 22	20 21 22 23 24 25 26
24/31 25 26 27 28 29 30	28	28 29 30 31	25 26 27 28 29 30	23/30 24/31 25 26 27 28 29	27 28 29 30

The Lord directs the steps of the godly.
He delights in every detail of their lives.

PSALM 37:23

TIME	📖 1 Kings 13-15	✓
07:00 AM		
07:30 AM		
08:00 AM		
08:30 AM		
09:00 AM		
09:30 AM		
10:00 AM		
10:30 AM		
11:00 AM		
11:30 AM		
12:00 PM		
12:30 PM		
01:00 PM		
01:30 PM		
02:00 PM		
02:30 PM		
03:00 PM		
03:30 PM		
04:00 PM		
04:30 PM		
05:00 PM		
05:30 PM		
06:00 PM		
06:30 PM		
07:00 PM		
07:30 PM		
08:00 PM		

JUN

JULY	AUGUST	SEPTEMBER	OCTOBER	NOVEMBER	DECEMBER
S M T W T F S	S M T W T F S	S M T W T F S	S M T W T F S	S M T W T F S	S M T W T F S
1 2 3	1 2 3 4 5 6 7	1 2 3 4	1 2	1 2 3 4 5 6	1 2 3 4
4 5 6 7 8 9 10	8 9 10 11 12 13 14	5 6 7 8 9 10 11	3 4 5 6 7 8 9	7 8 9 10 11 12 13	5 6 7 8 9 10 11
11 12 13 14 15 16 17	15 16 17 18 19 20 21	12 13 14 15 16 17 18	10 11 12 13 14 15 16	14 15 16 17 18 19 20	12 13 14 15 16 17 18
18 19 20 21 22 23 24	22 23 24 25 26 27 28	19 20 21 22 23 24 25	17 18 19 20 21 22 23	21 22 23 24 25 26 27	19 20 21 22 23 24 25
25 26 27 28 29 30 31	29 30 31	26 27 28 29 30	24/31 25 26 27 28 29 30	28 29 30	26 27 28 29 30 31

SATURDAY

5

JUNE

The heart of man plans his way, but the LORD establishes his steps.

PROVERBS 16:9

TIME	📖 1 Kings 16-18	✓

SUNDAY

6

JUNE

The LORD will guide you always; He will satisfy your needs in a sun-scorched land and will strengthen your frame.

ISAIAH 58:11

TIME	📖 1 Kings 19-22	✓

JANUARY	FEBRUARY	MARCH	APRIL	MAY	JUNE
S M T W T F S	S M T W T F S	S M T W T F S	S M T W T F S	S M T W T F S	S M T W T F S
1 2	1 2 3 4 5 6	1 2 3 4 5 6	1 2 3	1	1 2 3 4 5
3 4 5 6 7 8 9	7 8 9 10 11 12 13	7 8 9 10 11 12 13	4 5 6 7 8 9 10	2 3 4 5 6 7 8	6 7 8 9 10 11 12
10 11 12 13 14 15 16	14 15 16 17 18 19 20	14 15 16 17 18 19 20	11 12 13 14 15 16 17	9 10 11 12 13 14 15	13 14 15 16 17 18 19
17 18 19 20 21 22 23	21 22 23 24 25 26 27	21 22 23 24 25 26 27	18 19 20 21 22 23 24	16 17 18 19 20 21 22	20 21 22 23 24 25 26
24/31 25 26 27 28 29 30	28	28 29 30 31	25 26 27 28 29 30	23/30 24/31 25 26 27 28 29	27 28 29 30

Show me the way I should go, for to You I entrust my life.

PSALM 143:8

TIME	📖 Ephesians 1-3	✓
07:00 AM		
07:30 AM		
08:00 AM		
08:30 AM		
09:00 AM		
09:30 AM		
10:00 AM		
10:30 AM		
11:00 AM		
11:30 AM		
12:00 PM		
12:30 PM		
01:00 PM		
01:30 PM		
02:00 PM		
02:30 PM		
03:00 PM		
03:30 PM		
04:00 PM		
04:30 PM		
05:00 PM		
05:30 PM		
06:00 PM		
06:30 PM		
07:00 PM		
07:30 PM		
08:00 PM		

JULY	AUGUST	SEPTEMBER	OCTOBER	NOVEMBER	DECEMBER
S M T W T F S	S M T W T F S	S M T W T F S	S M T W T F S	S M T W T F S	S M T W T F S
1 2 3	1 2 3 4 5 6 7	1 2 3 4	1 2	1 2 3 4 5 6	1 2 3 4
4 5 6 7 8 9 10	8 9 10 11 12 13 14	5 6 7 8 9 10 11	3 4 5 6 7 8 9	7 8 9 10 11 12 13	5 6 7 8 9 10 11
11 12 13 14 15 16 17	15 16 17 18 19 20 21	12 13 14 15 16 17 18	10 11 12 13 14 15 16	14 15 16 17 18 19 20	12 13 14 15 16 17 18
18 19 20 21 22 23 24	22 23 24 25 26 27 28	19 20 21 22 23 24 25	17 18 19 20 21 22 23	21 22 23 24 25 26 27	19 20 21 22 23 24 25
25 26 27 28 29 30 31	29 30 31	26 27 28 29 30	24/31 25 26 27 28 29 30	28 29 30	26 27 28 29 30 31

TUESDAY
8
JUNE

Your word is a lamp to guide my feet and a light for my path.

PSALM 119:105

TIME	📖 Ephesians 4-6	✓
07:00 AM		
07:30 AM		
08:00 AM		
08:30 AM		
09:00 AM		
09:30 AM		
10:00 AM		
10:30 AM		
11:00 AM		
11:30 AM		
12:00 PM		
12:30 PM		
01:00 PM		
01:30 PM		
02:00 PM		
02:30 PM		
03:00 PM		
03:30 PM		
04:00 PM		
04:30 PM		
05:00 PM		
05:30 PM		
06:00 PM		
06:30 PM		
07:00 PM		
07:30 PM		
08:00 PM		

JANUARY
S M T W T F S
            1 2
3 4 5 6 7 8 9
10 11 12 13 14 15 16
17 18 19 20 21 22 23
24/31 25 26 27 28 29 30

FEBRUARY
S M T W T F S
   1 2 3 4 5 6
7 8 9 10 11 12 13
14 15 16 17 18 19 20
21 22 23 24 25 26 27
28

MARCH
S M T W T F S
   1 2 3 4 5 6
7 8 9 10 11 12 13
14 15 16 17 18 19 20
21 22 23 24 25 26 27
28 29 30 31

APRIL
S M T W T F S
            1 2 3
4 5 6 7 8 9 10
11 12 13 14 15 16 17
18 19 20 21 22 23 24
25 26 27 28 29 30

MAY
S M T W T F S
                  1
2 3 4 5 6 7 8
9 10 11 12 13 14 15
16 17 18 19 20 21 22
23/30 24/31 25 26 27 28 29

JUNE
S M T W T F S
      1 2 3 4 5
6 7 8 9 10 11 12
13 14 15 16 17 18 19
20 21 22 23 24 25 26
27 28 29 30

Whether you turn to the right or to the left, your ears will hear
a voice behind you, saying, "This is the way; walk in it."

ISAIAH 30:21

TIME	📖 2 Kings 1-3	✓
07:00 AM		
07:30 AM		
08:00 AM		
08:30 AM		
09:00 AM		
09:30 AM		
10:00 AM		
10:30 AM		
11:00 AM		
11:30 AM		
12:00 PM		
12:30 PM		
01:00 PM		
01:30 PM		
02:00 PM		
02:30 PM		
03:00 PM		
03:30 PM		
04:00 PM		
04:30 PM		
05:00 PM		
05:30 PM		
06:00 PM		
06:30 PM		
07:00 PM		
07:30 PM		
08:00 PM		

JUN

JULY	AUGUST	SEPTEMBER	OCTOBER	NOVEMBER	DECEMBER
S M T W T F S	S M T W T F S	S M T W T F S	S M T W T F S	S M T W T F S	S M T W T F S
1 2 3	1 2 3 4 5 6 7	1 2 3 4	1 2	1 2 3 4 5 6	1 2 3 4
4 5 6 7 8 9 10	8 9 10 11 12 13 14	5 6 7 8 9 10 11	3 4 5 6 7 8 9	7 8 9 10 11 12 13	5 6 7 8 9 10 11
11 12 13 14 15 16 17	15 16 17 18 19 20 21	12 13 14 15 16 17 18	10 11 12 13 14 15 16	14 15 16 17 18 19 20	12 13 14 15 16 17 18
18 19 20 21 22 23 24	22 23 24 25 26 27 28	19 20 21 22 23 24 25	17 18 19 20 21 22 23	21 22 23 24 25 26 27	19 20 21 22 23 24 25
25 26 27 28 29 30 31	29 30 31	26 27 28 29 30	24/31 25 26 27 28 29 30	28 29 30	26 27 28 29 30 31

THURSDAY
10
JUNE

He guides the humble in what is right and teaches them His way.

PSALM 25:9

TIME	📖 2 Kings 4-6	✓
07:00 AM		
07:30 AM		
08:00 AM		
08:30 AM		
09:00 AM		
09:30 AM		
10:00 AM		
10:30 AM		
11:00 AM		
11:30 AM		
12:00 PM		
12:30 PM		
01:00 PM		
01:30 PM		
02:00 PM		
02:30 PM		
03:00 PM		
03:30 PM		
04:00 PM		
04:30 PM		
05:00 PM		
05:30 PM		
06:00 PM		
06:30 PM		
07:00 PM		
07:30 PM		
08:00 PM		

JANUARY
S M T W T F S
            1 2
3 4 5 6 7 8 9
10 11 12 13 14 15 16
17 18 19 20 21 22 23
24/31 25 26 27 28 29 30

FEBRUARY
S M T W T F S
    1 2 3 4 5 6
7 8 9 10 11 12 13
14 15 16 17 18 19 20
21 22 23 24 25 26 27
28

MARCH
S M T W T F S
    1 2 3 4 5 6
7 8 9 10 11 12 13
14 15 16 17 18 19 20
21 22 23 24 25 26 27
28 29 30 31

APRIL
S M T W T F S
            1 2 3
4 5 6 7 8 9 10
11 12 13 14 15 16 17
18 19 20 21 22 23 24
25 26 27 28 29 30

MAY
S M T W T F S
                1
2 3 4 5 6 7 8
9 10 11 12 13 14 15
16 17 18 19 20 21 22
23/30 24/31 25 26 27 28 29

JUNE
S M T W T F S
        1 2 3 4 5
6 7 8 9 10 11 12
13 14 15 16 17 18 19
20 21 22 23 24 25 26
27 28 29 30

For all who are led by the Spirit of God are children of God.

ROMANS 8:14

TIME	📖 2 Kings 7-9	✓
07:00 AM		
07:30 AM		
08:00 AM		
08:30 AM		
09:00 AM		
09:30 AM		
10:00 AM		
10:30 AM		
11:00 AM		
11:30 AM		
12:00 PM		
12:30 PM		
01:00 PM		
01:30 PM		
02:00 PM		
02:30 PM		
03:00 PM		
03:30 PM		
04:00 PM		
04:30 PM		
05:00 PM		
05:30 PM		
06:00 PM		
06:30 PM		
07:00 PM		
07:30 PM		
08:00 PM		

JUN

JULY	AUGUST	SEPTEMBER	OCTOBER	NOVEMBER	DECEMBER
S M T W T F S	S M T W T F S	S M T W T F S	S M T W T F S	S M T W T F S	S M T W T F S
1 2 3	1 2 3 4 5 6 7	1 2 3 4	1 2	1 2 3 4 5 6	1 2 3 4
4 5 6 7 8 9 10	8 9 10 11 12 13 14	5 6 7 8 9 10 11	3 4 5 6 7 8 9	7 8 9 10 11 12 13	5 6 7 8 9 10 11
11 12 13 14 15 16 17	15 16 17 18 19 20 21	12 13 14 15 16 17 18	10 11 12 13 14 15 16	14 15 16 17 18 19 20	12 13 14 15 16 17 18
18 19 20 21 22 23 24	22 23 24 25 26 27 28	19 20 21 22 23 24 25	17 18 19 20 21 22 23	21 22 23 24 25 26 27	19 20 21 22 23 24 25
25 26 27 28 29 30 31	29 30 31	26 27 28 29 30	24/31 25 26 27 28 29 30	28 29 30	26 27 28 29 30 31

SATURDAY
12
JUNE

Where there is no guidance, a people falls,
but in an abundance of counselors there is safety.

PROVERBS 11:14

TIME	📖 2 Kings 10-12	✓

SUNDAY
13
JUNE

Who are those who fear the LORD?
He will show them the path they should choose.

PSALM 25:12

TIME	📖 2 Kings 13-15	✓

JANUARY
S M T W T F S
1 2
3 4 5 6 7 8 9
10 11 12 13 14 15 16
17 18 19 20 21 22 23
24/31 25 26 27 28 29 30

FEBRUARY
S M T W T F S
1 2 3 4 5 6
7 8 9 10 11 12 13
14 15 16 17 18 19 20
21 22 23 24 25 26 27
28

MARCH
S M T W T F S
1 2 3 4 5 6
7 8 9 10 11 12 13
14 15 16 17 18 19 20
21 22 23 24 25 26 27
28 29 30 31

APRIL
S M T W T F S
1 2 3
4 5 6 7 8 9 10
11 12 13 14 15 16 17
18 19 20 21 22 23 24
25 26 27 28 29 30

MAY
S M T W T F S
1
2 3 4 5 6 7 8
9 10 11 12 13 14 15
16 17 18 19 20 21 22
23/30 24/31 25 26 27 28 29

JUNE
S M T W T F S
1 2 3 4 5
6 7 8 9 10 11 12
13 14 15 16 17 18 19
20 21 22 23 24 25 26
27 28 29 30

God is our God for ever and ever; He will be our guide even to the end.

PSALM 48:14

TIME	📖 2 Kings 16-18	✓
07:00 AM		
07:30 AM		
08:00 AM		
08:30 AM		
09:00 AM		
09:30 AM		
10:00 AM		
10:30 AM		
11:00 AM		
11:30 AM		
12:00 PM		
12:30 PM		
01:00 PM		
01:30 PM		
02:00 PM		
02:30 PM		
03:00 PM		
03:30 PM		
04:00 PM		
04:30 PM		
05:00 PM		
05:30 PM		
06:00 PM		
06:30 PM		
07:00 PM		
07:30 PM		
08:00 PM		

JUN

JULY	AUGUST	SEPTEMBER	OCTOBER	NOVEMBER	DECEMBER
S M T W T F S	S M T W T F S	S M T W T F S	S M T W T F S	S M T W T F S	S M T W T F S
1 2 3	1 2 3 4 5 6 7	1 2 3 4	1 2	1 2 3 4 5 6	1 2 3 4
4 5 6 7 8 9 10	8 9 10 11 12 13 14	5 6 7 8 9 10 11	3 4 5 6 7 8 9	7 8 9 10 11 12 13	5 6 7 8 9 10 11
11 12 13 14 15 16 17	15 16 17 18 19 20 21	12 13 14 15 16 17 18	10 11 12 13 14 15 16	14 15 16 17 18 19 20	12 13 14 15 16 17 18
18 19 20 21 22 23 24	22 23 24 25 26 27 28	19 20 21 22 23 24 25	17 18 19 20 21 22 23	21 22 23 24 25 26 27	19 20 21 22 23 24 25
25 26 27 28 29 30 31	29 30 31	26 27 28 29 30	24/31 25 26 27 28 29 30	28 29 30	26 27 28 29 30 31

TUESDAY
15
JUNE

The Lord says, "I will guide you along the best pathway for your life. I will advise you and watch over you."

PSALM 32:8

TIME	📖 2 Kings 19-21	✓
07:00 AM		
07:30 AM		
08:00 AM		
08:30 AM		
09:00 AM		
09:30 AM		
10:00 AM		
10:30 AM		
11:00 AM		
11:30 AM		
12:00 PM		
12:30 PM		
01:00 PM		
01:30 PM		
02:00 PM		
02:30 PM		
03:00 PM		
03:30 PM		
04:00 PM		
04:30 PM		
05:00 PM		
05:30 PM		
06:00 PM		
06:30 PM		
07:00 PM		
07:30 PM		
08:00 PM		

JANUARY
S M T W T F S
            1 2
3 4 5 6 7 8 9
10 11 12 13 14 15 16
17 18 19 20 21 22 23
24/31 25 26 27 28 29 30

FEBRUARY
S M T W T F S
    1 2 3 4 5 6
7 8 9 10 11 12 13
14 15 16 17 18 19 20
21 22 23 24 25 26 27
28

MARCH
S M T W T F S
    1 2 3 4 5 6
7 8 9 10 11 12 13
14 15 16 17 18 19 20
21 22 23 24 25 26 27
28 29 30 31

APRIL
S M T W T F S
            1 2 3
4 5 6 7 8 9 10
11 12 13 14 15 16 17
18 19 20 21 22 23 24
25 26 27 28 29 30

MAY
S M T W T F S
                  1
2 3 4 5 6 7 8
9 10 11 12 13 14 15
16 17 18 19 20 21 22
23/30 24/31 25 26 27 28 29

JUNE
S M T W T F S
        1 2 3 4 5
6 7 8 9 10 11 12
13 14 15 16 17 18 19
20 21 22 23 24 25 26
27 28 29 30

Put your hope in the LORD. Travel steadily along His path.

PSALM 37:34

TIME	📖 2 Kings 22-25	✓
07:00 AM		
07:30 AM		
08:00 AM		
08:30 AM		
09:00 AM		
09:30 AM		
10:00 AM		
10:30 AM		
11:00 AM		
11:30 AM		
12:00 PM		
12:30 PM		
01:00 PM		
01:30 PM		
02:00 PM		
02:30 PM		
03:00 PM		
03:30 PM		
04:00 PM		
04:30 PM		
05:00 PM		
05:30 PM		
06:00 PM		
06:30 PM		
07:00 PM		
07:30 PM		
08:00 PM		

JUN

	JULY		AUGUST		SEPTEMBER		OCTOBER		NOVEMBER		DECEMBER
	S M T W T F S		S M T W T F S		S M T W T F S		S M T W T F S		S M T W T F S		S M T W T F S

JULY: 1 2 3 / 4 5 6 7 8 9 10 / 11 12 13 14 15 16 17 / 18 19 20 21 22 23 24 / 25 26 27 28 29 30 31

AUGUST: 1 2 3 4 5 6 7 / 8 9 10 11 12 13 14 / 15 16 17 18 19 20 21 / 22 23 24 25 26 27 28 / 29 30 31

SEPTEMBER: 1 2 3 4 / 5 6 7 8 9 10 11 / 12 13 14 15 16 17 18 / 19 20 21 22 23 24 25 / 26 27 28 29 30

OCTOBER: 1 2 / 3 4 5 6 7 8 9 / 10 11 12 13 14 15 16 / 17 18 19 20 21 22 23 / 24/31 25 26 27 28 29 30

NOVEMBER: 1 2 3 4 5 6 / 7 8 9 10 11 12 13 / 14 15 16 17 18 19 20 / 21 22 23 24 25 26 27 / 28 29 30

DECEMBER: 1 2 3 4 / 5 6 7 8 9 10 11 / 12 13 14 15 16 17 18 / 19 20 21 22 23 24 25 / 26 27 28 29 30 31

The LORD replied, "My Presence will go with you, and I will give you rest."

EXODUS 33:14

TIME	📖 Philippians 1-4	✓
07:00 AM		
07:30 AM		
08:00 AM		
08:30 AM		
09:00 AM		
09:30 AM		
10:00 AM		
10:30 AM		
11:00 AM		
11:30 AM		
12:00 PM		
12:30 PM		
01:00 PM		
01:30 PM		
02:00 PM		
02:30 PM		
03:00 PM		
03:30 PM		
04:00 PM		
04:30 PM		
05:00 PM		
05:30 PM		
06:00 PM		
06:30 PM		
07:00 PM		
07:30 PM		
08:00 PM		

JANUARY	FEBRUARY	MARCH	APRIL	MAY	JUNE
S M T W T F S	S M T W T F S	S M T W T F S	S M T W T F S	S M T W T F S	S M T W T F S
1 2	1 2 3 4 5 6	1 2 3 4 5 6	1 2 3	1	1 2 3 4 5
3 4 5 6 7 8 9	7 8 9 10 11 12 13	7 8 9 10 11 12 13	4 5 6 7 8 9 10	2 3 4 5 6 7 8	6 7 8 9 10 11 12
10 11 12 13 14 15 16	14 15 16 17 18 19 20	14 15 16 17 18 19 20	11 12 13 14 15 16 17	9 10 11 12 13 14 15	13 14 15 16 17 18 19
17 18 19 20 21 22 23	21 22 23 24 25 26 27	21 22 23 24 25 26 27	18 19 20 21 22 23 24	16 17 18 19 20 21 22	20 21 22 23 24 25 26
24/31 25 26 27 28 29 30	28	28 29 30 31	25 26 27 28 29 30	23/30 24/31 25 26 27 28 29	27 28 29 30

Commit to the Lord whatever you do, and He will establish your plans.

PROVERBS 16:3

TIME	📖 1 Chronicles 1-3	✓
07:00 AM		
07:30 AM		
08:00 AM		
08:30 AM		
09:00 AM		
09:30 AM		
10:00 AM		
10:30 AM		
11:00 AM		
11:30 AM		
12:00 PM		
12:30 PM		
01:00 PM		
01:30 PM		
02:00 PM		
02:30 PM		
03:00 PM		
03:30 PM		
04:00 PM		
04:30 PM		
05:00 PM		
05:30 PM		
06:00 PM		
06:30 PM		
07:00 PM		
07:30 PM		
08:00 PM		

JUN

JULY							AUGUST							SEPTEMBER							OCTOBER							NOVEMBER							DECEMBER						
S	M	T	W	T	F	S	S	M	T	W	T	F	S	S	M	T	W	T	F	S	S	M	T	W	T	F	S	S	M	T	W	T	F	S	S	M	T	W	T	F	S
				1	2	3	1	2	3	4	5	6	7				1	2	3	4						1	2	1	2	3	4	5	6				1	2	3	4
4	5	6	7	8	9	10	8	9	10	11	12	13	14	5	6	7	8	9	10	11	3	4	5	6	7	8	9	7	8	9	10	11	12	13	5	6	7	8	9	10	11
11	12	13	14	15	16	17	15	16	17	18	19	20	21	12	13	14	15	16	17	18	10	11	12	13	14	15	16	14	15	16	17	18	19	20	12	13	14	15	16	17	18
18	19	20	21	22	23	24	22	23	24	25	26	27	28	19	20	21	22	23	24	25	17	18	19	20	21	22	23	21	22	23	24	25	26	27	19	20	21	22	23	24	25
25	26	27	28	29	30	31	29	30	31					26	27	28	29	30			24/31	25	26	27	28	29	30	28	29	30					26	27	28	29	30	31	

SATURDAY
19
JUNE

Teach me to do Your will, for You are my God.
May Your gracious Spirit lead me forward on a firm footing.

TIME	📖 1 Chronicles 4-6	✓

SUNDAY
20
JUNE

Show me Your ways, LORD, teach me Your paths. Guide me
in Your truth and teach me, for You are God my Savior,
and my hope is in You all day long.

TIME	📖 1 Chronicles 7-9	Father's Day	✓

JANUARY	FEBRUARY	MARCH	APRIL	MAY	JUNE
S M T W T F S	S M T W T F S	S M T W T F S	S M T W T F S	S M T W T F S	S M T W T F S
1 2	1 2 3 4 5 6	1 2 3 4 5 6	1 2 3	1	1 2 3 4 5
3 4 5 6 7 8 9	7 8 9 10 11 12 13	7 8 9 10 11 12 13	4 5 6 7 8 9 10	2 3 4 5 6 7 8	6 7 8 9 10 11 12
10 11 12 13 14 15 16	14 15 16 17 18 19 20	14 15 16 17 18 19 20	11 12 13 14 15 16 17	9 10 11 12 13 14 15	13 14 15 16 17 18 19
17 18 19 20 21 22 23	21 22 23 24 25 26 27	21 22 23 24 25 26 27	18 19 20 21 22 23 24	16 17 18 19 20 21 22	20 21 22 23 24 25 26
24/31 25 26 27 28 29 30	28	28 29 30 31	25 26 27 28 29 30	23/30 24/31 25 26 27 28 29	27 28 29 30

Let the wise hear and increase in learning, and
the one who understands obtain guidance.

PROVERBS 1:5

MONDAY
21
JUNE

TIME	📖 1 Chronicles 10-12	✓
07:00 AM		
07:30 AM		
08:00 AM		
08:30 AM		
09:00 AM		
09:30 AM		
10:00 AM		
10:30 AM		
11:00 AM		
11:30 AM		
12:00 PM		
12:30 PM		
01:00 PM		
01:30 PM		
02:00 PM		
02:30 PM		
03:00 PM		
03:30 PM		
04:00 PM		
04:30 PM		
05:00 PM		
05:30 PM		
06:00 PM		
06:30 PM		
07:00 PM		
07:30 PM		
08:00 PM		

JUN

JULY	AUGUST	SEPTEMBER	OCTOBER	NOVEMBER	DECEMBER
S M T W T F S	S M T W T F S	S M T W T F S	S M T W T F S	S M T W T F S	S M T W T F S
1 2 3	1 2 3 4 5 6 7	1 2 3 4	1 2	1 2 3 4 5 6	1 2 3 4
4 5 6 7 8 9 10	8 9 10 11 12 13 14	5 6 7 8 9 10 11	3 4 5 6 7 8 9	7 8 9 10 11 12 13	5 6 7 8 9 10 11
11 12 13 14 15 16 17	15 16 17 18 19 20 21	12 13 14 15 16 17 18	10 11 12 13 14 15 16	14 15 16 17 18 19 20	12 13 14 15 16 17 18
18 19 20 21 22 23 24	22 23 24 25 26 27 28	19 20 21 22 23 24 25	17 18 19 20 21 22 23	21 22 23 24 25 26 27	19 20 21 22 23 24 25
25 26 27 28 29 30 31	29 30 31	26 27 28 29 30	24/31 25 26 27 28 29 30	28 29 30	26 27 28 29 30 31

TUESDAY
22
JUNE

A person's steps are directed by the Lord.

PROVERBS 20:24

TIME	📖 1 Chronicles 13-15	✓
07:00 AM		
07:30 AM		
08:00 AM		
08:30 AM		
09:00 AM		
09:30 AM		
10:00 AM		
10:30 AM		
11:00 AM		
11:30 AM		
12:00 PM		
12:30 PM		
01:00 PM		
01:30 PM		
02:00 PM		
02:30 PM		
03:00 PM		
03:30 PM		
04:00 PM		
04:30 PM		
05:00 PM		
05:30 PM		
06:00 PM		
06:30 PM		
07:00 PM		
07:30 PM		
08:00 PM		

JANUARY
S M T W T F S
            1 2
3 4 5 6 7 8 9
10 11 12 13 14 15 16
17 18 19 20 21 22 23
24/31 25 26 27 28 29 30

FEBRUARY
S M T W T F S
1 2 3 4 5 6
7 8 9 10 11 12 13
14 15 16 17 18 19 20
21 22 23 24 25 26 27
28

MARCH
S M T W T F S
1 2 3 4 5 6
7 8 9 10 11 12 13
14 15 16 17 18 19 20
21 22 23 24 25 26 27
28 29 30 31

APRIL
S M T W T F S
            1 2 3
4 5 6 7 8 9 10
11 12 13 14 15 16 17
18 19 20 21 22 23 24
25 26 27 28 29 30

MAY
S M T W T F S
                  1
2 3 4 5 6 7 8
9 10 11 12 13 14 15
16 17 18 19 20 21 22
23/30 24/31 25 26 27 28 29

JUNE
S M T W T F S
      1 2 3 4 5
6 7 8 9 10 11 12
13 14 15 16 17 18 19
20 21 22 23 24 25 26
27 28 29 30

Lead me, O Lord, in Your righteousness;
make Your way straight before me.

PSALM 5:8

TIME	📖 1 Chronicles 16-18	✓
07:00 AM		
07:30 AM		
08:00 AM		
08:30 AM		
09:00 AM		
09:30 AM		
10:00 AM		
10:30 AM		
11:00 AM		
11:30 AM		
12:00 PM		
12:30 PM		
01:00 PM		
01:30 PM		
02:00 PM		
02:30 PM		
03:00 PM		
03:30 PM		
04:00 PM		
04:30 PM		
05:00 PM		
05:30 PM		
06:00 PM		
06:30 PM		
07:00 PM		
07:30 PM		
08:00 PM		

JUN

JULY	AUGUST	SEPTEMBER	OCTOBER	NOVEMBER	DECEMBER
S M T W T F S	S M T W T F S	S M T W T F S	S M T W T F S	S M T W T F S	S M T W T F S
1 2 3	1 2 3 4 5 6 7	1 2 3 4	1 2	1 2 3 4 5 6	1 2 3 4
4 5 6 7 8 9 10	8 9 10 11 12 13 14	5 6 7 8 9 10 11	3 4 5 6 7 8 9	7 8 9 10 11 12 13	5 6 7 8 9 10 11
11 12 13 14 15 16 17	15 16 17 18 19 20 21	12 13 14 15 16 17 18	10 11 12 13 14 15 16	14 15 16 17 18 19 20	12 13 14 15 16 17 18
18 19 20 21 22 23 24	22 23 24 25 26 27 28	19 20 21 22 23 24 25	17 18 19 20 21 22 23	21 22 23 24 25 26 27	19 20 21 22 23 24 25
25 26 27 28 29 30 31	29 30 31	26 27 28 29 30	24/31 25 26 27 28 29 30	28 29 30	26 27 28 29 30 31

THURSDAY
24
JUNE

"Call to Me, and I will answer you, and show you
great and mighty things, which you do not know."

JEREMIAH 33:3

TIME	📖 1 Chronicles 19-21	✓
07:00 AM		
07:30 AM		
08:00 AM		
08:30 AM		
09:00 AM		
09:30 AM		
10:00 AM		
10:30 AM		
11:00 AM		
11:30 AM		
12:00 PM		
12:30 PM		
01:00 PM		
01:30 PM		
02:00 PM		
02:30 PM		
03:00 PM		
03:30 PM		
04:00 PM		
04:30 PM		
05:00 PM		
05:30 PM		
06:00 PM		
06:30 PM		
07:00 PM		
07:30 PM		
08:00 PM		

JANUARY
S M T W T F S
            1 2
3 4 5 6 7 8 9
10 11 12 13 14 15 16
17 18 19 20 21 22 23
24/31 25 26 27 28 29 30

FEBRUARY
S M T W T F S
1 2 3 4 5 6
7 8 9 10 11 12 13
14 15 16 17 18 19 20
21 22 23 24 25 26 27
28

MARCH
S M T W T F S
1 2 3 4 5 6
7 8 9 10 11 12 13
14 15 16 17 18 19 20
21 22 23 24 25 26 27
28 29 30 31

APRIL
S M T W T F S
            1 2 3
4 5 6 7 8 9 10
11 12 13 14 15 16 17
18 19 20 21 22 23 24
25 26 27 28 29 30

MAY
S M T W T F S
                  1
2 3 4 5 6 7 8
9 10 11 12 13 14 15
16 17 18 19 20 21 22
23/30 24/31 25 26 27 28 29

JUNE
S M T W T F S
      1 2 3 4 5
6 7 8 9 10 11 12
13 14 15 16 17 18 19
20 21 22 23 24 25 26
27 28 29 30

The Lord has made everything for His own purposes,
even the wicked for a day of disaster.

TIME	📖 1 Chronicles 22-24	✓
07:00 AM		
07:30 AM		
08:00 AM		
08:30 AM		
09:00 AM		
09:30 AM		
10:00 AM		
10:30 AM		
11:00 AM		
11:30 AM		
12:00 PM		
12:30 PM		
01:00 PM		
01:30 PM		
02:00 PM		
02:30 PM		
03:00 PM		
03:30 PM		
04:00 PM		
04:30 PM		
05:00 PM		
05:30 PM		
06:00 PM		
06:30 PM		
07:00 PM		
07:30 PM		
08:00 PM		

JUN

JULY	AUGUST	SEPTEMBER	OCTOBER	NOVEMBER	DECEMBER
S M T W T F S	S M T W T F S	S M T W T F S	S M T W T F S	S M T W T F S	S M T W T F S
1 2 3	1 2 3 4 5 6 7	1 2 3 4	1 2	1 2 3 4 5 6	1 2 3 4
4 5 6 7 8 9 10	8 9 10 11 12 13 14	5 6 7 8 9 10 11	3 4 5 6 7 8 9	7 8 9 10 11 12 13	5 6 7 8 9 10 11
11 12 13 14 15 16 17	15 16 17 18 19 20 21	12 13 14 15 16 17 18	10 11 12 13 14 15 16	14 15 16 17 18 19 20	12 13 14 15 16 17 18
18 19 20 21 22 23 24	22 23 24 25 26 27 28	19 20 21 22 23 24 25	17 18 19 20 21 22 23	21 22 23 24 25 26 27	19 20 21 22 23 24 25
25 26 27 28 29 30 31	29 30 31	26 27 28 29 30	24/31 25 26 27 28 29 30	28 29 30	26 27 28 29 30 31

SATURDAY
26
JUNE

This is what the Lord says: "I am the Lord your God,
who leads you along the paths you should follow."

ISAIAH 48:17

TIME	📖 1 Chronicles 25-27	✓

SUNDAY
27
JUNE

"When the Spirit of truth comes, He will guide you into all the truth."

JOHN 16:13

TIME	📖 1 Chronicles 28-29	✓

	JANUARY		FEBRUARY		MARCH		APRIL		MAY		JUNE

You guide me with Your counsel, leading me to a glorious destiny.

PSALM 73:24

TIME	📖 Colossians 1-4	✓
07:00 AM		
07:30 AM		
08:00 AM		
08:30 AM		
09:00 AM		
09:30 AM		
10:00 AM		
10:30 AM		
11:00 AM		
11:30 AM		
12:00 PM		
12:30 PM		
01:00 PM		
01:30 PM		
02:00 PM		
02:30 PM		
03:00 PM		
03:30 PM		
04:00 PM		
04:30 PM		
05:00 PM		
05:30 PM		
06:00 PM		
06:30 PM		
07:00 PM		
07:30 PM		
08:00 PM		

JUN

JULY	AUGUST	SEPTEMBER	OCTOBER	NOVEMBER	DECEMBER
S M T W T F S	S M T W T F S	S M T W T F S	S M T W T F S	S M T W T F S	S M T W T F S
1 2 3	1 2 3 4 5 6 7	1 2 3 4	1 2	1 2 3 4 5 6	1 2 3 4
4 5 6 7 8 9 10	8 9 10 11 12 13 14	5 6 7 8 9 10 11	3 4 5 6 7 8 9	7 8 9 10 11 12 13	5 6 7 8 9 10 11
11 12 13 14 15 16 17	15 16 17 18 19 20 21	12 13 14 15 16 17 18	10 11 12 13 14 15 16	14 15 16 17 18 19 20	12 13 14 15 16 17 18
18 19 20 21 22 23 24	22 23 24 25 26 27 28	19 20 21 22 23 24 25	17 18 19 20 21 22 23	21 22 23 24 25 26 27	19 20 21 22 23 24 25
25 26 27 28 29 30 31	29 30 31	26 27 28 29 30	24/31 25 26 27 28 29 30	28 29 30	26 27 28 29 30 31

TUESDAY
29
JUNE

LORD, I know that people's lives are not their own;
it is not for them to direct their steps.

JEREMIAH 10:23

TIME	📖 2 Chronicles 1-3	✓
07:00 AM		
07:30 AM		
08:00 AM		
08:30 AM		
09:00 AM		
09:30 AM		
10:00 AM		
10:30 AM		
11:00 AM		
11:30 AM		
12:00 PM		
12:30 PM		
01:00 PM		
01:30 PM		
02:00 PM		
02:30 PM		
03:00 PM		
03:30 PM		
04:00 PM		
04:30 PM		
05:00 PM		
05:30 PM		
06:00 PM		
06:30 PM		
07:00 PM		
07:30 PM		
08:00 PM		

JANUARY
S M T W T F S
            1 2
3 4 5 6 7 8 9
10 11 12 13 14 15 16
17 18 19 20 21 22 23
24/31 25 26 27 28 29 30

FEBRUARY
S M T W T F S
 1 2 3 4 5 6
7 8 9 10 11 12 13
14 15 16 17 18 19 20
21 22 23 24 25 26 27
28

MARCH
S M T W T F S
 1 2 3 4 5 6
7 8 9 10 11 12 13
14 15 16 17 18 19 20
21 22 23 24 25 26 27
28 29 30 31

APRIL
S M T W T F S
         1 2 3
4 5 6 7 8 9 10
11 12 13 14 15 16 17
18 19 20 21 22 23 24
25 26 27 28 29 30

MAY
S M T W T F S
               1
2 3 4 5 6 7 8
9 10 11 12 13 14 15
16 17 18 19 20 21 22
23/30 24/31 25 26 27 28 29

JUNE
S M T W T F S
   1 2 3 4 5
6 7 8 9 10 11 12
13 14 15 16 17 18 19
20 21 22 23 24 25 26
27 28 29 30

For You are my rock and my fortress; and for
Your name's sake You lead me and guide me.

PSALM 31:3

TIME	📖 2 Chronicles 4-6	✓
07:00 AM		
07:30 AM		
08:00 AM		
08:30 AM		
09:00 AM		
09:30 AM		
10:00 AM		
10:30 AM		
11:00 AM		
11:30 AM		
12:00 PM		
12:30 PM		
01:00 PM		
01:30 PM		
02:00 PM		
02:30 PM		
03:00 PM		
03:30 PM		
04:00 PM		
04:30 PM		
05:00 PM		
05:30 PM		
06:00 PM		
06:30 PM		
07:00 PM		
07:30 PM		
08:00 PM		

JUN

JULY	AUGUST	SEPTEMBER	OCTOBER	NOVEMBER	DECEMBER
S M T W T F S	S M T W T F S	S M T W T F S	S M T W T F S	S M T W T F S	S M T W T F S
1 2 3	1 2 3 4 5 6 7	1 2 3 4	1 2	1 2 3 4 5 6	1 2 3 4
4 5 6 7 8 9 10	8 9 10 11 12 13 14	5 6 7 8 9 10 11	3 4 5 6 7 8 9	7 8 9 10 11 12 13	5 6 7 8 9 10 11
11 12 13 14 15 16 17	15 16 17 18 19 20 21	12 13 14 15 16 17 18	10 11 12 13 14 15 16	14 15 16 17 18 19 20	12 13 14 15 16 17 18
18 19 20 21 22 23 24	22 23 24 25 26 27 28	19 20 21 22 23 24 25	17 18 19 20 21 22 23	21 22 23 24 25 26 27	19 20 21 22 23 24 25
25 26 27 28 29 30 31	29 30 31	26 27 28 29 30	24/31 25 26 27 28 29 30	28 29 30	26 27 28 29 30 31

JULY

———◄●►———

Seek God, not happiness. If you seek God alone,

you will gain happiness: that is its promise.

Dietrich Bonhoeffer

MONTH PLANNER FOR JULY

1	Thursday	
2	Friday	
3	Saturday	
4	Sunday	
5	Monday	
6	Tuesday	
7	Wednesday	
8	Thursday	
9	Friday	
10	Saturday	
11	Sunday	
12	Monday	
13	Tuesday	
14	Wednesday	
15	Thursday	
16	Friday	
17	Saturday	
18	Sunday	
19	Monday	
20	Tuesday	
21	Wednesday	
22	Thursday	
23	Friday	
24	Saturday	
25	Sunday	
26	Monday	
27	Tuesday	
28	Wednesday	
29	Thursday	
30	Friday	
31	Saturday	

NOTES

BUDGET FOR JULY

DATE	ITEM	PAYMENT METHOD	AMOUNT

THURSDAY
1
JULY

Draw near to God, and He will draw near to you.

JAMES 4:8

TIME	📖 2 Chronicles 7-9	✓
07:00 AM		
07:30 AM		
08:00 AM		
08:30 AM		
09:00 AM		
09:30 AM		
10:00 AM		
10:30 AM		
11:00 AM		
11:30 AM		
12:00 PM		
12:30 PM		
01:00 PM		
01:30 PM		
02:00 PM		
02:30 PM		
03:00 PM		
03:30 PM		
04:00 PM		
04:30 PM		
05:00 PM		
05:30 PM		
06:00 PM		
06:30 PM		
07:00 PM		
07:30 PM		
08:00 PM		

Let the hearts of those who seek the LORD rejoice!

1 CHRONICLES 16:10

TIME	📖 2 Chronicles 10-12	✓
07:00 AM		
07:30 AM		
08:00 AM		
08:30 AM		
09:00 AM		
09:30 AM		
10:00 AM		
10:30 AM		
11:00 AM		
11:30 AM		
12:00 PM		
12:30 PM		
01:00 PM		
01:30 PM		
02:00 PM		
02:30 PM		
03:00 PM		
03:30 PM		
04:00 PM		
04:30 PM		
05:00 PM		
05:30 PM		
06:00 PM		
06:30 PM		
07:00 PM		
07:30 PM		
08:00 PM		

J U L

JULY						
S	M	T	W	T	F	S
				1	2	3
4	5	6	7	8	9	10
11	12	13	14	15	16	17
18	19	20	21	22	23	24
25	26	27	28	29	30	31

AUGUST						
S	M	T	W	T	F	S
1	2	3	4	5	6	7
8	9	10	11	12	13	14
15	16	17	18	19	20	21
22	23	24	25	26	27	28
29	30	31				

SEPTEMBER						
S	M	T	W	T	F	S
			1	2	3	4
5	6	7	8	9	10	11
12	13	14	15	16	17	18
19	20	21	22	23	24	25
26	27	28	29	30		

OCTOBER						
S	M	T	W	T	F	S
					1	2
3	4	5	6	7	8	9
10	11	12	13	14	15	16
17	18	19	20	21	22	23
24/31	25	26	27	28	29	30

NOVEMBER						
S	M	T	W	T	F	S
	1	2	3	4	5	6
7	8	9	10	11	12	13
14	15	16	17	18	19	20
21	22	23	24	25	26	27
28	29	30				

DECEMBER						
S	M	T	W	T	F	S
			1	2	3	4
5	6	7	8	9	10	11
12	13	14	15	16	17	18
19	20	21	22	23	24	25
26	27	28	29	30	31	

SATURDAY

3
JULY

Let all those who seek You rejoice and be glad in You; let such as love
Your salvation say continually, "The Lord be magnified!"

PSALM 40:16

TIME	📖 2 Chronicles 13-15	✓

SUNDAY

4
JULY

Those who know Your name will put their trust in You;
for You, Lord, have not forsaken those who seek You.

PSALM 9:10

TIME	📖 2 Chronicles 16-18	✓

JANUARY	FEBRUARY	MARCH	APRIL	MAY	JUNE
S M T W T F S	S M T W T F S	S M T W T F S	S M T W T F S	S M T W T F S	S M T W T F S
1 2	1 2 3 4 5 6	1 2 3 4 5 6	1 2 3	1	1 2 3 4 5
3 4 5 6 7 8 9	7 8 9 10 11 12 13	7 8 9 10 11 12 13	4 5 6 7 8 9 10	2 3 4 5 6 7 8	6 7 8 9 10 11 12
10 11 12 13 14 15 16	14 15 16 17 18 19 20	14 15 16 17 18 19 20	11 12 13 14 15 16 17	9 10 11 12 13 14 15	13 14 15 16 17 18 19
17 18 19 20 21 22 23	21 22 23 24 25 26 27	21 22 23 24 25 26 27	18 19 20 21 22 23 24	16 17 18 19 20 21 22	20 21 22 23 24 25 26
24/31 25 26 27 28 29 30	28	28 29 30 31	25 26 27 28 29 30	23/30 24/31 25 26 27 28 29	27 28 29 30

My heart says of You, "Seek His face!" Your face, LORD, I will seek.

PSALM 27:8

TIME	 2 Chronicles 19-21	✓
07:00 AM		
07:30 AM		
08:00 AM		
08:30 AM		
09:00 AM		
09:30 AM		
10:00 AM		
10:30 AM		
11:00 AM		
11:30 AM		
12:00 PM		
12:30 PM		
01:00 PM		
01:30 PM		
02:00 PM		
02:30 PM		
03:00 PM		
03:30 PM		
04:00 PM		
04:30 PM		
05:00 PM		
05:30 PM		
06:00 PM		
06:30 PM		
07:00 PM		
07:30 PM		
08:00 PM		

J
U
L

JULY						
S	M	T	W	T	F	S
				1	2	3
4	5	6	7	8	9	10
11	12	13	14	15	16	17
18	19	20	21	22	23	24
25	26	27	28	29	30	31

AUGUST						
S	M	T	W	T	F	S
1	2	3	4	5	6	7
8	9	10	11	12	13	14
15	16	17	18	19	20	21
22	23	24	25	26	27	28
29	30	31				

SEPTEMBER						
S	M	T	W	T	F	S
			1	2	3	4
5	6	7	8	9	10	11
12	13	14	15	16	17	18
19	20	21	22	23	24	25
26	27	28	29	30		

OCTOBER						
S	M	T	W	T	F	S
					1	2
3	4	5	6	7	8	9
10	11	12	13	14	15	16
17	18	19	20	21	22	23
24/31	25	26	27	28	29	30

NOVEMBER						
S	M	T	W	T	F	S
	1	2	3	4	5	6
7	8	9	10	11	12	13
14	15	16	17	18	19	20
21	22	23	24	25	26	27
28	29	30				

DECEMBER						
S	M	T	W	T	F	S
			1	2	3	4
5	6	7	8	9	10	11
12	13	14	15	16	17	18
19	20	21	22	23	24	25
26	27	28	29	30	31	

TUESDAY
6
JULY

Seek the LORD your God, and you will find Him if you
seek Him with all your heart and with all your soul.

DEUTERONOMY 4:29

TIME	📖 2 Chronicles 22-24	✓
07:00 AM		
07:30 AM		
08:00 AM		
08:30 AM		
09:00 AM		
09:30 AM		
10:00 AM		
10:30 AM		
11:00 AM		
11:30 AM		
12:00 PM		
12:30 PM		
01:00 PM		
01:30 PM		
02:00 PM		
02:30 PM		
03:00 PM		
03:30 PM		
04:00 PM		
04:30 PM		
05:00 PM		
05:30 PM		
06:00 PM		
06:30 PM		
07:00 PM		
07:30 PM		
08:00 PM		

JANUARY	FEBRUARY	MARCH	APRIL	MAY	JUNE
S M T W T F S	S M T W T F S	S M T W T F S	S M T W T F S	S M T W T F S	S M T W T F S
1 2	1 2 3 4 5 6	1 2 3 4 5 6	1 2 3	1	1 2 3 4 5
3 4 5 6 7 8 9	7 8 9 10 11 12 13	7 8 9 10 11 12 13	4 5 6 7 8 9 10	2 3 4 5 6 7 8	6 7 8 9 10 11 12
10 11 12 13 14 15 16	14 15 16 17 18 19 20	14 15 16 17 18 19 20	11 12 13 14 15 16 17	9 10 11 12 13 14 15	13 14 15 16 17 18 19
17 18 19 20 21 22 23	21 22 23 24 25 26 27	21 22 23 24 25 26 27	18 19 20 21 22 23 24	16 17 18 19 20 21 22	20 21 22 23 24 25 26
24/31 25 26 27 28 29 30	28	28 29 30 31	25 26 27 28 29 30	23/30 24/31 25 26 27 28 29	27 28 29 30

> "Ask, and it will be given to you; seek, and you will find;
> knock, and it will be opened to you."
>
> MATTHEW 7:7

WEDNESDAY
7
JULY

TIME	📖 2 Chronicles 25-27	✓
07:00 AM		
07:30 AM		
08:00 AM		
08:30 AM		
09:00 AM		
09:30 AM		
10:00 AM		
10:30 AM		
11:00 AM		
11:30 AM		
12:00 PM		
12:30 PM		
01:00 PM		
01:30 PM		
02:00 PM		
02:30 PM		
03:00 PM		
03:30 PM		
04:00 PM		
04:30 PM		
05:00 PM		
05:30 PM		
06:00 PM		
06:30 PM		
07:00 PM		
07:30 PM		
08:00 PM		

JUL

JULY						
S	M	T	W	T	F	S
				1	2	3
4	5	6	7	8	9	10
11	12	13	14	15	16	17
18	19	20	21	22	23	24
25	26	27	28	29	30	31

AUGUST						
S	M	T	W	T	F	S
1	2	3	4	5	6	7
8	9	10	11	12	13	14
15	16	17	18	19	20	21
22	23	24	25	26	27	28
29	30	31				

SEPTEMBER						
S	M	T	W	T	F	S
			1	2	3	4
5	6	7	8	9	10	11
12	13	14	15	16	17	18
19	20	21	22	23	24	25
26	27	28	29	30		

OCTOBER						
S	M	T	W	T	F	S
					1	2
3	4	5	6	7	8	9
10	11	12	13	14	15	16
17	18	19	20	21	22	23
24/31	25	26	27	28	29	30

NOVEMBER						
S	M	T	W	T	F	S
	1	2	3	4	5	6
7	8	9	10	11	12	13
14	15	16	17	18	19	20
21	22	23	24	25	26	27
28	29	30				

DECEMBER						
S	M	T	W	T	F	S
			1	2	3	4
5	6	7	8	9	10	11
12	13	14	15	16	17	18
19	20	21	22	23	24	25
26	27	28	29	30	31	

THURSDAY
8
JULY

Seek the LORD and His strength; seek His face evermore!

PSALM 105:4

TIME	📖 2 Chronicles 28-30	✓
07:00 AM		
07:30 AM		
08:00 AM		
08:30 AM		
09:00 AM		
09:30 AM		
10:00 AM		
10:30 AM		
11:00 AM		
11:30 AM		
12:00 PM		
12:30 PM		
01:00 PM		
01:30 PM		
02:00 PM		
02:30 PM		
03:00 PM		
03:30 PM		
04:00 PM		
04:30 PM		
05:00 PM		
05:30 PM		
06:00 PM		
06:30 PM		
07:00 PM		
07:30 PM		
08:00 PM		

JANUARY	FEBRUARY	MARCH	APRIL	MAY	JUNE
S M T W T F S	S M T W T F S	S M T W T F S	S M T W T F S	S M T W T F S	S M T W T F S
1 2	1 2 3 4 5 6	1 2 3 4 5 6	1 2 3	1	1 2 3 4 5
3 4 5 6 7 8 9	7 8 9 10 11 12 13	7 8 9 10 11 12 13	4 5 6 7 8 9 10	2 3 4 5 6 7 8	6 7 8 9 10 11 12
10 11 12 13 14 15 16	14 15 16 17 18 19 20	14 15 16 17 18 19 20	11 12 13 14 15 16 17	9 10 11 12 13 14 15	13 14 15 16 17 18 19
17 18 19 20 21 22 23	21 22 23 24 25 26 27	21 22 23 24 25 26 27	18 19 20 21 22 23 24	16 17 18 19 20 21 22	20 21 22 23 24 25 26
24/31 25 26 27 28 29 30	28	28 29 30 31	25 26 27 28 29 30	23/30 24/31 25 26 27 28 29	27 28 29 30

The Lord looks down from heaven on all mankind to see
if there are any who understand, any who seek God.

PSALM 14:2

TIME	📖 2 Chronicles 31-33	✓
07:00 AM		
07:30 AM		
08:00 AM		
08:30 AM		
09:00 AM		
09:30 AM		
10:00 AM		
10:30 AM		
11:00 AM		
11:30 AM		
12:00 PM		
12:30 PM		
01:00 PM		
01:30 PM		
02:00 PM		
02:30 PM		
03:00 PM		
03:30 PM		
04:00 PM		
04:30 PM		
05:00 PM		
05:30 PM		
06:00 PM		
06:30 PM		
07:00 PM		
07:30 PM		
08:00 PM		

JUL

JULY							AUGUST							SEPTEMBER							OCTOBER							NOVEMBER							DECEMBER						
S	M	T	W	T	F	S	S	M	T	W	T	F	S	S	M	T	W	T	F	S	S	M	T	W	T	F	S	S	M	T	W	T	F	S	S	M	T	W	T	F	S
				1	2	3	1	2	3	4	5	6	7				1	2	3	4						1	2	1	2	3	4	5	6				1	2	3	4
4	5	6	7	8	9	10	8	9	10	11	12	13	14	5	6	7	8	9	10	11	3	4	5	6	7	8	9	7	8	9	10	11	12	13	5	6	7	8	9	10	11
11	12	13	14	15	16	17	15	16	17	18	19	20	21	12	13	14	15	16	17	18	10	11	12	13	14	15	16	14	15	16	17	18	19	20	12	13	14	15	16	17	18
18	19	20	21	22	23	24	22	23	24	25	26	27	28	19	20	21	22	23	24	25	17	18	19	20	21	22	23	21	22	23	24	25	26	27	19	20	21	22	23	24	25
25	26	27	28	29	30	31	29	30	31					26	27	28	29	30			24/31	25	26	27	28	29	30	28	29	30					26	27	28	29	30	31	

SATURDAY
10
JULY

"Seek the Kingdom of God above all else,
and He will give you everything you need."

LUKE 12:31

TIME	📖 2 Chronicles 34-36	✓

SUNDAY
11
JULY

The LORD is with you while you are with Him.
If you seek Him, He will be found by you.

2 CHRONICLES 15:2

TIME	📖 1 Thessalonians 1-5	✓

JANUARY	FEBRUARY	MARCH	APRIL	MAY	JUNE
S M T W T F S	S M T W T F S	S M T W T F S	S M T W T F S	S M T W T F S	S M T W T F S
1 2	1 2 3 4 5 6	1 2 3 4 5 6	1 2 3	1	1 2 3 4 5
3 4 5 6 7 8 9	7 8 9 10 11 12 13	7 8 9 10 11 12 13	4 5 6 7 8 9 10	2 3 4 5 6 7 8	6 7 8 9 10 11 12
10 11 12 13 14 15 16	14 15 16 17 18 19 20	14 15 16 17 18 19 20	11 12 13 14 15 16 17	9 10 11 12 13 14 15	13 14 15 16 17 18 19
17 18 19 20 21 22 23	21 22 23 24 25 26 27	21 22 23 24 25 26 27	18 19 20 21 22 23 24	16 17 18 19 20 21 22	20 21 22 23 24 25 26
24/31 25 26 27 28 29 30	28	28 29 30 31	25 26 27 28 29 30	23/30 24/31 25 26 27 28 29	27 28 29 30

The lions may grow weak and hungry,
but those who seek the LORD lack no good thing.

PSALM 34:10

TIME	📖 2 Thessalonians 1-3	✓
07:00 AM		
07:30 AM		
08:00 AM		
08:30 AM		
09:00 AM		
09:30 AM		
10:00 AM		
10:30 AM		
11:00 AM		
11:30 AM		
12:00 PM		
12:30 PM		
01:00 PM		
01:30 PM		
02:00 PM		
02:30 PM		
03:00 PM		
03:30 PM		
04:00 PM		
04:30 PM		
05:00 PM		
05:30 PM		
06:00 PM		
06:30 PM		
07:00 PM		
07:30 PM		
08:00 PM		

J
U
L

JULY	AUGUST	SEPTEMBER	OCTOBER	NOVEMBER	DECEMBER
S M T W T F S	S M T W T F S	S M T W T F S	S M T W T F S	S M T W T F S	S M T W T F S
1 2 3	1 2 3 4 5 6 7	1 2 3 4	1 2	1 2 3 4 5 6	1 2 3 4
4 5 6 7 8 9 10	8 9 10 11 12 13 14	5 6 7 8 9 10 11	3 4 5 6 7 8 9	7 8 9 10 11 12 13	5 6 7 8 9 10 11
11 12 13 14 15 16 17	15 16 17 18 19 20 21	12 13 14 15 16 17 18	10 11 12 13 14 15 16	14 15 16 17 18 19 20	12 13 14 15 16 17 18
18 19 20 21 22 23 24	22 23 24 25 26 27 28	19 20 21 22 23 24 25	17 18 19 20 21 22 23	21 22 23 24 25 26 27	19 20 21 22 23 24 25
25 26 27 28 29 30 31	29 30 31	26 27 28 29 30	24/31 25 26 27 28 29 30	28 29 30	26 27 28 29 30 31

Seek the LORD, all who are humble, and follow His commands.

ZEPHANIAH 2:3

TIME	📖 Ezra 1-3	✓
07:00 AM		
07:30 AM		
08:00 AM		
08:30 AM		
09:00 AM		
09:30 AM		
10:00 AM		
10:30 AM		
11:00 AM		
11:30 AM		
12:00 PM		
12:30 PM		
01:00 PM		
01:30 PM		
02:00 PM		
02:30 PM		
03:00 PM		
03:30 PM		
04:00 PM		
04:30 PM		
05:00 PM		
05:30 PM		
06:00 PM		
06:30 PM		
07:00 PM		
07:30 PM		
08:00 PM		

JANUARY
S M T W T F S
            1 2
3 4 5 6 7 8 9
10 11 12 13 14 15 16
17 18 19 20 21 22 23
24/31 25 26 27 28 29 30

FEBRUARY
S M T W T F S
   1 2 3 4 5 6
7 8 9 10 11 12 13
14 15 16 17 18 19 20
21 22 23 24 25 26 27
28

MARCH
S M T W T F S
   1 2 3 4 5 6
7 8 9 10 11 12 13
14 15 16 17 18 19 20
21 22 23 24 25 26 27
28 29 30 31

APRIL
S M T W T F S
            1 2 3
4 5 6 7 8 9 10
11 12 13 14 15 16 17
18 19 20 21 22 23 24
25 26 27 28 29 30

MAY
S M T W T F S
                  1
2 3 4 5 6 7 8
9 10 11 12 13 14 15
16 17 18 19 20 21 22
23/30 24/31 25 26 27 28 29

JUNE
S M T W T F S
      1 2 3 4 5
6 7 8 9 10 11 12
13 14 15 16 17 18 19
20 21 22 23 24 25 26
27 28 29 30

Devote your heart and soul to seeking the LORD your God.

1 CHRONICLES 22:19

TIME	📖 Ezra 4-6	✓
07:00 AM		
07:30 AM		
08:00 AM		
08:30 AM		
09:00 AM		
09:30 AM		
10:00 AM		
10:30 AM		
11:00 AM		
11:30 AM		
12:00 PM		
12:30 PM		
01:00 PM		
01:30 PM		
02:00 PM		
02:30 PM		
03:00 PM		
03:30 PM		
04:00 PM		
04:30 PM		
05:00 PM		
05:30 PM		
06:00 PM		
06:30 PM		
07:00 PM		
07:30 PM		
08:00 PM		

JUL

JULY								AUGUST								SEPTEMBER								OCTOBER								NOVEMBER								DECEMBER					
S	M	T	W	T	F	S		S	M	T	W	T	F	S		S	M	T	W	T	F	S		S	M	T	W	T	F	S		S	M	T	W	T	F	S		S	M	T	W	T	F	S

JULY
S M T W T F S
            1 2 3
4 5 6 7 8 9 10
11 12 13 14 15 16 17
18 19 20 21 22 23 24
25 26 27 28 29 30 31

AUGUST
S M T W T F S
1 2 3 4 5 6 7
8 9 10 11 12 13 14
15 16 17 18 19 20 21
22 23 24 25 26 27 28
29 30 31

SEPTEMBER
S M T W T F S
         1 2 3 4
5 6 7 8 9 10 11
12 13 14 15 16 17 18
19 20 21 22 23 24 25
26 27 28 29 30

OCTOBER
S M T W T F S
               1 2
3 4 5 6 7 8 9
10 11 12 13 14 15 16
17 18 19 20 21 22 23
24/31 25 26 27 28 29 30

NOVEMBER
S M T W T F S
1 2 3 4 5 6
7 8 9 10 11 12 13
14 15 16 17 18 19 20
21 22 23 24 25 26 27
28 29 30

DECEMBER
S M T W T F S
         1 2 3 4
5 6 7 8 9 10 11
12 13 14 15 16 17 18
19 20 21 22 23 24 25
26 27 28 29 30 31

THURSDAY
15
JULY

"Seek the Kingdom of God above all else, and live
righteously, and He will give you everything you need."

MATTHEW 6:33

TIME	📖 Ezra 7-10	✓
07:00 AM		
07:30 AM		
08:00 AM		
08:30 AM		
09:00 AM		
09:30 AM		
10:00 AM		
10:30 AM		
11:00 AM		
11:30 AM		
12:00 PM		
12:30 PM		
01:00 PM		
01:30 PM		
02:00 PM		
02:30 PM		
03:00 PM		
03:30 PM		
04:00 PM		
04:30 PM		
05:00 PM		
05:30 PM		
06:00 PM		
06:30 PM		
07:00 PM		
07:30 PM		
08:00 PM		

JANUARY
S M T W T F S
1 2
3 4 5 6 7 8 9
10 11 12 13 14 15 16
17 18 19 20 21 22 23
24/31 25 26 27 28 29 30

FEBRUARY
S M T W T F S
1 2 3 4 5 6
7 8 9 10 11 12 13
14 15 16 17 18 19 20
21 22 23 24 25 26 27
28

MARCH
S M T W T F S
1 2 3 4 5 6
7 8 9 10 11 12 13
14 15 16 17 18 19 20
21 22 23 24 25 26 27
28 29 30 31

APRIL
S M T W T F S
1 2 3
4 5 6 7 8 9 10
11 12 13 14 15 16 17
18 19 20 21 22 23 24
25 26 27 28 29 30

MAY
S M T W T F S
1
2 3 4 5 6 7 8
9 10 11 12 13 14 15
16 17 18 19 20 21 22
23/30 24/31 25 26 27 28 29

JUNE
S M T W T F S
1 2 3 4 5
6 7 8 9 10 11 12
13 14 15 16 17 18 19
20 21 22 23 24 25 26
27 28 29 30

You, God, are my God, earnestly I seek You.

PSALM 63:1

TIME	📖 Nehemiah 1-3	✓
07:00 AM		
07:30 AM		
08:00 AM		
08:30 AM		
09:00 AM		
09:30 AM		
10:00 AM		
10:30 AM		
11:00 AM		
11:30 AM		
12:00 PM		
12:30 PM		
01:00 PM		
01:30 PM		
02:00 PM		
02:30 PM		
03:00 PM		
03:30 PM		
04:00 PM		
04:30 PM		
05:00 PM		
05:30 PM		
06:00 PM		
06:30 PM		
07:00 PM		
07:30 PM		
08:00 PM		

J
U
L

JULY	AUGUST	SEPTEMBER	OCTOBER	NOVEMBER	DECEMBER
S M T W T F S	S M T W T F S	S M T W T F S	S M T W T F S	S M T W T F S	S M T W T F S
1 2 3	1 2 3 4 5 6 7	1 2 3 4	1 2	1 2 3 4 5 6	1 2 3 4
4 5 6 7 8 9 10	8 9 10 11 12 13 14	5 6 7 8 9 10 11	3 4 5 6 7 8 9	7 8 9 10 11 12 13	5 6 7 8 9 10 11
11 12 13 14 15 16 17	15 16 17 18 19 20 21	12 13 14 15 16 17 18	10 11 12 13 14 15 16	14 15 16 17 18 19 20	12 13 14 15 16 17 18
18 19 20 21 22 23 24	22 23 24 25 26 27 28	19 20 21 22 23 24 25	17 18 19 20 21 22 23	21 22 23 24 25 26 27	19 20 21 22 23 24 25
25 26 27 28 29 30 31	29 30 31	26 27 28 29 30	24/31 25 26 27 28 29 30	28 29 30	26 27 28 29 30 31

SATURDAY
17
JULY

Seek the Lord while He may be found; call upon Him while He is near.

ISAIAH 55:6

TIME	📖 Nehemiah 4-6	✓

SUNDAY
18
JULY

As for me, it is good to be near God. I have made the Sovereign Lord my refuge; I will tell of all Your deeds.

PSALM 73:28

TIME	📖 Nehemiah 7-9	✓

JANUARY
S M T W T F S
1 2
3 4 5 6 7 8 9
10 11 12 13 14 15 16
17 18 19 20 21 22 23
24/31 25 26 27 28 29 30

FEBRUARY
S M T W T F S
1 2 3 4 5 6
7 8 9 10 11 12 13
14 15 16 17 18 19 20
21 22 23 24 25 26 27
28

MARCH
S M T W T F S
1 2 3 4 5 6
7 8 9 10 11 12 13
14 15 16 17 18 19 20
21 22 23 24 25 26 27
28 29 30 31

APRIL
S M T W T F S
1 2 3
4 5 6 7 8 9 10
11 12 13 14 15 16 17
18 19 20 21 22 23 24
25 26 27 28 29 30

MAY
S M T W T F S
1
2 3 4 5 6 7 8
9 10 11 12 13 14 15
16 17 18 19 20 21 22
23/30 24/31 25 26 27 28 29

JUNE
S M T W T F S
1 2 3 4 5
6 7 8 9 10 11 12
13 14 15 16 17 18 19
20 21 22 23 24 25 26
27 28 29 30

"I am the vine, you are the branches. He who abides in Me, and I in him, bears much fruit; for without Me you can do nothing."

JOHN 15:5

TIME	📖 Nehemiah 10-13	✓
07:00 AM		
07:30 AM		
08:00 AM		
08:30 AM		
09:00 AM		
09:30 AM		
10:00 AM		
10:30 AM		
11:00 AM		
11:30 AM		
12:00 PM		
12:30 PM		
01:00 PM		
01:30 PM		
02:00 PM		
02:30 PM		
03:00 PM		
03:30 PM		
04:00 PM		
04:30 PM		
05:00 PM		
05:30 PM		
06:00 PM		
06:30 PM		
07:00 PM		
07:30 PM		
08:00 PM		

J U L

JULY	AUGUST	SEPTEMBER	OCTOBER	NOVEMBER	DECEMBER
S M T W T F S	S M T W T F S	S M T W T F S	S M T W T F S	S M T W T F S	S M T W T F S
1 2 3	1 2 3 4 5 6 7	1 2 3 4	1 2	1 2 3 4 5 6	1 2 3 4
4 5 6 7 8 9 10	8 9 10 11 12 13 14	5 6 7 8 9 10 11	3 4 5 6 7 8 9	7 8 9 10 11 12 13	5 6 7 8 9 10 11
11 12 13 14 15 16 17	15 16 17 18 19 20 21	12 13 14 15 16 17 18	10 11 12 13 14 15 16	14 15 16 17 18 19 20	12 13 14 15 16 17 18
18 19 20 21 22 23 24	22 23 24 25 26 27 28	19 20 21 22 23 24 25	17 18 19 20 21 22 23	21 22 23 24 25 26 27	19 20 21 22 23 24 25
25 26 27 28 29 30 31	29 30 31	26 27 28 29 30	24/31 25 26 27 28 29 30	28 29 30	26 27 28 29 30 31

TUESDAY
20
JULY

Seek the LORD and His strength; seek His face evermore!

TIME	📖 Esther 1-3	✓
07:00 AM		
07:30 AM		
08:00 AM		
08:30 AM		
09:00 AM		
09:30 AM		
10:00 AM		
10:30 AM		
11:00 AM		
11:30 AM		
12:00 PM		
12:30 PM		
01:00 PM		
01:30 PM		
02:00 PM		
02:30 PM		
03:00 PM		
03:30 PM		
04:00 PM		
04:30 PM		
05:00 PM		
05:30 PM		
06:00 PM		
06:30 PM		
07:00 PM		
07:30 PM		
08:00 PM		

JANUARY	FEBRUARY	MARCH	APRIL	MAY	JUNE
S M T W T F S	S M T W T F S	S M T W T F S	S M T W T F S	S M T W T F S	S M T W T F S
1 2	1 2 3 4 5 6	1 2 3 4 5 6	1 2 3	1	1 2 3 4 5
3 4 5 6 7 8 9	7 8 9 10 11 12 13	7 8 9 10 11 12 13	4 5 6 7 8 9 10	2 3 4 5 6 7 8	6 7 8 9 10 11 12
10 11 12 13 14 15 16	14 15 16 17 18 19 20	14 15 16 17 18 19 20	11 12 13 14 15 16 17	9 10 11 12 13 14 15	13 14 15 16 17 18 19
17 18 19 20 21 22 23	21 22 23 24 25 26 27	21 22 23 24 25 26 27	18 19 20 21 22 23 24	16 17 18 19 20 21 22	20 21 22 23 24 25 26
24/31 25 26 27 28 29 30	28	28 29 30 31	25 26 27 28 29 30	23/30 24/31 25 26 27 28 29	27 28 29 30

The humble will see their God at work and be glad.
Let all who seek God's help be encouraged.

PSALM 69:32

TIME	📖 Esther 4-6	✓
07:00 AM		
07:30 AM		
08:00 AM		
08:30 AM		
09:00 AM		
09:30 AM		
10:00 AM		
10:30 AM		
11:00 AM		
11:30 AM		
12:00 PM		
12:30 PM		
01:00 PM		
01:30 PM		
02:00 PM		
02:30 PM		
03:00 PM		
03:30 PM		
04:00 PM		
04:30 PM		
05:00 PM		
05:30 PM		
06:00 PM		
06:30 PM		
07:00 PM		
07:30 PM		
08:00 PM		

JUL

JULY						
S	M	T	W	T	F	S
				1	2	3
4	5	6	7	8	9	10
11	12	13	14	15	16	17
18	19	20	21	22	23	24
25	26	27	28	29	30	31

AUGUST						
S	M	T	W	T	F	S
1	2	3	4	5	6	7
8	9	10	11	12	13	14
15	16	17	18	19	20	21
22	23	24	25	26	27	28
29	30	31				

SEPTEMBER						
S	M	T	W	T	F	S
			1	2	3	4
5	6	7	8	9	10	11
12	13	14	15	16	17	18
19	20	21	22	23	24	25
26	27	28	29	30		

OCTOBER						
S	M	T	W	T	F	S
					1	2
3	4	5	6	7	8	9
10	11	12	13	14	15	16
17	18	19	20	21	22	23
24/31	25	26	27	28	29	30

NOVEMBER						
S	M	T	W	T	F	S
	1	2	3	4	5	6
7	8	9	10	11	12	13
14	15	16	17	18	19	20
21	22	23	24	25	26	27
28	29	30				

DECEMBER						
S	M	T	W	T	F	S
			1	2	3	4
5	6	7	8	9	10	11
12	13	14	15	16	17	18
19	20	21	22	23	24	25
26	27	28	29	30	31	

THURSDAY
22
JULY

Let us draw near with a true heart in full assurance of faith, having our hearts sprinkled from an evil conscience and our bodies washed with pure water.

HEBREWS 10:22

TIME	📖 Esther 7-10	✓
07:00 AM		
07:30 AM		
08:00 AM		
08:30 AM		
09:00 AM		
09:30 AM		
10:00 AM		
10:30 AM		
11:00 AM		
11:30 AM		
12:00 PM		
12:30 PM		
01:00 PM		
01:30 PM		
02:00 PM		
02:30 PM		
03:00 PM		
03:30 PM		
04:00 PM		
04:30 PM		
05:00 PM		
05:30 PM		
06:00 PM		
06:30 PM		
07:00 PM		
07:30 PM		
08:00 PM		

JANUARY	FEBRUARY	MARCH	APRIL	MAY	JUNE
S M T W T F S	S M T W T F S	S M T W T F S	S M T W T F S	S M T W T F S	S M T W T F S
1 2	1 2 3 4 5 6	1 2 3 4 5 6	1 2 3	1	1 2 3 4 5
3 4 5 6 7 8 9	7 8 9 10 11 12 13	7 8 9 10 11 12 13	4 5 6 7 8 9 10	2 3 4 5 6 7 8	6 7 8 9 10 11 12
10 11 12 13 14 15 16	14 15 16 17 18 19 20	14 15 16 17 18 19 20	11 12 13 14 15 16 17	9 10 11 12 13 14 15	13 14 15 16 17 18 19
17 18 19 20 21 22 23	21 22 23 24 25 26 27	21 22 23 24 25 26 27	18 19 20 21 22 23 24	16 17 18 19 20 21 22	20 21 22 23 24 25 26
24/31 25 26 27 28 29 30	28	28 29 30 31	25 26 27 28 29 30	23/30 24/31 25 26 27 28 29	27 28 29 30

"I am the light of the world. If you follow Me, you won't have to walk in darkness, because you will have the light that leads to life."

JOHN 8:12

TIME	📖 Job 1-4	✓
07:00 AM		
07:30 AM		
08:00 AM		
08:30 AM		
09:00 AM		
09:30 AM		
10:00 AM		
10:30 AM		
11:00 AM		
11:30 AM		
12:00 PM		
12:30 PM		
01:00 PM		
01:30 PM		
02:00 PM		
02:30 PM		
03:00 PM		
03:30 PM		
04:00 PM		
04:30 PM		
05:00 PM		
05:30 PM		
06:00 PM		
06:30 PM		
07:00 PM		
07:30 PM		
08:00 PM		

JULY						
S	M	T	W	T	F	S
				1	2	3
4	5	6	7	8	9	10
11	12	13	14	15	16	17
18	19	20	21	22	23	24
25	26	27	28	29	30	31

AUGUST						
S	M	T	W	T	F	S
1	2	3	4	5	6	7
8	9	10	11	12	13	14
15	16	17	18	19	20	21
22	23	24	25	26	27	28
29	30	31				

SEPTEMBER						
S	M	T	W	T	F	S
			1	2	3	4
5	6	7	8	9	10	11
12	13	14	15	16	17	18
19	20	21	22	23	24	25
26	27	28	29	30		

OCTOBER						
S	M	T	W	T	F	S
					1	2
3	4	5	6	7	8	9
10	11	12	13	14	15	16
17	18	19	20	21	22	23
24/31	25	26	27	28	29	30

NOVEMBER						
S	M	T	W	T	F	S
	1	2	3	4	5	6
7	8	9	10	11	12	13
14	15	16	17	18	19	20
21	22	23	24	25	26	27
28	29	30				

DECEMBER						
S	M	T	W	T	F	S
			1	2	3	4
5	6	7	8	9	10	11
12	13	14	15	16	17	18
19	20	21	22	23	24	25
26	27	28	29	30	31	

SATURDAY
24
JULY

The LORD sees every heart and knows every plan and thought.
If you seek Him, you will find Him.

1 CHRONICLES 28:9

TIME	📖 Job 5-8	✓

SUNDAY
25
JULY

May the LORD, who is good, pardon everyone
who sets their heart on seeking God.

2 CHRONICLES 30:18-19

TIME	📖 Job 9-12	✓

JANUARY	FEBRUARY	MARCH	APRIL	MAY	JUNE
S M T W T F S	S M T W T F S	S M T W T F S	S M T W T F S	S M T W T F S	S M T W T F S
1 2	1 2 3 4 5 6	1 2 3 4 5 6	1 2 3	1	1 2 3 4 5
3 4 5 6 7 8 9	7 8 9 10 11 12 13	7 8 9 10 11 12 13	4 5 6 7 8 9 10	2 3 4 5 6 7 8	6 7 8 9 10 11 12
10 11 12 13 14 15 16	14 15 16 17 18 19 20	14 15 16 17 18 19 20	11 12 13 14 15 16 17	9 10 11 12 13 14 15	13 14 15 16 17 18 19
17 18 19 20 21 22 23	21 22 23 24 25 26 27	21 22 23 24 25 26 27	18 19 20 21 22 23 24	16 17 18 19 20 21 22	20 21 22 23 24 25 26
24/31 25 26 27 28 29 30	28	28 29 30 31	25 26 27 28 29 30	23/30 24/31 25 26 27 28 29	27 28 29 30

"You will seek Me and find Me, when you
search for Me with all your heart."

JEREMIAH 29:13

TIME	📖 Job 13-16	✓
07:00 AM		
07:30 AM		
08:00 AM		
08:30 AM		
09:00 AM		
09:30 AM		
10:00 AM		
10:30 AM		
11:00 AM		
11:30 AM		
12:00 PM		
12:30 PM		
01:00 PM		
01:30 PM		
02:00 PM		
02:30 PM		
03:00 PM		
03:30 PM		
04:00 PM		
04:30 PM		
05:00 PM		
05:30 PM		
06:00 PM		
06:30 PM		
07:00 PM		
07:30 PM		
08:00 PM		

JUL

JULY						
S	M	T	W	T	F	S
				1	2	3
4	5	6	7	8	9	10
11	12	13	14	15	16	17
18	19	20	21	22	23	24
25	26	27	28	29	30	31

AUGUST						
S	M	T	W	T	F	S
1	2	3	4	5	6	7
8	9	10	11	12	13	14
15	16	17	18	19	20	21
22	23	24	25	26	27	28
29	30	31				

SEPTEMBER						
S	M	T	W	T	F	S
			1	2	3	4
5	6	7	8	9	10	11
12	13	14	15	16	17	18
19	20	21	22	23	24	25
26	27	28	29	30		

OCTOBER						
S	M	T	W	T	F	S
					1	2
3	4	5	6	7	8	9
10	11	12	13	14	15	16
17	18	19	20	21	22	23
24/31	25	26	27	28	29	30

NOVEMBER						
S	M	T	W	T	F	S
	1	2	3	4	5	6
7	8	9	10	11	12	13
14	15	16	17	18	19	20
21	22	23	24	25	26	27
28	29	30				

DECEMBER						
S	M	T	W	T	F	S
			1	2	3	4
5	6	7	8	9	10	11
12	13	14	15	16	17	18
19	20	21	22	23	24	25
26	27	28	29	30	31	

TUESDAY
27
JULY

Let us then with confidence draw near to the throne of grace,
that we may receive mercy and find grace to help in time of need.

HEBREWS 4:16

TIME	📖 Job 17-21	✓
07:00 AM		
07:30 AM		
08:00 AM		
08:30 AM		
09:00 AM		
09:30 AM		
10:00 AM		
10:30 AM		
11:00 AM		
11:30 AM		
12:00 PM		
12:30 PM		
01:00 PM		
01:30 PM		
02:00 PM		
02:30 PM		
03:00 PM		
03:30 PM		
04:00 PM		
04:30 PM		
05:00 PM		
05:30 PM		
06:00 PM		
06:30 PM		
07:00 PM		
07:30 PM		
08:00 PM		

JANUARY	FEBRUARY	MARCH	APRIL	MAY	JUNE
S M T W T F S	S M T W T F S	S M T W T F S	S M T W T F S	S M T W T F S	S M T W T F S
1 2	1 2 3 4 5 6	1 2 3 4 5 6	1 2 3	1	1 2 3 4 5
3 4 5 6 7 8 9	7 8 9 10 11 12 13	7 8 9 10 11 12 13	4 5 6 7 8 9 10	2 3 4 5 6 7 8	6 7 8 9 10 11 12
10 11 12 13 14 15 16	14 15 16 17 18 19 20	14 15 16 17 18 19 20	11 12 13 14 15 16 17	9 10 11 12 13 14 15	13 14 15 16 17 18 19
17 18 19 20 21 22 23	21 22 23 24 25 26 27	21 22 23 24 25 26 27	18 19 20 21 22 23 24	16 17 18 19 20 21 22	20 21 22 23 24 25 26
24/31 25 26 27 28 29 30	28	28 29 30 31	25 26 27 28 29 30	23/30 24/31 25 26 27 28 29	27 28 29 30

"If My people will humble themselves, and pray and seek My face, and turn from their wicked ways, then I will forgive their sin."

2 CHRONICLES 7:14

TIME	📖 Job 22-26	✓
07:00 AM		
07:30 AM		
08:00 AM		
08:30 AM		
09:00 AM		
09:30 AM		
10:00 AM		
10:30 AM		
11:00 AM		
11:30 AM		
12:00 PM		
12:30 PM		
01:00 PM		
01:30 PM		
02:00 PM		
02:30 PM		
03:00 PM		
03:30 PM		
04:00 PM		
04:30 PM		
05:00 PM		
05:30 PM		
06:00 PM		
06:30 PM		
07:00 PM		
07:30 PM		
08:00 PM		

J U L

JULY						
S	M	T	W	T	F	S
					1	2	3
4	5	6	7	8	9	10
11	12	13	14	15	16	17
18	19	20	21	22	23	24
25	26	27	28	29	30	31

AUGUST						
S	M	T	W	T	F	S
1	2	3	4	5	6	7
8	9	10	11	12	13	14
15	16	17	18	19	20	21
22	23	24	25	26	27	28
29	30	31				

SEPTEMBER						
S	M	T	W	T	F	S
			1	2	3	4
5	6	7	8	9	10	11
12	13	14	15	16	17	18
19	20	21	22	23	24	25
26	27	28	29	30		

OCTOBER						
S	M	T	W	T	F	S
					1	2
3	4	5	6	7	8	9
10	11	12	13	14	15	16
17	18	19	20	21	22	23
24/31	25	26	27	28	29	30

NOVEMBER						
S	M	T	W	T	F	S
	1	2	3	4	5	6
7	8	9	10	11	12	13
14	15	16	17	18	19	20
21	22	23	24	25	26	27
28	29	30				

DECEMBER						
S	M	T	W	T	F	S
			1	2	3	4
5	6	7	8	9	10	11
12	13	14	15	16	17	18
19	20	21	22	23	24	25
26	27	28	29	30	31	

THURSDAY
29
JULY

Submit yourselves therefore to God.
Resist the devil, and he will flee from you.

JAMES 4:7

TIME	📖 Job 27-30	✔
07:00 AM		
07:30 AM		
08:00 AM		
08:30 AM		
09:00 AM		
09:30 AM		
10:00 AM		
10:30 AM		
11:00 AM		
11:30 AM		
12:00 PM		
12:30 PM		
01:00 PM		
01:30 PM		
02:00 PM		
02:30 PM		
03:00 PM		
03:30 PM		
04:00 PM		
04:30 PM		
05:00 PM		
05:30 PM		
06:00 PM		
06:30 PM		
07:00 PM		
07:30 PM		
08:00 PM		

JANUARY	FEBRUARY	MARCH	APRIL	MAY	JUNE
S M T W T F S	S M T W T F S	S M T W T F S	S M T W T F S	S M T W T F S	S M T W T F S
1 2	1 2 3 4 5 6	1 2 3 4 5 6	1 2 3	1	1 2 3 4 5
3 4 5 6 7 8 9	7 8 9 10 11 12 13	7 8 9 10 11 12 13	4 5 6 7 8 9 10	2 3 4 5 6 7 8	6 7 8 9 10 11 12
10 11 12 13 14 15 16	14 15 16 17 18 19 20	14 15 16 17 18 19 20	11 12 13 14 15 16 17	9 10 11 12 13 14 15	13 14 15 16 17 18 19
17 18 19 20 21 22 23	21 22 23 24 25 26 27	21 22 23 24 25 26 27	18 19 20 21 22 23 24	16 17 18 19 20 21 22	20 21 22 23 24 25 26
24/31 25 26 27 28 29 30	28	28 29 30 31	25 26 27 28 29 30	23/30 24/31 25 26 27 28 29	27 28 29 30

He is able, once and forever, to save those who come to God
through Him. He lives forever to intercede with God on their behalf.

FRIDAY
30
JULY

TIME	📖 Job 31-34	✓
07:00 AM		
07:30 AM		
08:00 AM		
08:30 AM		
09:00 AM		
09:30 AM		
10:00 AM		
10:30 AM		
11:00 AM		
11:30 AM		
12:00 PM		
12:30 PM		
01:00 PM		
01:30 PM		
02:00 PM		
02:30 PM		
03:00 PM		
03:30 PM		
04:00 PM		
04:30 PM		
05:00 PM		
05:30 PM		
06:00 PM		
06:30 PM		
07:00 PM		
07:30 PM		
08:00 PM		

JUL

JULY							AUGUST							SEPTEMBER							OCTOBER							NOVEMBER							DECEMBER						
S	M	T	W	T	F	S	S	M	T	W	T	F	S	S	M	T	W	T	F	S	S	M	T	W	T	F	S	S	M	T	W	T	F	S	S	M	T	W	T	F	S
				1	2	3	1	2	3	4	5	6	7				1	2	3	4						1	2		1	2	3	4	5	6				1	2	3	4
4	5	6	7	8	9	10	8	9	10	11	12	13	14	5	6	7	8	9	10	11	3	4	5	6	7	8	9	7	8	9	10	11	12	13	5	6	7	8	9	10	11
11	12	13	14	15	16	17	15	16	17	18	19	20	21	12	13	14	15	16	17	18	10	11	12	13	14	15	16	14	15	16	17	18	19	20	12	13	14	15	16	17	18
18	19	20	21	22	23	24	22	23	24	25	26	27	28	19	20	21	22	23	24	25	17	18	19	20	21	22	23	21	22	23	24	25	26	27	19	20	21	22	23	24	25
25	26	27	28	29	30	31	29	30	31					26	27	28	29	30			24/31	25	26	27	28	29	30	28	29	30					26	27	28	29	30	31	

SATURDAY
31
JULY

God is not far from any one of us. For in Him we live and move and exist.

ACTS 17:27-28

TIME	📖 Job 35-38	✓

JANUARY	FEBRUARY	MARCH	APRIL	MAY	JUNE
S M T W T F S	S M T W T F S	S M T W T F S	S M T W T F S	S M T W T F S	S M T W T F S
1 2	1 2 3 4 5 6	1 2 3 4 5 6	1 2 3	1	1 2 3 4 5
3 4 5 6 7 8 9	7 8 9 10 11 12 13	7 8 9 10 11 12 13	4 5 6 7 8 9 10	2 3 4 5 6 7 8	6 7 8 9 10 11 12
10 11 12 13 14 15 16	14 15 16 17 18 19 20	14 15 16 17 18 19 20	11 12 13 14 15 16 17	9 10 11 12 13 14 15	13 14 15 16 17 18 19
17 18 19 20 21 22 23	21 22 23 24 25 26 27	21 22 23 24 25 26 27	18 19 20 21 22 23 24	16 17 18 19 20 21 22	20 21 22 23 24 25 26
24/31 25 26 27 28 29 30	28	28 29 30 31	25 26 27 28 29 30	23/30 24/31 25 26 27 28 29	27 28 29 30

AUGUST

Worry does not empty tomorrow of its sorrow.
It empties today of its strength.

Corrie Ten Boom

MONTH PLANNER FOR AUGUST

1	Sunday
2	Monday
3	Tuesday
4	Wednesday
5	Thursday
6	Friday
7	Saturday
8	Sunday
9	Monday
10	Tuesday
11	Wednesday
12	Thursday
13	Friday
14	Saturday
15	Sunday
16	Monday
17	Tuesday
18	Wednesday
19	Thursday
20	Friday
21	Saturday
22	Sunday
23	Monday
24	Tuesday
25	Wednesday
26	Thursday
27	Friday
28	Saturday
29	Sunday
30	Monday
31	Tuesday

NOTES

BUDGET FOR AUGUST

DATE	ITEM	PAYMENT METHOD	AMOUNT

SUNDAY

1

AUGUST

Cast all your anxiety on Him because He cares for you.

1 PETER 5:7

TIME	📖 Job 39-42	✓

Commit everything you do to the LORD. Trust Him, and He will help you.

PSALM 37:5

TIME	📖 1 Timothy 1-3	✓
07:00 AM		
07:30 AM		
08:00 AM		
08:30 AM		
09:00 AM		
09:30 AM		
10:00 AM		
10:30 AM		
11:00 AM		
11:30 AM		
12:00 PM		
12:30 PM		
01:00 PM		
01:30 PM		
02:00 PM		
02:30 PM		
03:00 PM		
03:30 PM		
04:00 PM		
04:30 PM		
05:00 PM		
05:30 PM		
06:00 PM		
06:30 PM		
07:00 PM		
07:30 PM		
08:00 PM		

AUG

	JULY							AUGUST							SEPTEMBER							OCTOBER							NOVEMBER							DECEMBER					
S	M	T	W	T	F	S	S	M	T	W	T	F	S	S	M	T	W	T	F	S	S	M	T	W	T	F	S	S	M	T	W	T	F	S	S	M	T	W	T	F	S
				1	2	3	1	2	3	4	5	6	7				1	2	3	4						1	2		1	2	3	4	5	6				1	2	3	4
4	5	6	7	8	9	10	8	9	10	11	12	13	14	5	6	7	8	9	10	11	3	4	5	6	7	8	9	7	8	9	10	11	12	13	5	6	7	8	9	10	11
11	12	13	14	15	16	17	15	16	17	18	19	20	21	12	13	14	15	16	17	18	10	11	12	13	14	15	16	14	15	16	17	18	19	20	12	13	14	15	16	17	18
18	19	20	21	22	23	24	22	23	24	25	26	27	28	19	20	21	22	23	24	25	17	18	19	20	21	22	23	21	22	23	24	25	26	27	19	20	21	22	23	24	25
25	26	27	28	29	30	31	29	30	31					26	27	28	29	30			24/31	25	26	27	28	29	30	28	29	30					26	27	28	29	30	31	

TUESDAY
3
AUGUST

"So do not fear, for I am with you;
do not be dismayed, for I am your God."

ISAIAH 41:10

TIME	📖 1 Timothy 4-6	✓
07:00 AM		
07:30 AM		
08:00 AM		
08:30 AM		
09:00 AM		
09:30 AM		
10:00 AM		
10:30 AM		
11:00 AM		
11:30 AM		
12:00 PM		
12:30 PM		
01:00 PM		
01:30 PM		
02:00 PM		
02:30 PM		
03:00 PM		
03:30 PM		
04:00 PM		
04:30 PM		
05:00 PM		
05:30 PM		
06:00 PM		
06:30 PM		
07:00 PM		
07:30 PM		
08:00 PM		

JANUARY
S M T W T F S
            1 2
3 4 5 6 7 8 9
10 11 12 13 14 15 16
17 18 19 20 21 22 23
24/31 25 26 27 28 29 30

FEBRUARY
S M T W T F S
  1 2 3 4 5 6
7 8 9 10 11 12 13
14 15 16 17 18 19 20
21 22 23 24 25 26 27
28

MARCH
S M T W T F S
  1 2 3 4 5 6
7 8 9 10 11 12 13
14 15 16 17 18 19 20
21 22 23 24 25 26 27
28 29 30 31

APRIL
S M T W T F S
      1 2 3
4 5 6 7 8 9 10
11 12 13 14 15 16 17
18 19 20 21 22 23 24
25 26 27 28 29 30

MAY
S M T W T F S
          1
2 3 4 5 6 7 8
9 10 11 12 13 14 15
16 17 18 19 20 21 22
23/30 24/31 25 26 27 28 29

JUNE
S M T W T F S
    1 2 3 4 5
6 7 8 9 10 11 12
13 14 15 16 17 18 19
20 21 22 23 24 25 26
27 28 29 30

The LORD is my light and my salvation; whom shall I fear?
The LORD is the strength of my life; of whom shall I be afraid?

PSALM 27:1

TIME	📖 2 Timothy 1-4	✓
07:00 AM		
07:30 AM		
08:00 AM		
08:30 AM		
09:00 AM		
09:30 AM		
10:00 AM		
10:30 AM		
11:00 AM		
11:30 AM		
12:00 PM		
12:30 PM		
01:00 PM		
01:30 PM		
02:00 PM		
02:30 PM		
03:00 PM		
03:30 PM		
04:00 PM		
04:30 PM		
05:00 PM		
05:30 PM		
06:00 PM		
06:30 PM		
07:00 PM		
07:30 PM		
08:00 PM		

A U G

JULY	AUGUST	SEPTEMBER	OCTOBER	NOVEMBER	DECEMBER
S M T W T F S	S M T W T F S	S M T W T F S	S M T W T F S	S M T W T F S	S M T W T F S
1 2 3	1 2 3 4 5 6 7	1 2 3 4	1 2	1 2 3 4 5 6	1 2 3 4
4 5 6 7 8 9 10	8 9 10 11 12 13 14	5 6 7 8 9 10 11	3 4 5 6 7 8 9	7 8 9 10 11 12 13	5 6 7 8 9 10 11
11 12 13 14 15 16 17	15 16 17 18 19 20 21	12 13 14 15 16 17 18	10 11 12 13 14 15 16	14 15 16 17 18 19 20	12 13 14 15 16 17 18
18 19 20 21 22 23 24	22 23 24 25 26 27 28	19 20 21 22 23 24 25	17 18 19 20 21 22 23	21 22 23 24 25 26 27	19 20 21 22 23 24 25
25 26 27 28 29 30 31	29 30 31	26 27 28 29 30	24/31 25 26 27 28 29 30	28 29 30	26 27 28 29 30 31

THURSDAY
5
AUGUST

"Do not worry about your life, what you will eat; or about what you will wear. For life is more than food, and the body more than clothes."

LUKE 12:22-23

TIME	📖 Psalm 1-5	✓
07:00 AM		
07:30 AM		
08:00 AM		
08:30 AM		
09:00 AM		
09:30 AM		
10:00 AM		
10:30 AM		
11:00 AM		
11:30 AM		
12:00 PM		
12:30 PM		
01:00 PM		
01:30 PM		
02:00 PM		
02:30 PM		
03:00 PM		
03:30 PM		
04:00 PM		
04:30 PM		
05:00 PM		
05:30 PM		
06:00 PM		
06:30 PM		
07:00 PM		
07:30 PM		
08:00 PM		

JANUARY
S M T W T F S
1 2
3 4 5 6 7 8 9
10 11 12 13 14 15 16
17 18 19 20 21 22 23
24/31 25 26 27 28 29 30

FEBRUARY
S M T W T F S
1 2 3 4 5 6
7 8 9 10 11 12 13
14 15 16 17 18 19 20
21 22 23 24 25 26 27
28

MARCH
S M T W T F S
1 2 3 4 5 6
7 8 9 10 11 12 13
14 15 16 17 18 19 20
21 22 23 24 25 26 27
28 29 30 31

APRIL
S M T W T F S
1 2 3
4 5 6 7 8 9 10
11 12 13 14 15 16 17
18 19 20 21 22 23 24
25 26 27 28 29 30

MAY
S M T W T F S
1
2 3 4 5 6 7 8
9 10 11 12 13 14 15
16 17 18 19 20 21 22
23/30 24/31 25 26 27 28 29

JUNE
S M T W T F S
1 2 3 4 5
6 7 8 9 10 11 12
13 14 15 16 17 18 19
20 21 22 23 24 25 26
27 28 29 30

Overwhelming victory is ours through Christ, who loved us.

ROMANS 8:37

FRIDAY
6
AUGUST

TIME	📖 Psalm 6-10	✓
07:00 AM		
07:30 AM		
08:00 AM		
08:30 AM		
09:00 AM		
09:30 AM		
10:00 AM		
10:30 AM		
11:00 AM		
11:30 AM		
12:00 PM		
12:30 PM		
01:00 PM		
01:30 PM		
02:00 PM		
02:30 PM		
03:00 PM		
03:30 PM		
04:00 PM		
04:30 PM		
05:00 PM		
05:30 PM		
06:00 PM		
06:30 PM		
07:00 PM		
07:30 PM		
08:00 PM		

AUG

JULY	AUGUST	SEPTEMBER	OCTOBER	NOVEMBER	DECEMBER
S M T W T F S	S M T W T F S	S M T W T F S	S M T W T F S	S M T W T F S	S M T W T F S
1 2 3	1 2 3 4 5 6 7	1 2 3 4	1 2	1 2 3 4 5 6	1 2 3 4
4 5 6 7 8 9 10	8 9 10 11 12 13 14	5 6 7 8 9 10 11	3 4 5 6 7 8 9	7 8 9 10 11 12 13	5 6 7 8 9 10 11
11 12 13 14 15 16 17	15 16 17 18 19 20 21	12 13 14 15 16 17 18	10 11 12 13 14 15 16	14 15 16 17 18 19 20	12 13 14 15 16 17 18
18 19 20 21 22 23 24	22 23 24 25 26 27 28	19 20 21 22 23 24 25	17 18 19 20 21 22 23	21 22 23 24 25 26 27	19 20 21 22 23 24 25
25 26 27 28 29 30 31	29 30 31	26 27 28 29 30	24/31 25 26 27 28 29 30	28 29 30	26 27 28 29 30 31

SATURDAY
7
AUGUST

"I, the LORD your God, hold your right hand; it is I who
say to you, "Fear not, I am the one who helps you."

ISAIAH 41:13

TIME	📖 Psalm 11-15	✓

SUNDAY
8
AUGUST

God has not given us a spirit of fear, but of
power and of love and of a sound mind.

2 TIMOTHY 1:7

TIME	📖 Psalm 16-20	✓

JANUARY	FEBRUARY	MARCH	APRIL	MAY	JUNE
S M T W T F S	S M T W T F S	S M T W T F S	S M T W T F S	S M T W T F S	S M T W T F S
1 2	1 2 3 4 5 6	1 2 3 4 5 6	1 2 3	1	1 2 3 4 5
3 4 5 6 7 8 9	7 8 9 10 11 12 13	7 8 9 10 11 12 13	4 5 6 7 8 9 10	2 3 4 5 6 7 8	6 7 8 9 10 11 12
10 11 12 13 14 15 16	14 15 16 17 18 19 20	14 15 16 17 18 19 20	11 12 13 14 15 16 17	9 10 11 12 13 14 15	13 14 15 16 17 18 19
17 18 19 20 21 22 23	21 22 23 24 25 26 27	21 22 23 24 25 26 27	18 19 20 21 22 23 24	16 17 18 19 20 21 22	20 21 22 23 24 25 26
24/31 25 26 27 28 29 30	28	28 29 30 31	25 26 27 28 29 30	23/30 24/31 25 26 27 28 29	27 28 29 30

Even though I walk through the valley of the shadow of death, I will fear no evil, for You are with me; Your rod and Your staff, they comfort me.

PSALM 23:4

TIME	📖 Psalm 21-25	✓
07:00 AM		
07:30 AM		
08:00 AM		
08:30 AM		
09:00 AM		
09:30 AM		
10:00 AM		
10:30 AM		
11:00 AM		
11:30 AM		
12:00 PM		
12:30 PM		
01:00 PM		
01:30 PM		
02:00 PM		
02:30 PM		
03:00 PM		
03:30 PM		
04:00 PM		
04:30 PM		
05:00 PM		
05:30 PM		
06:00 PM		
06:30 PM		
07:00 PM		
07:30 PM		
08:00 PM		

AUG

TUESDAY
10
AUGUST

I have set the LORD always before me. Because
He is at my right hand, I will not be shaken.

PSALM 16:8

TIME	📖 Psalm 26-30	✓
07:00 AM		
07:30 AM		
08:00 AM		
08:30 AM		
09:00 AM		
09:30 AM		
10:00 AM		
10:30 AM		
11:00 AM		
11:30 AM		
12:00 PM		
12:30 PM		
01:00 PM		
01:30 PM		
02:00 PM		
02:30 PM		
03:00 PM		
03:30 PM		
04:00 PM		
04:30 PM		
05:00 PM		
05:30 PM		
06:00 PM		
06:30 PM		
07:00 PM		
07:30 PM		
08:00 PM		

JANUARY
S M T W T F S
                1 2
3 4 5 6 7 8 9
10 11 12 13 14 15 16
17 18 19 20 21 22 23
24/31 25 26 27 28 29 30

FEBRUARY
S M T W T F S
    1 2 3 4 5 6
7 8 9 10 11 12 13
14 15 16 17 18 19 20
21 22 23 24 25 26 27
28

MARCH
S M T W T F S
    1 2 3 4 5 6
7 8 9 10 11 12 13
14 15 16 17 18 19 20
21 22 23 24 25 26 27
28 29 30 31

APRIL
S M T W T F S
            1 2 3
4 5 6 7 8 9 10
11 12 13 14 15 16 17
18 19 20 21 22 23 24
25 26 27 28 29 30

MAY
S M T W T F S
                1
2 3 4 5 6 7 8
9 10 11 12 13 14 15
16 17 18 19 20 21 22
23/30 24/31 25 26 27 28 29

JUNE
S M T W T F S
        1 2 3 4 5
6 7 8 9 10 11 12
13 14 15 16 17 18 19
20 21 22 23 24 25 26
27 28 29 30

Do not be afraid and do not panic before them.
For the Lord your God will neither fail you nor abandon you.

DEUTERONOMY 31:6

WEDNESDAY
11
AUGUST

TIME	📖 Psalm 31-34	✓
07:00 AM		
07:30 AM		
08:00 AM		
08:30 AM		
09:00 AM		
09:30 AM		
10:00 AM		
10:30 AM		
11:00 AM		
11:30 AM		
12:00 PM		
12:30 PM		
01:00 PM		
01:30 PM		
02:00 PM		
02:30 PM		
03:00 PM		
03:30 PM		
04:00 PM		
04:30 PM		
05:00 PM		
05:30 PM		
06:00 PM		
06:30 PM		
07:00 PM		
07:30 PM		
08:00 PM		

A
U
G

JULY	AUGUST	SEPTEMBER	OCTOBER	NOVEMBER	DECEMBER
S M T W T F S	S M T W T F S	S M T W T F S	S M T W T F S	S M T W T F S	S M T W T F S
1 2 3	1 2 3 4 5 6 7	1 2 3 4	1 2	1 2 3 4 5 6	1 2 3 4
4 5 6 7 8 9 10	8 9 10 11 12 13 14	5 6 7 8 9 10 11	3 4 5 6 7 8 9	7 8 9 10 11 12 13	5 6 7 8 9 10 11
11 12 13 14 15 16 17	15 16 17 18 19 20 21	12 13 14 15 16 17 18	10 11 12 13 14 15 16	14 15 16 17 18 19 20	12 13 14 15 16 17 18
18 19 20 21 22 23 24	22 23 24 25 26 27 28	19 20 21 22 23 24 25	17 18 19 20 21 22 23	21 22 23 24 25 26 27	19 20 21 22 23 24 25
25 26 27 28 29 30 31	29 30 31	26 27 28 29 30	24/31 25 26 27 28 29 30	28 29 30	26 27 28 29 30 31

THURSDAY
12
AUGUST

I sought the LORD, and He answered me
and delivered me from all my fears.

PSALM 34:4

TIME	📖 Psalm 35-37	✓
07:00 AM		
07:30 AM		
08:00 AM		
08:30 AM		
09:00 AM		
09:30 AM		
10:00 AM		
10:30 AM		
11:00 AM		
11:30 AM		
12:00 PM		
12:30 PM		
01:00 PM		
01:30 PM		
02:00 PM		
02:30 PM		
03:00 PM		
03:30 PM		
04:00 PM		
04:30 PM		
05:00 PM		
05:30 PM		
06:00 PM		
06:30 PM		
07:00 PM		
07:30 PM		
08:00 PM		

JANUARY	FEBRUARY	MARCH	APRIL	MAY	JUNE
S M T W T F S	S M T W T F S	S M T W T F S	S M T W T F S	S M T W T F S	S M T W T F S
1 2	1 2 3 4 5 6	1 2 3 4 5 6	1 2 3	1	1 2 3 4 5
3 4 5 6 7 8 9	7 8 9 10 11 12 13	7 8 9 10 11 12 13	4 5 6 7 8 9 10	2 3 4 5 6 7 8	6 7 8 9 10 11 12
10 11 12 13 14 15 16	14 15 16 17 18 19 20	14 15 16 17 18 19 20	11 12 13 14 15 16 17	9 10 11 12 13 14 15	13 14 15 16 17 18 19
17 18 19 20 21 22 23	21 22 23 24 25 26 27	21 22 23 24 25 26 27	18 19 20 21 22 23 24	16 17 18 19 20 21 22	20 21 22 23 24 25 26
24/31 25 26 27 28 29 30	28	28 29 30 31	25 26 27 28 29 30	23/30 24/31 25 26 27 28 29	27 28 29 30

Cast your cares on the LORD and He will sustain you;
He will never let the righteous be shaken.

PSALM 55:22

TIME	📖 Psalm 38-41	✓
07:00 AM		
07:30 AM		
08:00 AM		
08:30 AM		
09:00 AM		
09:30 AM		
10:00 AM		
10:30 AM		
11:00 AM		
11:30 AM		
12:00 PM		
12:30 PM		
01:00 PM		
01:30 PM		
02:00 PM		
02:30 PM		
03:00 PM		
03:30 PM		
04:00 PM		
04:30 PM		
05:00 PM		
05:30 PM		
06:00 PM		
06:30 PM		
07:00 PM		
07:30 PM		
08:00 PM		

AUG

JULY	AUGUST	SEPTEMBER	OCTOBER	NOVEMBER	DECEMBER
S M T W T F S	S M T W T F S	S M T W T F S	S M T W T F S	S M T W T F S	S M T W T F S
1 2 3	1 2 3 4 5 6 7	1 2 3 4	1 2	1 2 3 4 5 6	1 2 3 4
4 5 6 7 8 9 10	8 9 10 11 12 13 14	5 6 7 8 9 10 11	3 4 5 6 7 8 9	7 8 9 10 11 12 13	5 6 7 8 9 10 11
11 12 13 14 15 16 17	15 16 17 18 19 20 21	12 13 14 15 16 17 18	10 11 12 13 14 15 16	14 15 16 17 18 19 20	12 13 14 15 16 17 18
18 19 20 21 22 23 24	22 23 24 25 26 27 28	19 20 21 22 23 24 25	17 18 19 20 21 22 23	21 22 23 24 25 26 27	19 20 21 22 23 24 25
25 26 27 28 29 30 31	29 30 31	26 27 28 29 30	24/31 25 26 27 28 29 30	28 29 30	26 27 28 29 30 31

SATURDAY
14
AUGUST

"Look at the birds. They don't plant or harvest, for your heavenly Father feeds them. And aren't you far more valuable to Him than they are?"

MATTHEW 6:26

TIME	📖 Psalm 42-45	✓

SUNDAY
15
AUGUST

In You, O LORD, I put my trust; let me never be put to shame.

PSALM 71:1

TIME	📖 Psalm 46-49	✓

JANUARY	FEBRUARY	MARCH	APRIL	MAY	JUNE
S M T W T F S	S M T W T F S	S M T W T F S	S M T W T F S	S M T W T F S	S M T W T F S
1 2	1 2 3 4 5 6	1 2 3 4 5 6	1 2 3	1	1 2 3 4 5
3 4 5 6 7 8 9	7 8 9 10 11 12 13	7 8 9 10 11 12 13	4 5 6 7 8 9 10	2 3 4 5 6 7 8	6 7 8 9 10 11 12
10 11 12 13 14 15 16	14 15 16 17 18 19 20	14 15 16 17 18 19 20	11 12 13 14 15 16 17	9 10 11 12 13 14 15	13 14 15 16 17 18 19
17 18 19 20 21 22 23	21 22 23 24 25 26 27	21 22 23 24 25 26 27	18 19 20 21 22 23 24	16 17 18 19 20 21 22	20 21 22 23 24 25 26
24/31 25 26 27 28 29 30	28	28 29 30 31	25 26 27 28 29 30	23/30 24/31 25 26 27 28 29	27 28 29 30

We can say with confidence, "The LORD is my helper,
so I will have no fear. What can mere people do to me?"

HEBREWS 13:6

MONDAY
16
AUGUST

TIME	📖 Psalm 50-53	✓
07:00 AM		
07:30 AM		
08:00 AM		
08:30 AM		
09:00 AM		
09:30 AM		
10:00 AM		
10:30 AM		
11:00 AM		
11:30 AM		
12:00 PM		
12:30 PM		
01:00 PM		
01:30 PM		
02:00 PM		
02:30 PM		
03:00 PM		
03:30 PM		
04:00 PM		
04:30 PM		
05:00 PM		
05:30 PM		
06:00 PM		
06:30 PM		
07:00 PM		
07:30 PM		
08:00 PM		

AUG

JULY	AUGUST	SEPTEMBER	OCTOBER	NOVEMBER	DECEMBER
S M T W T F S	S M T W T F S	S M T W T F S	S M T W T F S	S M T W T F S	S M T W T F S
1 2 3	1 2 3 4 5 6 7	1 2 3 4	1 2	1 2 3 4 5 6	1 2 3 4
4 5 6 7 8 9 10	8 9 10 11 12 13 14	5 6 7 8 9 10 11	3 4 5 6 7 8 9	7 8 9 10 11 12 13	5 6 7 8 9 10 11
11 12 13 14 15 16 17	15 16 17 18 19 20 21	12 13 14 15 16 17 18	10 11 12 13 14 15 16	14 15 16 17 18 19 20	12 13 14 15 16 17 18
18 19 20 21 22 23 24	22 23 24 25 26 27 28	19 20 21 22 23 24 25	17 18 19 20 21 22 23	21 22 23 24 25 26 27	19 20 21 22 23 24 25
25 26 27 28 29 30 31	29 30 31	26 27 28 29 30	24/31 25 26 27 28 29 30	28 29 30	26 27 28 29 30 31

TUESDAY
17
AUGUST

In His hand is the life of every creature and the breath of all mankind.

TIME	📖 Psalm 54-57	✓
07:00 AM		
07:30 AM		
08:00 AM		
08:30 AM		
09:00 AM		
09:30 AM		
10:00 AM		
10:30 AM		
11:00 AM		
11:30 AM		
12:00 PM		
12:30 PM		
01:00 PM		
01:30 PM		
02:00 PM		
02:30 PM		
03:00 PM		
03:30 PM		
04:00 PM		
04:30 PM		
05:00 PM		
05:30 PM		
06:00 PM		
06:30 PM		
07:00 PM		
07:30 PM		
08:00 PM		

JANUARY	FEBRUARY	MARCH	APRIL	MAY	JUNE
S M T W T F S	S M T W T F S	S M T W T F S	S M T W T F S	S M T W T F S	S M T W T F S
1 2	1 2 3 4 5 6	1 2 3 4 5 6	1 2 3	1	1 2 3 4 5
3 4 5 6 7 8 9	7 8 9 10 11 12 13	7 8 9 10 11 12 13	4 5 6 7 8 9 10	2 3 4 5 6 7 8	6 7 8 9 10 11 12
10 11 12 13 14 15 16	14 15 16 17 18 19 20	14 15 16 17 18 19 20	11 12 13 14 15 16 17	9 10 11 12 13 14 15	13 14 15 16 17 18 19
17 18 19 20 21 22 23	21 22 23 24 25 26 27	21 22 23 24 25 26 27	18 19 20 21 22 23 24	16 17 18 19 20 21 22	20 21 22 23 24 25 26
24/31 25 26 27 28 29 30	28	28 29 30 31	25 26 27 28 29 30	23/30 24/31 25 26 27 28 29	27 28 29 30

"Consider the lilies of the field, how they grow. Now if God so clothes the grass of the field, will He not much more clothe you?"

MATTHEW 6:28-30

TIME	📖 Psalm 58-61	✓
07:00 AM		
07:30 AM		
08:00 AM		
08:30 AM		
09:00 AM		
09:30 AM		
10:00 AM		
10:30 AM		
11:00 AM		
11:30 AM		
12:00 PM		
12:30 PM		
01:00 PM		
01:30 PM		
02:00 PM		
02:30 PM		
03:00 PM		
03:30 PM		
04:00 PM		
04:30 PM		
05:00 PM		
05:30 PM		
06:00 PM		
06:30 PM		
07:00 PM		
07:30 PM		
08:00 PM		

A
U
G

JULY	AUGUST	SEPTEMBER	OCTOBER	NOVEMBER	DECEMBER
S M T W T F S	S M T W T F S	S M T W T F S	S M T W T F S	S M T W T F S	S M T W T F S
1 2 3	1 2 3 4 5 6 7	1 2 3 4	1 2	1 2 3 4 5 6	1 2 3 4
4 5 6 7 8 9 10	8 9 10 11 12 13 14	5 6 7 8 9 10 11	3 4 5 6 7 8 9	7 8 9 10 11 12 13	5 6 7 8 9 10 11
11 12 13 14 15 16 17	15 16 17 18 19 20 21	12 13 14 15 16 17 18	10 11 12 13 14 15 16	14 15 16 17 18 19 20	12 13 14 15 16 17 18
18 19 20 21 22 23 24	22 23 24 25 26 27 28	19 20 21 22 23 24 25	17 18 19 20 21 22 23	21 22 23 24 25 26 27	19 20 21 22 23 24 25
25 26 27 28 29 30 31	29 30 31	26 27 28 29 30	24/31 25 26 27 28 29 30	28 29 30	26 27 28 29 30 31

THURSDAY
19
AUGUST

The LORD your God is with you, the Mighty Warrior who saves.
ZEPHANIAH 3:17

TIME	📖 Psalm 62-65	✓
07:00 AM		
07:30 AM		
08:00 AM		
08:30 AM		
09:00 AM		
09:30 AM		
10:00 AM		
10:30 AM		
11:00 AM		
11:30 AM		
12:00 PM		
12:30 PM		
01:00 PM		
01:30 PM		
02:00 PM		
02:30 PM		
03:00 PM		
03:30 PM		
04:00 PM		
04:30 PM		
05:00 PM		
05:30 PM		
06:00 PM		
06:30 PM		
07:00 PM		
07:30 PM		
08:00 PM		

JANUARY	FEBRUARY	MARCH	APRIL	MAY	JUNE
S M T W T F S	S M T W T F S	S M T W T F S	S M T W T F S	S M T W T F S	S M T W T F S
1 2	1 2 3 4 5 6	1 2 3 4 5 6	1 2 3	1	1 2 3 4 5
3 4 5 6 7 8 9	7 8 9 10 11 12 13	7 8 9 10 11 12 13	4 5 6 7 8 9 10	2 3 4 5 6 7 8	6 7 8 9 10 11 12
10 11 12 13 14 15 16	14 15 16 17 18 19 20	14 15 16 17 18 19 20	11 12 13 14 15 16 17	9 10 11 12 13 14 15	13 14 15 16 17 18 19
17 18 19 20 21 22 23	21 22 23 24 25 26 27	21 22 23 24 25 26 27	18 19 20 21 22 23 24	16 17 18 19 20 21 22	20 21 22 23 24 25 26
24/31 25 26 27 28 29 30	28	28 29 30 31	25 26 27 28 29 30	23/30 24/31 25 26 27 28 29	27 28 29 30

Do not be afraid or discouraged, for the LORD will
personally go ahead of you. He will be with you.

FRIDAY
20
AUGUST

TIME	📖 Psalm 66-68	✓
07:00 AM		
07:30 AM		
08:00 AM		
08:30 AM		
09:00 AM		
09:30 AM		
10:00 AM		
10:30 AM		
11:00 AM		
11:30 AM		
12:00 PM		
12:30 PM		
01:00 PM		
01:30 PM		
02:00 PM		
02:30 PM		
03:00 PM		
03:30 PM		
04:00 PM		
04:30 PM		
05:00 PM		
05:30 PM		
06:00 PM		
06:30 PM		
07:00 PM		
07:30 PM		
08:00 PM		

AUG

JULY	AUGUST	SEPTEMBER	OCTOBER	NOVEMBER	DECEMBER
S M T W T F S	S M T W T F S	S M T W T F S	S M T W T F S	S M T W T F S	S M T W T F S
1 2 3	1 2 3 4 5 6 7	1 2 3 4	1 2	1 2 3 4 5 6	1 2 3 4
4 5 6 7 8 9 10	8 9 10 11 12 13 14	5 6 7 8 9 10 11	3 4 5 6 7 8 9	7 8 9 10 11 12 13	5 6 7 8 9 10 11
11 12 13 14 15 16 17	15 16 17 18 19 20 21	12 13 14 15 16 17 18	10 11 12 13 14 15 16	14 15 16 17 18 19 20	12 13 14 15 16 17 18
18 19 20 21 22 23 24	22 23 24 25 26 27 28	19 20 21 22 23 24 25	17 18 19 20 21 22 23	21 22 23 24 25 26 27	19 20 21 22 23 24 25
25 26 27 28 29 30 31	29 30 31	26 27 28 29 30	24/31 25 26 27 28 29 30	28 29 30	26 27 28 29 30 31

SATURDAY
21
AUGUST

"Be still, and know that I am God."

PSALM 46:10

TIME	📖 Psalm 69-72	✓

SUNDAY
22
AUGUST

Even if you suffer for doing what is right,
God will reward you for it. So don't worry or be afraid.

1 PETER 3:14

TIME	📖 Psalm 73-76	✓

JANUARY	FEBRUARY	MARCH	APRIL	MAY	JUNE
S M T W T F S	S M T W T F S	S M T W T F S	S M T W T F S	S M T W T F S	S M T W T F S
1 2	1 2 3 4 5 6	1 2 3 4 5 6	1 2 3	1	1 2 3 4 5
3 4 5 6 7 8 9	7 8 9 10 11 12 13	7 8 9 10 11 12 13	4 5 6 7 8 9 10	2 3 4 5 6 7 8	6 7 8 9 10 11 12
10 11 12 13 14 15 16	14 15 16 17 18 19 20	14 15 16 17 18 19 20	11 12 13 14 15 16 17	9 10 11 12 13 14 15	13 14 15 16 17 18 19
17 18 19 20 21 22 23	21 22 23 24 25 26 27	21 22 23 24 25 26 27	18 19 20 21 22 23 24	16 17 18 19 20 21 22	20 21 22 23 24 25 26
24/31 25 26 27 28 29 30	28	28 29 30 31	25 26 27 28 29 30	23/30 24/31 25 26 27 28 29	27 28 29 30

"Fear not, for I have redeemed you;
I have called you by your name; you are Mine."

ISAIAH 43:1

TIME	📖 Psalm 77-78	✓
07:00 AM		
07:30 AM		
08:00 AM		
08:30 AM		
09:00 AM		
09:30 AM		
10:00 AM		
10:30 AM		
11:00 AM		
11:30 AM		
12:00 PM		
12:30 PM		
01:00 PM		
01:30 PM		
02:00 PM		
02:30 PM		
03:00 PM		
03:30 PM		
04:00 PM		
04:30 PM		
05:00 PM		
05:30 PM		
06:00 PM		
06:30 PM		
07:00 PM		
07:30 PM		
08:00 PM		

AUG

JULY	AUGUST	SEPTEMBER	OCTOBER	NOVEMBER	DECEMBER
S M T W T F S	S M T W T F S	S M T W T F S	S M T W T F S	S M T W T F S	S M T W T F S
1 2 3	1 2 3 4 5 6 7	1 2 3 4	1 2	1 2 3 4 5 6	1 2 3 4
4 5 6 7 8 9 10	8 9 10 11 12 13 14	5 6 7 8 9 10 11	3 4 5 6 7 8 9	7 8 9 10 11 12 13	5 6 7 8 9 10 11
11 12 13 14 15 16 17	15 16 17 18 19 20 21	12 13 14 15 16 17 18	10 11 12 13 14 15 16	14 15 16 17 18 19 20	12 13 14 15 16 17 18
18 19 20 21 22 23 24	22 23 24 25 26 27 28	19 20 21 22 23 24 25	17 18 19 20 21 22 23	21 22 23 24 25 26 27	19 20 21 22 23 24 25
25 26 27 28 29 30 31	29 30 31	26 27 28 29 30	24/31 25 26 27 28 29 30	28 29 30	26 27 28 29 30 31

When I am afraid, I will put my trust in You.

PSALM 56:3

TIME	📖 Psalm 79-82	✓
07:00 AM		
07:30 AM		
08:00 AM		
08:30 AM		
09:00 AM		
09:30 AM		
10:00 AM		
10:30 AM		
11:00 AM		
11:30 AM		
12:00 PM		
12:30 PM		
01:00 PM		
01:30 PM		
02:00 PM		
02:30 PM		
03:00 PM		
03:30 PM		
04:00 PM		
04:30 PM		
05:00 PM		
05:30 PM		
06:00 PM		
06:30 PM		
07:00 PM		
07:30 PM		
08:00 PM		

JANUARY	FEBRUARY	MARCH	APRIL	MAY	JUNE
S M T W T F S	S M T W T F S	S M T W T F S	S M T W T F S	S M T W T F S	S M T W T F S
1 2	1 2 3 4 5 6	1 2 3 4 5 6	1 2 3	1	1 2 3 4 5
3 4 5 6 7 8 9	7 8 9 10 11 12 13	7 8 9 10 11 12 13	4 5 6 7 8 9 10	2 3 4 5 6 7 8	6 7 8 9 10 11 12
10 11 12 13 14 15 16	14 15 16 17 18 19 20	14 15 16 17 18 19 20	11 12 13 14 15 16 17	9 10 11 12 13 14 15	13 14 15 16 17 18 19
17 18 19 20 21 22 23	21 22 23 24 25 26 27	21 22 23 24 25 26 27	18 19 20 21 22 23 24	16 17 18 19 20 21 22	20 21 22 23 24 25 26
24/31 25 26 27 28 29 30	28	28 29 30 31	25 26 27 28 29 30	23/30 24/31 25 26 27 28 29	27 28 29 30

"Therefore do not be anxious about tomorrow, for tomorrow
will be anxious for itself. Sufficient for the day is its own trouble."

MATTHEW 6:34

TIME	📖 Psalm 83-86	✓
07:00 AM		
07:30 AM		
08:00 AM		
08:30 AM		
09:00 AM		
09:30 AM		
10:00 AM		
10:30 AM		
11:00 AM		
11:30 AM		
12:00 PM		
12:30 PM		
01:00 PM		
01:30 PM		
02:00 PM		
02:30 PM		
03:00 PM		
03:30 PM		
04:00 PM		
04:30 PM		
05:00 PM		
05:30 PM		
06:00 PM		
06:30 PM		
07:00 PM		
07:30 PM		
08:00 PM		

A
U
G

JULY							AUGUST							SEPTEMBER							OCTOBER							NOVEMBER							DECEMBER						
S	M	T	W	T	F	S	S	M	T	W	T	F	S	S	M	T	W	T	F	S	S	M	T	W	T	F	S	S	M	T	W	T	F	S	S	M	T	W	T	F	S
				1	2	3	1	2	3	4	5	6	7				1	2	3	4						1	2		1	2	3	4	5	6				1	2	3	4
4	5	6	7	8	9	10	8	9	10	11	12	13	14	5	6	7	8	9	10	11	3	4	5	6	7	8	9	7	8	9	10	11	12	13	5	6	7	8	9	10	11
11	12	13	14	15	16	17	15	16	17	18	19	20	21	12	13	14	15	16	17	18	10	11	12	13	14	15	16	14	15	16	17	18	19	20	12	13	14	15	16	17	18
18	19	20	21	22	23	24	22	23	24	25	26	27	28	19	20	21	22	23	24	25	17	18	19	20	21	22	23	21	22	23	24	25	26	27	19	20	21	22	23	24	25
25	26	27	28	29	30	31	29	30	31					26	27	28	29	30			24/31	25	26	27	28	29	30	28	29	30					26	27	28	29	30	31	

Be strong, and do not fear, for your God is coming to save you.

ISAIAH 35:4

TIME	📖 Psalm 87-89	✓
07:00 AM		
07:30 AM		
08:00 AM		
08:30 AM		
09:00 AM		
09:30 AM		
10:00 AM		
10:30 AM		
11:00 AM		
11:30 AM		
12:00 PM		
12:30 PM		
01:00 PM		
01:30 PM		
02:00 PM		
02:30 PM		
03:00 PM		
03:30 PM		
04:00 PM		
04:30 PM		
05:00 PM		
05:30 PM		
06:00 PM		
06:30 PM		
07:00 PM		
07:30 PM		
08:00 PM		

JANUARY	FEBRUARY	MARCH	APRIL	MAY	JUNE
S M T W T F S	S M T W T F S	S M T W T F S	S M T W T F S	S M T W T F S	S M T W T F S
1 2	1 2 3 4 5 6	1 2 3 4 5 6	1 2 3	1	1 2 3 4 5
3 4 5 6 7 8 9	7 8 9 10 11 12 13	7 8 9 10 11 12 13	4 5 6 7 8 9 10	2 3 4 5 6 7 8	6 7 8 9 10 11 12
10 11 12 13 14 15 16	14 15 16 17 18 19 20	14 15 16 17 18 19 20	11 12 13 14 15 16 17	9 10 11 12 13 14 15	13 14 15 16 17 18 19
17 18 19 20 21 22 23	21 22 23 24 25 26 27	21 22 23 24 25 26 27	18 19 20 21 22 23 24	16 17 18 19 20 21 22	20 21 22 23 24 25 26
24/31 25 26 27 28 29 30	28	28 29 30 31	25 26 27 28 29 30	23/30 24/31 25 26 27 28 29	27 28 29 30

Anxiety weighs down the heart, but a kind word cheers it up.

PROVERBS 12:25

TIME	 Psalm 90-93	✓
07:00 AM		
07:30 AM		
08:00 AM		
08:30 AM		
09:00 AM		
09:30 AM		
10:00 AM		
10:30 AM		
11:00 AM		
11:30 AM		
12:00 PM		
12:30 PM		
01:00 PM		
01:30 PM		
02:00 PM		
02:30 PM		
03:00 PM		
03:30 PM		
04:00 PM		
04:30 PM		
05:00 PM		
05:30 PM		
06:00 PM		
06:30 PM		
07:00 PM		
07:30 PM		
08:00 PM		

A
U
G

JULY	AUGUST	SEPTEMBER	OCTOBER	NOVEMBER	DECEMBER
S M T W T F S	S M T W T F S	S M T W T F S	S M T W T F S	S M T W T F S	S M T W T F S
1 2 3	1 2 3 4 5 6 7	1 2 3 4	1 2	1 2 3 4 5 6	1 2 3 4
4 5 6 7 8 9 10	8 9 10 11 12 13 14	5 6 7 8 9 10 11	3 4 5 6 7 8 9	7 8 9 10 11 12 13	5 6 7 8 9 10 11
11 12 13 14 15 16 17	15 16 17 18 19 20 21	12 13 14 15 16 17 18	10 11 12 13 14 15 16	14 15 16 17 18 19 20	12 13 14 15 16 17 18
18 19 20 21 22 23 24	22 23 24 25 26 27 28	19 20 21 22 23 24 25	17 18 19 20 21 22 23	21 22 23 24 25 26 27	19 20 21 22 23 24 25
25 26 27 28 29 30 31	29 30 31	26 27 28 29 30	24/31 25 26 27 28 29 30	28 29 30	26 27 28 29 30 31

SATURDAY
28
AUGUST

Happy are those who hear the joyful call to worship,
for they will walk in the light of your presence, Lord.

PSALM 89:15

TIME	📖 Psalm 94-97	✓

SUNDAY
29
AUGUST

We know that God causes everything to work together for the good of
those who love God and are called according to His purpose for them.

ROMANS 8:28

TIME	📖 Psalm 98-102	✓

JANUARY
S M T W T F S
          1 2
3 4 5 6 7 8 9
10 11 12 13 14 15 16
17 18 19 20 21 22 23
24/31 25 26 27 28 29 30

FEBRUARY
S M T W T F S
  1 2 3 4 5 6
7 8 9 10 11 12 13
14 15 16 17 18 19 20
21 22 23 24 25 26 27
28

MARCH
S M T W T F S
  1 2 3 4 5 6
7 8 9 10 11 12 13
14 15 16 17 18 19 20
21 22 23 24 25 26 27
28 29 30 31

APRIL
S M T W T F S
        1 2 3
4 5 6 7 8 9 10
11 12 13 14 15 16 17
18 19 20 21 22 23 24
25 26 27 28 29 30

MAY
S M T W T F S
              1
2 3 4 5 6 7 8
9 10 11 12 13 14 15
16 17 18 19 20 21 22
23/30 24/31 25 26 27 28 29

JUNE
S M T W T F S
      1 2 3 4 5
6 7 8 9 10 11 12
13 14 15 16 17 18 19
20 21 22 23 24 25 26
27 28 29 30

"Can any one of you by worrying add a single hour to your life?"

MATTHEW 6:27

TIME	 Psalm 103-104	✓
07:00 AM		
07:30 AM		
08:00 AM		
08:30 AM		
09:00 AM		
09:30 AM		
10:00 AM		
10:30 AM		
11:00 AM		
11:30 AM		
12:00 PM		
12:30 PM		
01:00 PM		
01:30 PM		
02:00 PM		
02:30 PM		
03:00 PM		
03:30 PM		
04:00 PM		
04:30 PM		
05:00 PM		
05:30 PM		
06:00 PM		
06:30 PM		
07:00 PM		
07:30 PM		
08:00 PM		

A
U
G

JULY	AUGUST	SEPTEMBER	OCTOBER	NOVEMBER	DECEMBER
S M T W T F S	S M T W T F S	S M T W T F S	S M T W T F S	S M T W T F S	S M T W T F S
1 2 3	1 2 3 4 5 6 7	1 2 3 4	1 2	1 2 3 4 5 6	1 2 3 4
4 5 6 7 8 9 10	8 9 10 11 12 13 14	5 6 7 8 9 10 11	3 4 5 6 7 8 9	7 8 9 10 11 12 13	5 6 7 8 9 10 11
11 12 13 14 15 16 17	15 16 17 18 19 20 21	12 13 14 15 16 17 18	10 11 12 13 14 15 16	14 15 16 17 18 19 20	12 13 14 15 16 17 18
18 19 20 21 22 23 24	22 23 24 25 26 27 28	19 20 21 22 23 24 25	17 18 19 20 21 22 23	21 22 23 24 25 26 27	19 20 21 22 23 24 25
25 26 27 28 29 30 31	29 30 31	26 27 28 29 30	24/31 25 26 27 28 29 30	28 29 30	26 27 28 29 30 31

TUESDAY
31
AUGUST

"Be strong and of good courage; do not be afraid, nor be dismayed,
for the LORD your God is with you wherever you go."

JOSHUA 1:9

TIME	📖 Psalm 105-106	✓
07:00 AM		
07:30 AM		
08:00 AM		
08:30 AM		
09:00 AM		
09:30 AM		
10:00 AM		
10:30 AM		
11:00 AM		
11:30 AM		
12:00 PM		
12:30 PM		
01:00 PM		
01:30 PM		
02:00 PM		
02:30 PM		
03:00 PM		
03:30 PM		
04:00 PM		
04:30 PM		
05:00 PM		
05:30 PM		
06:00 PM		
06:30 PM		
07:00 PM		
07:30 PM		
08:00 PM		

JANUARY	FEBRUARY	MARCH	APRIL	MAY	JUNE
S M T W T F S	S M T W T F S	S M T W T F S	S M T W T F S	S M T W T F S	S M T W T F S
1 2	1 2 3 4 5 6	1 2 3 4 5 6	1 2 3	1	1 2 3 4 5
3 4 5 6 7 8 9	7 8 9 10 11 12 13	7 8 9 10 11 12 13	4 5 6 7 8 9 10	2 3 4 5 6 7 8	6 7 8 9 10 11 12
10 11 12 13 14 15 16	14 15 16 17 18 19 20	14 15 16 17 18 19 20	11 12 13 14 15 16 17	9 10 11 12 13 14 15	13 14 15 16 17 18 19
17 18 19 20 21 22 23	21 22 23 24 25 26 27	21 22 23 24 25 26 27	18 19 20 21 22 23 24	16 17 18 19 20 21 22	20 21 22 23 24 25 26
24/31 25 26 27 28 29 30	28	28 29 30 31	25 26 27 28 29 30	23/30 24/31 25 26 27 28 29	27 28 29 30

SEPTEMBER

Do what you can and pray for what you cannot yet do.

St. Augustine

MONTH PLANNER FOR SEPTEMBER

1	Wednesday	
2	Thursday	
3	Friday	
4	Saturday	
5	Sunday	
6	Monday	
7	Tuesday	
8	Wednesday	
9	Thursday	
10	Friday	
11	Saturday	
12	Sunday	
13	Monday	
14	Tuesday	
15	Wednesday	
16	Thursday	
17	Friday	
18	Saturday	
19	Sunday	
20	Monday	
21	Tuesday	
22	Wednesday	
23	Thursday	
24	Friday	
25	Saturday	
26	Sunday	
27	Monday	
28	Tuesday	
29	Wednesday	
30	Thursday	

NOTES

BUDGET FOR SEPTEMBER

DATE	ITEM	PAYMENT METHOD	AMOUNT	

WEDNESDAY
1
SEPTEMBER

The prayer of a righteous person is powerful and effective.

JAMES 5:16

TIME	📖 Psalm 107-109	✓
07:00 AM		
07:30 AM		
08:00 AM		
08:30 AM		
09:00 AM		
09:30 AM		
10:00 AM		
10:30 AM		
11:00 AM		
11:30 AM		
12:00 PM		
12:30 PM		
01:00 PM		
01:30 PM		
02:00 PM		
02:30 PM		
03:00 PM		
03:30 PM		
04:00 PM		
04:30 PM		
05:00 PM		
05:30 PM		
06:00 PM		
06:30 PM		
07:00 PM		
07:30 PM		
08:00 PM		

JANUARY	FEBRUARY	MARCH	APRIL	MAY	JUNE
S M T W T F S	S M T W T F S	S M T W T F S	S M T W T F S	S M T W T F S	S M T W T F S
1 2	1 2 3 4 5 6	1 2 3 4 5 6	1 2 3	1	1 2 3 4 5
3 4 5 6 7 8 9	7 8 9 10 11 12 13	7 8 9 10 11 12 13	4 5 6 7 8 9 10	2 3 4 5 6 7 8	6 7 8 9 10 11 12
10 11 12 13 14 15 16	14 15 16 17 18 19 20	14 15 16 17 18 19 20	11 12 13 14 15 16 17	9 10 11 12 13 14 15	13 14 15 16 17 18 19
17 18 19 20 21 22 23	21 22 23 24 25 26 27	21 22 23 24 25 26 27	18 19 20 21 22 23 24	16 17 18 19 20 21 22	20 21 22 23 24 25 26
24/31 25 26 27 28 29 30	28	28 29 30 31	25 26 27 28 29 30	23/30 24/31 25 26 27 28 29	27 28 29 30

Devote yourselves to prayer with an alert mind and a thankful heart.

COLOSSIANS 4:2

THURSDAY

2

SEPTEMBER

TIME	📖 Psalm 110-115	✓
07:00 AM		
07:30 AM		
08:00 AM		
08:30 AM		
09:00 AM		
09:30 AM		
10:00 AM		
10:30 AM		
11:00 AM		
11:30 AM		
12:00 PM		
12:30 PM		
01:00 PM		
01:30 PM		
02:00 PM		
02:30 PM		
03:00 PM		
03:30 PM		
04:00 PM		
04:30 PM		
05:00 PM		
05:30 PM		
06:00 PM		
06:30 PM		
07:00 PM		
07:30 PM		
08:00 PM		

S E P T

JULY							AUGUST							SEPTEMBER							OCTOBER							NOVEMBER							DECEMBER						
S	M	T	W	T	F	S	S	M	T	W	T	F	S	S	M	T	W	T	F	S	S	M	T	W	T	F	S	S	M	T	W	T	F	S	S	M	T	W	T	F	S
				1	2	3	1	2	3	4	5	6	7				1	2	3	4						1	2	1	2	3	4	5	6					1	2	3	4
4	5	6	7	8	9	10	8	9	10	11	12	13	14	5	6	7	8	9	10	11	3	4	5	6	7	8	9	7	8	9	10	11	12	13	5	6	7	8	9	10	11
11	12	13	14	15	16	17	15	16	17	18	19	20	21	12	13	14	15	16	17	18	10	11	12	13	14	15	16	14	15	16	17	18	19	20	12	13	14	15	16	17	18
18	19	20	21	22	23	24	22	23	24	25	26	27	28	19	20	21	22	23	24	25	17	18	19	20	21	22	23	21	22	23	24	25	26	27	19	20	21	22	23	24	25
25	26	27	28	29	30	31	29	30	31					26	27	28	29	30			24/31	25	26	27	28	29	30	28	29	30					26	27	28	29	30	31	

FRIDAY
3
SEPTEMBER

Pray in the Spirit on all occasions with all kinds of prayers and requests.

EPHESIANS 6:18

TIME	📖 Psalm 116-118	✓
07:00 AM		
07:30 AM		
08:00 AM		
08:30 AM		
09:00 AM		
09:30 AM		
10:00 AM		
10:30 AM		
11:00 AM		
11:30 AM		
12:00 PM		
12:30 PM		
01:00 PM		
01:30 PM		
02:00 PM		
02:30 PM		
03:00 PM		
03:30 PM		
04:00 PM		
04:30 PM		
05:00 PM		
05:30 PM		
06:00 PM		
06:30 PM		
07:00 PM		
07:30 PM		
08:00 PM		

JANUARY	FEBRUARY	MARCH	APRIL	MAY	JUNE
S M T W T F S	S M T W T F S	S M T W T F S	S M T W T F S	S M T W T F S	S M T W T F S
1 2	1 2 3 4 5 6	1 2 3 4 5 6	1 2 3	1	1 2 3 4 5
3 4 5 6 7 8 9	7 8 9 10 11 12 13	7 8 9 10 11 12 13	4 5 6 7 8 9 10	2 3 4 5 6 7 8	6 7 8 9 10 11 12
10 11 12 13 14 15 16	14 15 16 17 18 19 20	14 15 16 17 18 19 20	11 12 13 14 15 16 17	9 10 11 12 13 14 15	13 14 15 16 17 18 19
17 18 19 20 21 22 23	21 22 23 24 25 26 27	21 22 23 24 25 26 27	18 19 20 21 22 23 24	16 17 18 19 20 21 22	20 21 22 23 24 25 26
24/31 25 26 27 28 29 30	28	28 29 30 31	25 26 27 28 29 30	23/30 24/31 25 26 27 28 29	27 28 29 30

Let my prayer be set before You as incense,
the lifting up of my hands as the evening sacrifice.

PSALM 141:2

TIME	📖 Psalm 119:1-88	✓

When you pray, go into your room, close the door and
pray to your Father, who is unseen. Then your Father,
who sees what is done in secret, will reward you.

MATTHEW 6:6

TIME	📖 Psalm 119:89-176	✓

	JULY							AUGUST							SEPTEMBER							OCTOBER							NOVEMBER							DECEMBER					
S	M	T	W	T	F	S	S	M	T	W	T	F	S	S	M	T	W	T	F	S	S	M	T	W	T	F	S	S	M	T	W	T	F	S	S	M	T	W	T	F	S
				1	2	3	1	2	3	4	5	6	7				1	2	3	4						1	2		1	2	3	4	5	6				1	2	3	4
4	5	6	7	8	9	10	8	9	10	11	12	13	14	5	6	7	8	9	10	11	3	4	5	6	7	8	9	7	8	9	10	11	12	13	5	6	7	8	9	10	11
11	12	13	14	15	16	17	15	16	17	18	19	20	21	12	13	14	15	16	17	18	10	11	12	13	14	15	16	14	15	16	17	18	19	20	12	13	14	15	16	17	18
18	19	20	21	22	23	24	22	23	24	25	26	27	28	19	20	21	22	23	24	25	17	18	19	20	21	22	23	21	22	23	24	25	26	27	19	20	21	22	23	24	25
25	26	27	28	29	30	31	29	30	31					26	27	28	29	30			24/31	25	26	27	28	29	30	28	29	30					26	27	28	29	30	31	

We do not know what we ought to pray for, but the
Spirit Himself intercedes for us through wordless groans.

ROMANS 8:26

TIME	📖 Psalm 120-127	✓
07:00 AM		
07:30 AM		
08:00 AM		
08:30 AM		
09:00 AM		
09:30 AM		
10:00 AM		
10:30 AM		
11:00 AM		
11:30 AM		
12:00 PM		
12:30 PM		
01:00 PM		
01:30 PM		
02:00 PM		
02:30 PM		
03:00 PM		
03:30 PM		
04:00 PM		
04:30 PM		
05:00 PM		
05:30 PM		
06:00 PM		
06:30 PM		
07:00 PM		
07:30 PM		
08:00 PM		

JANUARY	FEBRUARY	MARCH	APRIL	MAY	JUNE
S M T W T F S	S M T W T F S	S M T W T F S	S M T W T F S	S M T W T F S	S M T W T F S
1 2	1 2 3 4 5 6	1 2 3 4 5 6	1 2 3	1	1 2 3 4 5
3 4 5 6 7 8 9	7 8 9 10 11 12 13	7 8 9 10 11 12 13	4 5 6 7 8 9 10	2 3 4 5 6 7 8	6 7 8 9 10 11 12
10 11 12 13 14 15 16	14 15 16 17 18 19 20	14 15 16 17 18 19 20	11 12 13 14 15 16 17	9 10 11 12 13 14 15	13 14 15 16 17 18 19
17 18 19 20 21 22 23	21 22 23 24 25 26 27	21 22 23 24 25 26 27	18 19 20 21 22 23 24	16 17 18 19 20 21 22	20 21 22 23 24 25 26
24/31 25 26 27 28 29 30	28	28 29 30 31	25 26 27 28 29 30	23/30 24/31 25 26 27 28 29	27 28 29 30

The LORD delights in the prayers of the upright.

PROVERBS 15:8

TIME	📖 Psalm 128-134	✓
07:00 AM		
07:30 AM		
08:00 AM		
08:30 AM		
09:00 AM		
09:30 AM		
10:00 AM		
10:30 AM		
11:00 AM		
11:30 AM		
12:00 PM		
12:30 PM		
01:00 PM		
01:30 PM		
02:00 PM		
02:30 PM		
03:00 PM		
03:30 PM		
04:00 PM		
04:30 PM		
05:00 PM		
05:30 PM		
06:00 PM		
06:30 PM		
07:00 PM		
07:30 PM		
08:00 PM		

S E P T

	JULY								AUGUST								SEPTEMBER								OCTOBER								NOVEMBER								DECEMBER					
S	M	T	W	T	F	S	S	M	T	W	T	F	S	S	M	T	W	T	F	S	S	M	T	W	T	F	S	S	M	T	W	T	F	S	S	M	T	W	T	F	S
				1	2	3	1	2	3	4	5	6	7				1	2	3	4						1	2		1	2	3	4	5	6				1	2	3	4
4	5	6	7	8	9	10	8	9	10	11	12	13	14	5	6	7	8	9	10	11	3	4	5	6	7	8	9	7	8	9	10	11	12	13	5	6	7	8	9	10	11
11	12	13	14	15	16	17	15	16	17	18	19	20	21	12	13	14	15	16	17	18	10	11	12	13	14	15	16	14	15	16	17	18	19	20	12	13	14	15	16	17	18
18	19	20	21	22	23	24	22	23	24	25	26	27	28	19	20	21	22	23	24	25	17	18	19	20	21	22	23	21	22	23	24	25	26	27	19	20	21	22	23	24	25
25	26	27	28	29	30	31	29	30	31					26	27	28	29	30			24/31	25	26	27	28	29	30	28	29	30					26	27	28	29	30	31	

WEDNESDAY
8
SEPTEMBER

Rejoice always, pray continually, give thanks in all circumstances;
for this is God's will for you in Christ Jesus.

1 THESSALONIANS 5:16-18

TIME	📖 Psalm 135-138	✓
07:00 AM		
07:30 AM		
08:00 AM		
08:30 AM		
09:00 AM		
09:30 AM		
10:00 AM		
10:30 AM		
11:00 AM		
11:30 AM		
12:00 PM		
12:30 PM		
01:00 PM		
01:30 PM		
02:00 PM		
02:30 PM		
03:00 PM		
03:30 PM		
04:00 PM		
04:30 PM		
05:00 PM		
05:30 PM		
06:00 PM		
06:30 PM		
07:00 PM		
07:30 PM		
08:00 PM		

JANUARY	FEBRUARY	MARCH	APRIL	MAY	JUNE
S M T W T F S	S M T W T F S	S M T W T F S	S M T W T F S	S M T W T F S	S M T W T F S
1 2	1 2 3 4 5 6	1 2 3 4 5 6	1 2 3	1	1 2 3 4 5
3 4 5 6 7 8 9	7 8 9 10 11 12 13	7 8 9 10 11 12 13	4 5 6 7 8 9 10	2 3 4 5 6 7 8	6 7 8 9 10 11 12
10 11 12 13 14 15 16	14 15 16 17 18 19 20	14 15 16 17 18 19 20	11 12 13 14 15 16 17	9 10 11 12 13 14 15	13 14 15 16 17 18 19
17 18 19 20 21 22 23	21 22 23 24 25 26 27	21 22 23 24 25 26 27	18 19 20 21 22 23 24	16 17 18 19 20 21 22	20 21 22 23 24 25 26
24/31 25 26 27 28 29 30	28	28 29 30 31	25 26 27 28 29 30	23/30 24/31 25 26 27 28 29	27 28 29 30

"Watch and pray so that you will not fall into temptation.
The spirit is willing, but the flesh is weak."

MATTHEW 26:41

TIME	📖 Psalm 139-142	✓
07:00 AM		
07:30 AM		
08:00 AM		
08:30 AM		
09:00 AM		
09:30 AM		
10:00 AM		
10:30 AM		
11:00 AM		
11:30 AM		
12:00 PM		
12:30 PM		
01:00 PM		
01:30 PM		
02:00 PM		
02:30 PM		
03:00 PM		
03:30 PM		
04:00 PM		
04:30 PM		
05:00 PM		
05:30 PM		
06:00 PM		
06:30 PM		
07:00 PM		
07:30 PM		
08:00 PM		

S E P T

JULY						
S	M	T	W	T	F	S
				1	2	3
4	5	6	7	8	9	10
11	12	13	14	15	16	17
18	19	20	21	22	23	24
25	26	27	28	29	30	31

AUGUST						
S	M	T	W	T	F	S
1	2	3	4	5	6	7
8	9	10	11	12	13	14
15	16	17	18	19	20	21
22	23	24	25	26	27	28
29	30	31				

SEPTEMBER						
S	M	T	W	T	F	S
			1	2	3	4
5	6	7	8	9	10	11
12	13	14	15	16	17	18
19	20	21	22	23	24	25
26	27	28	29	30		

OCTOBER						
S	M	T	W	T	F	S
					1	2
3	4	5	6	7	8	9
10	11	12	13	14	15	16
17	18	19	20	21	22	23
24/31	25	26	27	28	29	30

NOVEMBER						
S	M	T	W	T	F	S
	1	2	3	4	5	6
7	8	9	10	11	12	13
14	15	16	17	18	19	20
21	22	23	24	25	26	27
28	29	30				

DECEMBER						
S	M	T	W	T	F	S
			1	2	3	4
5	6	7	8	9	10	11
12	13	14	15	16	17	18
19	20	21	22	23	24	25
26	27	28	29	30	31	

"You will call on Me and come and pray to Me, and I will listen to you."

JEREMIAH 29:12

TIME	📖 Psalm 143-146	✓
07:00 AM		
07:30 AM		
08:00 AM		
08:30 AM		
09:00 AM		
09:30 AM		
10:00 AM		
10:30 AM		
11:00 AM		
11:30 AM		
12:00 PM		
12:30 PM		
01:00 PM		
01:30 PM		
02:00 PM		
02:30 PM		
03:00 PM		
03:30 PM		
04:00 PM		
04:30 PM		
05:00 PM		
05:30 PM		
06:00 PM		
06:30 PM		
07:00 PM		
07:30 PM		
08:00 PM		

JANUARY	FEBRUARY	MARCH	APRIL	MAY	JUNE
S M T W T F S	S M T W T F S	S M T W T F S	S M T W T F S	S M T W T F S	S M T W T F S
1 2	1 2 3 4 5 6	1 2 3 4 5 6	1 2 3	1	1 2 3 4 5
3 4 5 6 7 8 9	7 8 9 10 11 12 13	7 8 9 10 11 12 13	4 5 6 7 8 9 10	2 3 4 5 6 7 8	6 7 8 9 10 11 12
10 11 12 13 14 15 16	14 15 16 17 18 19 20	14 15 16 17 18 19 20	11 12 13 14 15 16 17	9 10 11 12 13 14 15	13 14 15 16 17 18 19
17 18 19 20 21 22 23	21 22 23 24 25 26 27	21 22 23 24 25 26 27	18 19 20 21 22 23 24	16 17 18 19 20 21 22	20 21 22 23 24 25 26
24/31 25 26 27 28 29 30	28	28 29 30 31	25 26 27 28 29 30	23/30 24/31 25 26 27 28 29	27 28 29 30

Give ear, O Lord, to my prayer; listen to my plea for grace.

PSALM 86:6

TIME	📖 Psalm 147-150	✓

You shall call, and the Lord will answer;
you shall cry, and He will say, "Here I am."

ISAIAH 58:9

TIME	📖 Titus, Philemon	✓

S E P T

JULY
S M T W T F S
1 2 3
4 5 6 7 8 9 10
11 12 13 14 15 16 17
18 19 20 21 22 23 24
25 26 27 28 29 30 31

AUGUST
S M T W T F S
1 2 3 4 5 6 7
8 9 10 11 12 13 14
15 16 17 18 19 20 21
22 23 24 25 26 27 28
29 30 31

SEPTEMBER
S M T W T F S
1 2 3 4
5 6 7 8 9 10 11
12 13 14 15 16 17 18
19 20 21 22 23 24 25
26 27 28 29 30

OCTOBER
S M T W T F S
1 2
3 4 5 6 7 8 9
10 11 12 13 14 15 16
17 18 19 20 21 22 23
24/31 25 26 27 28 29 30

NOVEMBER
S M T W T F S
1 2 3 4 5 6
7 8 9 10 11 12 13
14 15 16 17 18 19 20
21 22 23 24 25 26 27
28 29 30

DECEMBER
S M T W T F S
1 2 3 4
5 6 7 8 9 10 11
12 13 14 15 16 17 18
19 20 21 22 23 24 25
26 27 28 29 30 31

Is anyone among you in trouble? Let them pray.
Is anyone happy? Let them sing songs of praise.

JAMES 5:13

TIME	📖 Proverbs 1-4	✓
07:00 AM		
07:30 AM		
08:00 AM		
08:30 AM		
09:00 AM		
09:30 AM		
10:00 AM		
10:30 AM		
11:00 AM		
11:30 AM		
12:00 PM		
12:30 PM		
01:00 PM		
01:30 PM		
02:00 PM		
02:30 PM		
03:00 PM		
03:30 PM		
04:00 PM		
04:30 PM		
05:00 PM		
05:30 PM		
06:00 PM		
06:30 PM		
07:00 PM		
07:30 PM		
08:00 PM		

JANUARY	FEBRUARY	MARCH	APRIL	MAY	JUNE
S M T W T F S	S M T W T F S	S M T W T F S	S M T W T F S	S M T W T F S	S M T W T F S
1 2	1 2 3 4 5 6	1 2 3 4 5 6	1 2 3	1	1 2 3 4 5
3 4 5 6 7 8 9	7 8 9 10 11 12 13	7 8 9 10 11 12 13	4 5 6 7 8 9 10	2 3 4 5 6 7 8	6 7 8 9 10 11 12
10 11 12 13 14 15 16	14 15 16 17 18 19 20	14 15 16 17 18 19 20	11 12 13 14 15 16 17	9 10 11 12 13 14 15	13 14 15 16 17 18 19
17 18 19 20 21 22 23	21 22 23 24 25 26 27	21 22 23 24 25 26 27	18 19 20 21 22 23 24	16 17 18 19 20 21 22	20 21 22 23 24 25 26
24/31 25 26 27 28 29 30	28	28 29 30 31	25 26 27 28 29 30	23/30 24/31 25 26 27 28 29	27 28 29 30

"If you believe, you will receive whatever you ask for in prayer."

MATTHEW 21:22

TIME	📖 Proverbs 5-8	✓
07:00 AM		
07:30 AM		
08:00 AM		
08:30 AM		
09:00 AM		
09:30 AM		
10:00 AM		
10:30 AM		
11:00 AM		
11:30 AM		
12:00 PM		
12:30 PM		
01:00 PM		
01:30 PM		
02:00 PM		
02:30 PM		
03:00 PM		
03:30 PM		
04:00 PM		
04:30 PM		
05:00 PM		
05:30 PM		
06:00 PM		
06:30 PM		
07:00 PM		
07:30 PM		
08:00 PM		

SEPT

JULY						
S	M	T	W	T	F	S
				1	2	3
4	5	6	7	8	9	10
11	12	13	14	15	16	17
18	19	20	21	22	23	24
25	26	27	28	29	30	31

AUGUST						
S	M	T	W	T	F	S
1	2	3	4	5	6	7
8	9	10	11	12	13	14
15	16	17	18	19	20	21
22	23	24	25	26	27	28
29	30	31				

SEPTEMBER						
S	M	T	W	T	F	S
			1	2	3	4
5	6	7	8	9	10	11
12	13	14	15	16	17	18
19	20	21	22	23	24	25
26	27	28	29	30		

OCTOBER						
S	M	T	W	T	F	S
					1	2
3	4	5	6	7	8	9
10	11	12	13	14	15	16
17	18	19	20	21	22	23
24/31	25	26	27	28	29	30

NOVEMBER						
S	M	T	W	T	F	S
	1	2	3	4	5	6
7	8	9	10	11	12	13
14	15	16	17	18	19	20
21	22	23	24	25	26	27
28	29	30				

DECEMBER						
S	M	T	W	T	F	S
			1	2	3	4
5	6	7	8	9	10	11
12	13	14	15	16	17	18
19	20	21	22	23	24	25
26	27	28	29	30	31	

"When they call on Me, I will answer; I will be with them in trouble. I will rescue and honor them."

PSALM 91:15

TIME	📖 Proverbs 9-12	✓
07:00 AM		
07:30 AM		
08:00 AM		
08:30 AM		
09:00 AM		
09:30 AM		
10:00 AM		
10:30 AM		
11:00 AM		
11:30 AM		
12:00 PM		
12:30 PM		
01:00 PM		
01:30 PM		
02:00 PM		
02:30 PM		
03:00 PM		
03:30 PM		
04:00 PM		
04:30 PM		
05:00 PM		
05:30 PM		
06:00 PM		
06:30 PM		
07:00 PM		
07:30 PM		
08:00 PM		

JANUARY	FEBRUARY	MARCH	APRIL	MAY	JUNE
S M T W T F S	S M T W T F S	S M T W T F S	S M T W T F S	S M T W T F S	S M T W T F S
1 2	1 2 3 4 5 6	1 2 3 4 5 6	1 2 3	1	1 2 3 4 5
3 4 5 6 7 8 9	7 8 9 10 11 12 13	7 8 9 10 11 12 13	4 5 6 7 8 9 10	2 3 4 5 6 7 8	6 7 8 9 10 11 12
10 11 12 13 14 15 16	14 15 16 17 18 19 20	14 15 16 17 18 19 20	11 12 13 14 15 16 17	9 10 11 12 13 14 15	13 14 15 16 17 18 19
17 18 19 20 21 22 23	21 22 23 24 25 26 27	21 22 23 24 25 26 27	18 19 20 21 22 23 24	16 17 18 19 20 21 22	20 21 22 23 24 25 26
24/31 25 26 27 28 29 30	28	28 29 30 31	25 26 27 28 29 30	23/30 24/31 25 26 27 28 29	27 28 29 30

In my distress I cried to the Lord, and He heard me.

PSALM 120:1

TIME	📖 Proverbs 13-15	✓
07:00 AM		
07:30 AM		
08:00 AM		
08:30 AM		
09:00 AM		
09:30 AM		
10:00 AM		
10:30 AM		
11:00 AM		
11:30 AM		
12:00 PM		
12:30 PM		
01:00 PM		
01:30 PM		
02:00 PM		
02:30 PM		
03:00 PM		
03:30 PM		
04:00 PM		
04:30 PM		
05:00 PM		
05:30 PM		
06:00 PM		
06:30 PM		
07:00 PM		
07:30 PM		
08:00 PM		

S
E
P
T

JULY	AUGUST	SEPTEMBER	OCTOBER	NOVEMBER	DECEMBER
S M T W T F S	S M T W T F S	S M T W T F S	S M T W T F S	S M T W T F S	S M T W T F S
1 2 3	1 2 3 4 5 6 7	1 2 3 4	1 2	1 2 3 4 5 6	1 2 3 4
4 5 6 7 8 9 10	8 9 10 11 12 13 14	5 6 7 8 9 10 11	3 4 5 6 7 8 9	7 8 9 10 11 12 13	5 6 7 8 9 10 11
11 12 13 14 15 16 17	15 16 17 18 19 20 21	12 13 14 15 16 17 18	10 11 12 13 14 15 16	14 15 16 17 18 19 20	12 13 14 15 16 17 18
18 19 20 21 22 23 24	22 23 24 25 26 27 28	19 20 21 22 23 24 25	17 18 19 20 21 22 23	21 22 23 24 25 26 27	19 20 21 22 23 24 25
25 26 27 28 29 30 31	29 30 31	26 27 28 29 30	24/31 25 26 27 28 29 30	28 29 30	26 27 28 29 30 31

Morning, noon, and night I cry out in my distress,
and the LORD hears my voice.

PSALM 55:17

TIME	📖 Proverbs 16-18	✔
07:00 AM		
07:30 AM		
08:00 AM		
08:30 AM		
09:00 AM		
09:30 AM		
10:00 AM		
10:30 AM		
11:00 AM		
11:30 AM		
12:00 PM		
12:30 PM		
01:00 PM		
01:30 PM		
02:00 PM		
02:30 PM		
03:00 PM		
03:30 PM		
04:00 PM		
04:30 PM		
05:00 PM		
05:30 PM		
06:00 PM		
06:30 PM		
07:00 PM		
07:30 PM		
08:00 PM		

JANUARY	FEBRUARY	MARCH	APRIL	MAY	JUNE
S M T W T F S	S M T W T F S	S M T W T F S	S M T W T F S	S M T W T F S	S M T W T F S
1 2	1 2 3 4 5 6	1 2 3 4 5 6	1 2 3	1	1 2 3 4 5
3 4 5 6 7 8 9	7 8 9 10 11 12 13	7 8 9 10 11 12 13	4 5 6 7 8 9 10	2 3 4 5 6 7 8	6 7 8 9 10 11 12
10 11 12 13 14 15 16	14 15 16 17 18 19 20	14 15 16 17 18 19 20	11 12 13 14 15 16 17	9 10 11 12 13 14 15	13 14 15 16 17 18 19
17 18 19 20 21 22 23	21 22 23 24 25 26 27	21 22 23 24 25 26 27	18 19 20 21 22 23 24	16 17 18 19 20 21 22	20 21 22 23 24 25 26
24/31 25 26 27 28 29 30	28	28 29 30 31	25 26 27 28 29 30	23/30 24/31 25 26 27 28 29	27 28 29 30

The LORD hears the prayer of the righteous.

PROVERBS 15:29

TIME	📖 Proverbs 19-21	✓

"I will answer them before they even call to Me. While they
are still talking about their needs, I will answer their prayers!

ISAIAH 65:24

TIME	📖 Proverbs 22-24	✓

S
E
P
T

JULY	AUGUST	SEPTEMBER	OCTOBER	NOVEMBER	DECEMBER
S M T W T F S	S M T W T F S	S M T W T F S	S M T W T F S	S M T W T F S	S M T W T F S
1 2 3	1 2 3 4 5 6 7	1 2 3 4	1 2	1 2 3 4 5 6	1 2 3 4
4 5 6 7 8 9 10	8 9 10 11 12 13 14	5 6 7 8 9 10 11	3 4 5 6 7 8 9	7 8 9 10 11 12 13	5 6 7 8 9 10 11
11 12 13 14 15 16 17	15 16 17 18 19 20 21	12 13 14 15 16 17 18	10 11 12 13 14 15 16	14 15 16 17 18 19 20	12 13 14 15 16 17 18
18 19 20 21 22 23 24	22 23 24 25 26 27 28	19 20 21 22 23 24 25	17 18 19 20 21 22 23	21 22 23 24 25 26 27	19 20 21 22 23 24 25
25 26 27 28 29 30 31	29 30 31	26 27 28 29 30	24/31 25 26 27 28 29 30	28 29 30	26 27 28 29 30 31

MONDAY
20
SEPTEMBER

TIME	📖 Proverbs 25-27	✓
07:00 AM		
07:30 AM		
08:00 AM		
08:30 AM		
09:00 AM		
09:30 AM		
10:00 AM		
10:30 AM		
11:00 AM		
11:30 AM		
12:00 PM		
12:30 PM		
01:00 PM		
01:30 PM		
02:00 PM		
02:30 PM		
03:00 PM		
03:30 PM		
04:00 PM		
04:30 PM		
05:00 PM		
05:30 PM		
06:00 PM		
06:30 PM		
07:00 PM		
07:30 PM		
08:00 PM		

JANUARY	FEBRUARY	MARCH	APRIL	MAY	JUNE
S M T W T F S	S M T W T F S	S M T W T F S	S M T W T F S	S M T W T F S	S M T W T F S
1 2	1 2 3 4 5 6	1 2 3 4 5 6	1 2 3	1	1 2 3 4 5
3 4 5 6 7 8 9	7 8 9 10 11 12 13	7 8 9 10 11 12 13	4 5 6 7 8 9 10	2 3 4 5 6 7 8	6 7 8 9 10 11 12
10 11 12 13 14 15 16	14 15 16 17 18 19 20	14 15 16 17 18 19 20	11 12 13 14 15 16 17	9 10 11 12 13 14 15	13 14 15 16 17 18 19
17 18 19 20 21 22 23	21 22 23 24 25 26 27	21 22 23 24 25 26 27	18 19 20 21 22 23 24	16 17 18 19 20 21 22	20 21 22 23 24 25 26
24/31 25 26 27 28 29 30	28	28 29 30 31	25 26 27 28 29 30	23/30 24/31 25 26 27 28 29	27 28 29 30

"LORD, help!" they cried in their trouble,
and He saved them from their distress.

PSALM 107:28

TIME	📖 Proverbs 28-31	✓
07:00 AM		
07:30 AM		
08:00 AM		
08:30 AM		
09:00 AM		
09:30 AM		
10:00 AM		
10:30 AM		
11:00 AM		
11:30 AM		
12:00 PM		
12:30 PM		
01:00 PM		
01:30 PM		
02:00 PM		
02:30 PM		
03:00 PM		
03:30 PM		
04:00 PM		
04:30 PM		
05:00 PM		
05:30 PM		
06:00 PM		
06:30 PM		
07:00 PM		
07:30 PM		
08:00 PM		

S
E
P
T

JULY	AUGUST	SEPTEMBER	OCTOBER	NOVEMBER	DECEMBER
S M T W T F S	S M T W T F S	S M T W T F S	S M T W T F S	S M T W T F S	S M T W T F S
1 2 3	1 2 3 4 5 6 7	1 2 3 4	1 2	1 2 3 4 5 6	1 2 3 4
4 5 6 7 8 9 10	8 9 10 11 12 13 14	5 6 7 8 9 10 11	3 4 5 6 7 8 9	7 8 9 10 11 12 13	5 6 7 8 9 10 11
11 12 13 14 15 16 17	15 16 17 18 19 20 21	12 13 14 15 16 17 18	10 11 12 13 14 15 16	14 15 16 17 18 19 20	12 13 14 15 16 17 18
18 19 20 21 22 23 24	22 23 24 25 26 27 28	19 20 21 22 23 24 25	17 18 19 20 21 22 23	21 22 23 24 25 26 27	19 20 21 22 23 24 25
25 26 27 28 29 30 31	29 30 31	26 27 28 29 30	24/31 25 26 27 28 29 30	28 29 30	26 27 28 29 30 31

WEDNESDAY
22
SEPTEMBER

This is the confidence that we have in Him, that if
we ask anything according to His will, He hears us.

1 JOHN 5:14

TIME	📖 Hebrews 1-4	✓
07:00 AM		
07:30 AM		
08:00 AM		
08:30 AM		
09:00 AM		
09:30 AM		
10:00 AM		
10:30 AM		
11:00 AM		
11:30 AM		
12:00 PM		
12:30 PM		
01:00 PM		
01:30 PM		
02:00 PM		
02:30 PM		
03:00 PM		
03:30 PM		
04:00 PM		
04:30 PM		
05:00 PM		
05:30 PM		
06:00 PM		
06:30 PM		
07:00 PM		
07:30 PM		
08:00 PM		

We will receive from Him whatever we ask because
we obey Him and do the things that please Him.

1 JOHN 3:22

TIME	📖 Hebrews 5-7	✓
07:00 AM		
07:30 AM		
08:00 AM		
08:30 AM		
09:00 AM		
09:30 AM		
10:00 AM		
10:30 AM		
11:00 AM		
11:30 AM		
12:00 PM		
12:30 PM		
01:00 PM		
01:30 PM		
02:00 PM		
02:30 PM		
03:00 PM		
03:30 PM		
04:00 PM		
04:30 PM		
05:00 PM		
05:30 PM		
06:00 PM		
06:30 PM		
07:00 PM		
07:30 PM		
08:00 PM		

SEPT

JULY								AUGUST								SEPTEMBER								OCTOBER								NOVEMBER								DECEMBER						
S	M	T	W	T	F	S		S	M	T	W	T	F	S		S	M	T	W	T	F	S		S	M	T	W	T	F	S		S	M	T	W	T	F	S		S	M	T	W	T	F	S
				1	2	3		1	2	3	4	5	6	7					1	2	3	4							1	2			1	2	3	4	5	6					1	2	3	4
4	5	6	7	8	9	10		8	9	10	11	12	13	14		5	6	7	8	9	10	11		3	4	5	6	7	8	9		7	8	9	10	11	12	13		5	6	7	8	9	10	11
11	12	13	14	15	16	17		15	16	17	18	19	20	21		12	13	14	15	16	17	18		10	11	12	13	14	15	16		14	15	16	17	18	19	20		12	13	14	15	16	17	18
18	19	20	21	22	23	24		22	23	24	25	26	27	28		19	20	21	22	23	24	25		17	18	19	20	21	22	23		21	22	23	24	25	26	27		19	20	21	22	23	24	25
25	26	27	28	29	30	31		29	30	31						26	27	28	29	30				24/31	25	26	27	28	29	30		28	29	30						26	27	28	29	30	31	

The eyes of the Lord are on the righteous
and His ears are attentive to their prayer.

1 PETER 3:12

TIME	📖 Hebrews 8-10	✓
07:00 AM		
07:30 AM		
08:00 AM		
08:30 AM		
09:00 AM		
09:30 AM		
10:00 AM		
10:30 AM		
11:00 AM		
11:30 AM		
12:00 PM		
12:30 PM		
01:00 PM		
01:30 PM		
02:00 PM		
02:30 PM		
03:00 PM		
03:30 PM		
04:00 PM		
04:30 PM		
05:00 PM		
05:30 PM		
06:00 PM		
06:30 PM		
07:00 PM		
07:30 PM		
08:00 PM		

JANUARY	FEBRUARY	MARCH	APRIL	MAY	JUNE
S M T W T F S	S M T W T F S	S M T W T F S	S M T W T F S	S M T W T F S	S M T W T F S
1 2	1 2 3 4 5 6	1 2 3 4 5 6	1 2 3	1	1 2 3 4 5
3 4 5 6 7 8 9	7 8 9 10 11 12 13	7 8 9 10 11 12 13	4 5 6 7 8 9 10	2 3 4 5 6 7 8	6 7 8 9 10 11 12
10 11 12 13 14 15 16	14 15 16 17 18 19 20	14 15 16 17 18 19 20	11 12 13 14 15 16 17	9 10 11 12 13 14 15	13 14 15 16 17 18 19
17 18 19 20 21 22 23	21 22 23 24 25 26 27	21 22 23 24 25 26 27	18 19 20 21 22 23 24	16 17 18 19 20 21 22	20 21 22 23 24 25 26
24/31 25 26 27 28 29 30	28	28 29 30 31	25 26 27 28 29 30	23/30 24/31 25 26 27 28 29	27 28 29 30

The LORD hears His people when they call to Him for help.
He rescues them from all their troubles.

PSALM 34:17

SATURDAY
25
SEPTEMBER

TIME	📖 Hebrews 11-13	✓

"If you remain in Me and My words remain in you,
ask whatever you wish, and it will be done for you."

JOHN 15:7

SUNDAY
26
SEPTEMBER

TIME	📖 Ecclesiastes 1-4	✓

S E P T

JULY	AUGUST	SEPTEMBER	OCTOBER	NOVEMBER	DECEMBER
S M T W T F S	S M T W T F S	S M T W T F S	S M T W T F S	S M T W T F S	S M T W T F S
1 2 3	1 2 3 4 5 6 7	1 2 3 4	1 2	1 2 3 4 5 6	1 2 3 4
4 5 6 7 8 9 10	8 9 10 11 12 13 14	5 6 7 8 9 10 11	3 4 5 6 7 8 9	7 8 9 10 11 12 13	5 6 7 8 9 10 11
11 12 13 14 15 16 17	15 16 17 18 19 20 21	12 13 14 15 16 17 18	10 11 12 13 14 15 16	14 15 16 17 18 19 20	12 13 14 15 16 17 18
18 19 20 21 22 23 24	22 23 24 25 26 27 28	19 20 21 22 23 24 25	17 18 19 20 21 22 23	21 22 23 24 25 26 27	19 20 21 22 23 24 25
25 26 27 28 29 30 31	29 30 31	26 27 28 29 30	24/31 25 26 27 28 29 30	28 29 30	26 27 28 29 30 31

The Lord is near to all who call on Him, to all who call on Him in truth. He fulfills the desires of those who fear Him.

PSALM 145:18-19

TIME	📖 Ecclesiastes 5-8	✓
07:00 AM		
07:30 AM		
08:00 AM		
08:30 AM		
09:00 AM		
09:30 AM		
10:00 AM		
10:30 AM		
11:00 AM		
11:30 AM		
12:00 PM		
12:30 PM		
01:00 PM		
01:30 PM		
02:00 PM		
02:30 PM		
03:00 PM		
03:30 PM		
04:00 PM		
04:30 PM		
05:00 PM		
05:30 PM		
06:00 PM		
06:30 PM		
07:00 PM		
07:30 PM		
08:00 PM		

JANUARY	FEBRUARY	MARCH	APRIL	MAY	JUNE
S M T W T F S	S M T W T F S	S M T W T F S	S M T W T F S	S M T W T F S	S M T W T F S
1 2	1 2 3 4 5 6	1 2 3 4 5 6	1 2 3	1	1 2 3 4 5
3 4 5 6 7 8 9	7 8 9 10 11 12 13	7 8 9 10 11 12 13	4 5 6 7 8 9 10	2 3 4 5 6 7 8	6 7 8 9 10 11 12
10 11 12 13 14 15 16	14 15 16 17 18 19 20	14 15 16 17 18 19 20	11 12 13 14 15 16 17	9 10 11 12 13 14 15	13 14 15 16 17 18 19
17 18 19 20 21 22 23	21 22 23 24 25 26 27	21 22 23 24 25 26 27	18 19 20 21 22 23 24	16 17 18 19 20 21 22	20 21 22 23 24 25 26
24/31 25 26 27 28 29 30	28	28 29 30 31	25 26 27 28 29 30	23/30 24/31 25 26 27 28 29	27 28 29 30

Everyone who calls on the name of the LORD will be saved.

JOEL 2:32

TIME	📖 Ecclesiastes 9-12	✓
07:00 AM		
07:30 AM		
08:00 AM		
08:30 AM		
09:00 AM		
09:30 AM		
10:00 AM		
10:30 AM		
11:00 AM		
11:30 AM		
12:00 PM		
12:30 PM		
01:00 PM		
01:30 PM		
02:00 PM		
02:30 PM		
03:00 PM		
03:30 PM		
04:00 PM		
04:30 PM		
05:00 PM		
05:30 PM		
06:00 PM		
06:30 PM		
07:00 PM		
07:30 PM		
08:00 PM		

S E P T

JULY	AUGUST	SEPTEMBER	OCTOBER	NOVEMBER	DECEMBER
S M T W T F S	S M T W T F S	S M T W T F S	S M T W T F S	S M T W T F S	S M T W T F S
1 2 3	1 2 3 4 5 6 7	1 2 3 4	1 2	1 2 3 4 5 6	1 2 3 4
4 5 6 7 8 9 10	8 9 10 11 12 13 14	5 6 7 8 9 10 11	3 4 5 6 7 8 9	7 8 9 10 11 12 13	5 6 7 8 9 10 11
11 12 13 14 15 16 17	15 16 17 18 19 20 21	12 13 14 15 16 17 18	10 11 12 13 14 15 16	14 15 16 17 18 19 20	12 13 14 15 16 17 18
18 19 20 21 22 23 24	22 23 24 25 26 27 28	19 20 21 22 23 24 25	17 18 19 20 21 22 23	21 22 23 24 25 26 27	19 20 21 22 23 24 25
25 26 27 28 29 30 31	29 30 31	26 27 28 29 30	24/31 25 26 27 28 29 30	28 29 30	26 27 28 29 30 31

In my distress I called upon the LORD, and cried out to my God;
He heard my voice, and my cry came before Him, even to His ears.

PSALM 18:6

TIME	📖 Song of Songs 1-2	✓
07:00 AM		
07:30 AM		
08:00 AM		
08:30 AM		
09:00 AM		
09:30 AM		
10:00 AM		
10:30 AM		
11:00 AM		
11:30 AM		
12:00 PM		
12:30 PM		
01:00 PM		
01:30 PM		
02:00 PM		
02:30 PM		
03:00 PM		
03:30 PM		
04:00 PM		
04:30 PM		
05:00 PM		
05:30 PM		
06:00 PM		
06:30 PM		
07:00 PM		
07:30 PM		
08:00 PM		

JANUARY	FEBRUARY	MARCH	APRIL	MAY	JUNE
S M T W T F S	S M T W T F S	S M T W T F S	S M T W T F S	S M T W T F S	S M T W T F S
1 2	1 2 3 4 5 6	1 2 3 4 5 6	1 2 3	1	1 2 3 4 5
3 4 5 6 7 8 9	7 8 9 10 11 12 13	7 8 9 10 11 12 13	4 5 6 7 8 9 10	2 3 4 5 6 7 8	6 7 8 9 10 11 12
10 11 12 13 14 15 16	14 15 16 17 18 19 20	14 15 16 17 18 19 20	11 12 13 14 15 16 17	9 10 11 12 13 14 15	13 14 15 16 17 18 19
17 18 19 20 21 22 23	21 22 23 24 25 26 27	21 22 23 24 25 26 27	18 19 20 21 22 23 24	16 17 18 19 20 21 22	20 21 22 23 24 25 26
24/31 25 26 27 28 29 30	28	28 29 30 31	25 26 27 28 29 30	23/30 24/31 25 26 27 28 29	27 28 29 30

Truly God has listened; He has attended to the voice of my prayer.

PSALM 66:19

TIME	📖 Song of Songs 3-4	✓
07:00 AM		
07:30 AM		
08:00 AM		
08:30 AM		
09:00 AM		
09:30 AM		
10:00 AM		
10:30 AM		
11:00 AM		
11:30 AM		
12:00 PM		
12:30 PM		
01:00 PM		
01:30 PM		
02:00 PM		
02:30 PM		
03:00 PM		
03:30 PM		
04:00 PM		
04:30 PM		
05:00 PM		
05:30 PM		
06:00 PM		
06:30 PM		
07:00 PM		
07:30 PM		
08:00 PM		

S E P T

JULY	AUGUST	SEPTEMBER	OCTOBER	NOVEMBER	DECEMBER
S M T W T F S	S M T W T F S	S M T W T F S	S M T W T F S	S M T W T F S	S M T W T F S
1 2 3	1 2 3 4 5 6 7	1 2 3 4	1 2	1 2 3 4 5 6	1 2 3 4
4 5 6 7 8 9 10	8 9 10 11 12 13 14	5 6 7 8 9 10 11	3 4 5 6 7 8 9	7 8 9 10 11 12 13	5 6 7 8 9 10 11
11 12 13 14 15 16 17	15 16 17 18 19 20 21	12 13 14 15 16 17 18	10 11 12 13 14 15 16	14 15 16 17 18 19 20	12 13 14 15 16 17 18
18 19 20 21 22 23 24	22 23 24 25 26 27 28	19 20 21 22 23 24 25	17 18 19 20 21 22 23	21 22 23 24 25 26 27	19 20 21 22 23 24 25
25 26 27 28 29 30 31	29 30 31	26 27 28 29 30	24/31 25 26 27 28 29 30	28 29 30	26 27 28 29 30 31

OCTOBER

The strength of a man consists in finding out the way in
which God is going, and going in that way too.

Henry Ward Beecher

MONTH PLANNER FOR OCTOBER

1	Friday	
2	Saturday	
3	Sunday	
4	Monday	
5	Tuesday	
6	Wednesday	
7	Thursday	
8	Friday	
9	Saturday	
10	Sunday	
11	Monday	
12	Tuesday	
13	Wednesday	
14	Thursday	
15	Friday	
16	Saturday	
17	Sunday	
18	Monday	
19	Tuesday	
20	Wednesday	
21	Thursday	
22	Friday	
23	Saturday	
24	Sunday	
25	Monday	
26	Tuesday	
27	Wednesday	
28	Thursday	
29	Friday	
30	Saturday	
31	Sunday	

NOTES

BUDGET FOR OCTOBER

DATE	ITEM	PAYMENT METHOD	AMOUNT

FRIDAY
1
OCTOBER

Be strong in the Lord and in His mighty power.

EPHESIANS 6:10

TIME	📖 Song of Songs 5-8	✓
07:00 AM		
07:30 AM		
08:00 AM		
08:30 AM		
09:00 AM		
09:30 AM		
10:00 AM		
10:30 AM		
11:00 AM		
11:30 AM		
12:00 PM		
12:30 PM		
01:00 PM		
01:30 PM		
02:00 PM		
02:30 PM		
03:00 PM		
03:30 PM		
04:00 PM		
04:30 PM		
05:00 PM		
05:30 PM		
06:00 PM		
06:30 PM		
07:00 PM		
07:30 PM		
08:00 PM		

JANUARY
S M T W T F S
          1 2
3 4 5 6 7 8 9
10 11 12 13 14 15 16
17 18 19 20 21 22 23
24/31 25 26 27 28 29 30

FEBRUARY
S M T W T F S
    1 2 3 4 5 6
7 8 9 10 11 12 13
14 15 16 17 18 19 20
21 22 23 24 25 26 27
28

MARCH
S M T W T F S
    1 2 3 4 5 6
7 8 9 10 11 12 13
14 15 16 17 18 19 20
21 22 23 24 25 26 27
28 29 30 31

APRIL
S M T W T F S
            1 2 3
4 5 6 7 8 9 10
11 12 13 14 15 16 17
18 19 20 21 22 23 24
25 26 27 28 29 30

MAY
S M T W T F S
                  1
2 3 4 5 6 7 8
9 10 11 12 13 14 15
16 17 18 19 20 21 22
23/30 24/31 25 26 27 28 29

JUNE
S M T W T F S
      1 2 3 4 5
6 7 8 9 10 11 12
13 14 15 16 17 18 19
20 21 22 23 24 25 26
27 28 29 30

SATURDAY
2
OCTOBER

God is our refuge and strength, an ever-present help in trouble.

PSALM 46:1

TIME	📖 James 1-5	✓

SUNDAY
3
OCTOBER

The Lord gives strength to His people;
the Lord blesses His people with peace.

PSALM 29:11

TIME	📖 Isaiah 1-3	✓

O
C
T

JULY	AUGUST	SEPTEMBER	OCTOBER	NOVEMBER	DECEMBER
S M T W T F S	S M T W T F S	S M T W T F S	S M T W T F S	S M T W T F S	S M T W T F S
1 2 3	1 2 3 4 5 6 7	1 2 3 4	1 2	1 2 3 4 5 6	1 2 3 4
4 5 6 7 8 9 10	8 9 10 11 12 13 14	5 6 7 8 9 10 11	3 4 5 6 7 8 9	7 8 9 10 11 12 13	5 6 7 8 9 10 11
11 12 13 14 15 16 17	15 16 17 18 19 20 21	12 13 14 15 16 17 18	10 11 12 13 14 15 16	14 15 16 17 18 19 20	12 13 14 15 16 17 18
18 19 20 21 22 23 24	22 23 24 25 26 27 28	19 20 21 22 23 24 25	17 18 19 20 21 22 23	21 22 23 24 25 26 27	19 20 21 22 23 24 25
25 26 27 28 29 30 31	29 30 31	26 27 28 29 30	24 31 25 26 27 28 29 30	28 29 30	26 27 28 29 30 31

In Your strength I can crush an army; with my God I can scale any wall.

PSALM 18:29

TIME	📖 Isaiah 4-7	✓
07:00 AM		
07:30 AM		
08:00 AM		
08:30 AM		
09:00 AM		
09:30 AM		
10:00 AM		
10:30 AM		
11:00 AM		
11:30 AM		
12:00 PM		
12:30 PM		
01:00 PM		
01:30 PM		
02:00 PM		
02:30 PM		
03:00 PM		
03:30 PM		
04:00 PM		
04:30 PM		
05:00 PM		
05:30 PM		
06:00 PM		
06:30 PM		
07:00 PM		
07:30 PM		
08:00 PM		

	JANUARY		FEBRUARY		MARCH		APRIL		MAY		JUNE

JANUARY
S M T W T F S
          1 2
3 4 5 6 7 8 9
10 11 12 13 14 15 16
17 18 19 20 21 22 23
24/31 25 26 27 28 29 30

FEBRUARY
S M T W T F S
  1 2 3 4 5 6
7 8 9 10 11 12 13
14 15 16 17 18 19 20
21 22 23 24 25 26 27
28

MARCH
S M T W T F S
  1 2 3 4 5 6
7 8 9 10 11 12 13
14 15 16 17 18 19 20
21 22 23 24 25 26 27
28 29 30 31

APRIL
S M T W T F S
          1 2 3
4 5 6 7 8 9 10
11 12 13 14 15 16 17
18 19 20 21 22 23 24
25 26 27 28 29 30

MAY
S M T W T F S
                1
2 3 4 5 6 7 8
9 10 11 12 13 14 15
16 17 18 19 20 21 22
23/30 24/31 25 26 27 28 29

JUNE
S M T W T F S
      1 2 3 4 5
6 7 8 9 10 11 12
13 14 15 16 17 18 19
20 21 22 23 24 25 26
27 28 29 30

"In repentance and rest is your salvation,
in quietness and trust is your strength."

ISAIAH 30:15

TIME		📖 Isaiah 8-10	✓
07:00 AM			
07:30 AM			
08:00 AM			
08:30 AM			
09:00 AM			
09:30 AM			
10:00 AM			
10:30 AM			
11:00 AM			
11:30 AM			
12:00 PM			
12:30 PM			
01:00 PM			
01:30 PM			
02:00 PM			
02:30 PM			
03:00 PM			
03:30 PM			
04:00 PM			
04:30 PM			
05:00 PM			
05:30 PM			
06:00 PM			
06:30 PM			
07:00 PM			
07:30 PM			
08:00 PM			

OCT

JULY	AUGUST	SEPTEMBER	OCTOBER	NOVEMBER	DECEMBER
S M T W T F S	S M T W T F S	S M T W T F S	S M T W T F S	S M T W T F S	S M T W T F S
1 2 3	1 2 3 4 5 6 7	1 2 3 4	1 2	1 2 3 4 5 6	1 2 3 4
4 5 6 7 8 9 10	8 9 10 11 12 13 14	5 6 7 8 9 10 11	3 4 5 6 7 8 9	7 8 9 10 11 12 13	5 6 7 8 9 10 11
11 12 13 14 15 16 17	15 16 17 18 19 20 21	12 13 14 15 16 17 18	10 11 12 13 14 15 16	14 15 16 17 18 19 20	12 13 14 15 16 17 18
18 19 20 21 22 23 24	22 23 24 25 26 27 28	19 20 21 22 23 24 25	17 18 19 20 21 22 23	21 22 23 24 25 26 27	19 20 21 22 23 24 25
25 26 27 28 29 30 31	29 30 31	26 27 28 29 30	24/31 25 26 27 28 29 30	28 29 30	26 27 28 29 30 31

WEDNESDAY
6
OCTOBER

Turn to God. Then times of refreshment
will come from the presence of the Lord.

ACTS 3:19-20

TIME	📖 Isaiah 11-13	✓
07:00 AM		
07:30 AM		
08:00 AM		
08:30 AM		
09:00 AM		
09:30 AM		
10:00 AM		
10:30 AM		
11:00 AM		
11:30 AM		
12:00 PM		
12:30 PM		
01:00 PM		
01:30 PM		
02:00 PM		
02:30 PM		
03:00 PM		
03:30 PM		
04:00 PM		
04:30 PM		
05:00 PM		
05:30 PM		
06:00 PM		
06:30 PM		
07:00 PM		
07:30 PM		
08:00 PM		

JANUARY	FEBRUARY	MARCH	APRIL	MAY	JUNE
S M T W T F S	S M T W T F S	S M T W T F S	S M T W T F S	S M T W T F S	S M T W T F S
1 2	1 2 3 4 5 6	1 2 3 4 5 6	1 2 3	1	1 2 3 4 5
3 4 5 6 7 8 9	7 8 9 10 11 12 13	7 8 9 10 11 12 13	4 5 6 7 8 9 10	2 3 4 5 6 7 8	6 7 8 9 10 11 12
10 11 12 13 14 15 16	14 15 16 17 18 19 20	14 15 16 17 18 19 20	11 12 13 14 15 16 17	9 10 11 12 13 14 15	13 14 15 16 17 18 19
17 18 19 20 21 22 23	21 22 23 24 25 26 27	21 22 23 24 25 26 27	18 19 20 21 22 23 24	16 17 18 19 20 21 22	20 21 22 23 24 25 26
24/31 25 26 27 28 29 30	28	28 29 30 31	25 26 27 28 29 30	23/30 24/31 25 26 27 28 29	27 28 29 30

The Sovereign LORD is my strength; He makes my feet like
the feet of a deer, He enables me to go on the heights.

HABAKKUK 3:19

TIME	📖 Isaiah 14-17	✓
07:00 AM		
07:30 AM		
08:00 AM		
08:30 AM		
09:00 AM		
09:30 AM		
10:00 AM		
10:30 AM		
11:00 AM		
11:30 AM		
12:00 PM		
12:30 PM		
01:00 PM		
01:30 PM		
02:00 PM		
02:30 PM		
03:00 PM		
03:30 PM		
04:00 PM		
04:30 PM		
05:00 PM		
05:30 PM		
06:00 PM		
06:30 PM		
07:00 PM		
07:30 PM		
08:00 PM		

O C T

JULY	AUGUST	SEPTEMBER	OCTOBER	NOVEMBER	DECEMBER
S M T W T F S	S M T W T F S	S M T W T F S	S M T W T F S	S M T W T F S	S M T W T F S
1 2 3	1 2 3 4 5 6 7	1 2 3 4	1 2	1 2 3 4 5 6	1 2 3 4
4 5 6 7 8 9 10	8 9 10 11 12 13 14	5 6 7 8 9 10 11	3 4 5 6 7 8 9	7 8 9 10 11 12 13	5 6 7 8 9 10 11
11 12 13 14 15 16 17	15 16 17 18 19 20 21	12 13 14 15 16 17 18	10 11 12 13 14 15 16	14 15 16 17 18 19 20	12 13 14 15 16 17 18
18 19 20 21 22 23 24	22 23 24 25 26 27 28	19 20 21 22 23 24 25	17 18 19 20 21 22 23	21 22 23 24 25 26 27	19 20 21 22 23 24 25
25 26 27 28 29 30 31	29 30 31	26 27 28 29 30	24/31 25 26 27 28 29 30	28 29 30	26 27 28 29 30 31

FRIDAY
8
OCTOBER

God arms me with strength, and He makes my way perfect.

PSALM 18:32

TIME	📖 Isaiah 18-21	✓
07:00 AM		
07:30 AM		
08:00 AM		
08:30 AM		
09:00 AM		
09:30 AM		
10:00 AM		
10:30 AM		
11:00 AM		
11:30 AM		
12:00 PM		
12:30 PM		
01:00 PM		
01:30 PM		
02:00 PM		
02:30 PM		
03:00 PM		
03:30 PM		
04:00 PM		
04:30 PM		
05:00 PM		
05:30 PM		
06:00 PM		
06:30 PM		
07:00 PM		
07:30 PM		
08:00 PM		

JANUARY	FEBRUARY	MARCH	APRIL	MAY	JUNE
S M T W T F S	S M T W T F S	S M T W T F S	S M T W T F S	S M T W T F S	S M T W T F S
1 2	1 2 3 4 5 6	1 2 3 4 5 6	1 2 3	1	1 2 3 4 5
3 4 5 6 7 8 9	7 8 9 10 11 12 13	7 8 9 10 11 12 13	4 5 6 7 8 9 10	2 3 4 5 6 7 8	6 7 8 9 10 11 12
10 11 12 13 14 15 16	14 15 16 17 18 19 20	14 15 16 17 18 19 20	11 12 13 14 15 16 17	9 10 11 12 13 14 15	13 14 15 16 17 18 19
17 18 19 20 21 22 23	21 22 23 24 25 26 27	21 22 23 24 25 26 27	18 19 20 21 22 23 24	16 17 18 19 20 21 22	20 21 22 23 24 25 26
24/31 25 26 27 28 29 30	28	28 29 30 31	25 26 27 28 29 30	23/30 24/31 25 26 27 28 29	27 28 29 30

God is my strength and power, and He makes my way perfect.
He makes my feet like the feet of deer, and sets me on my high places.

2 SAMUEL 22:33-34

SATURDAY
9
OCTOBER

TIME	📖 Isaiah 22-25	✓

The LORD is good, a strong refuge when trouble comes.
He is close to those who trust in Him.

NAHUM 1:7

SUNDAY
10
OCTOBER

TIME	📖 Isaiah 26-28	✓

O
C
T

JULY	AUGUST	SEPTEMBER	OCTOBER	NOVEMBER	DECEMBER
S M T W T F S	S M T W T F S	S M T W T F S	S M T W T F S	S M T W T F S	S M T W T F S
1 2 3	1 2 3 4 5 6 7	1 2 3 4	1 2	1 2 3 4 5 6	1 2 3 4
4 5 6 7 8 9 10	8 9 10 11 12 13 14	5 6 7 8 9 10 11	3 4 5 6 7 8 9	7 8 9 10 11 12 13	5 6 7 8 9 10 11
11 12 13 14 15 16 17	15 16 17 18 19 20 21	12 13 14 15 16 17 18	10 11 12 13 14 15 16	14 15 16 17 18 19 20	12 13 14 15 16 17 18
18 19 20 21 22 23 24	22 23 24 25 26 27 28	19 20 21 22 23 24 25	17 18 19 20 21 22 23	21 22 23 24 25 26 27	19 20 21 22 23 24 25
25 26 27 28 29 30 31	29 30 31	26 27 28 29 30	24/31 25 26 27 28 29 30	28 29 30	26 27 28 29 30 31

MONDAY
11
OCTOBER

The Lord is my rock and my fortress and my deliverer;
my God, my strength, in whom I will trust.

PSALM 18:2

TIME	📖 Isaiah 29-30	✓
07:00 AM		
07:30 AM		
08:00 AM		
08:30 AM		
09:00 AM		
09:30 AM		
10:00 AM		
10:30 AM		
11:00 AM		
11:30 AM		
12:00 PM		
12:30 PM		
01:00 PM		
01:30 PM		
02:00 PM		
02:30 PM		
03:00 PM		
03:30 PM		
04:00 PM		
04:30 PM		
05:00 PM		
05:30 PM		
06:00 PM		
06:30 PM		
07:00 PM		
07:30 PM		
08:00 PM		

JANUARY
S M T W T F S
1 2
3 4 5 6 7 8 9
10 11 12 13 14 15 16
17 18 19 20 21 22 23
24/31 25 26 27 28 29 30

FEBRUARY
S M T W T F S
1 2 3 4 5 6
7 8 9 10 11 12 13
14 15 16 17 18 19 20
21 22 23 24 25 26 27
28

MARCH
S M T W T F S
1 2 3 4 5 6
7 8 9 10 11 12 13
14 15 16 17 18 19 20
21 22 23 24 25 26 27
28 29 30 31

APRIL
S M T W T F S
1 2 3
4 5 6 7 8 9 10
11 12 13 14 15 16 17
18 19 20 21 22 23 24
25 26 27 28 29 30

MAY
S M T W T F S
1
2 3 4 5 6 7 8
9 10 11 12 13 14 15
16 17 18 19 20 21 22
23/30 24/31 25 26 27 28 29

JUNE
S M T W T F S
1 2 3 4 5
6 7 8 9 10 11 12
13 14 15 16 17 18 19
20 21 22 23 24 25 26
27 28 29 30

The Lord, the LORD Himself, is my strength and my defense;
He has become my salvation.

ISAIAH 12:2

TUESDAY
12
OCTOBER

TIME	📖 Isaiah 31-33	✓
07:00 AM		
07:30 AM		
08:00 AM		
08:30 AM		
09:00 AM		
09:30 AM		
10:00 AM		
10:30 AM		
11:00 AM		
11:30 AM		
12:00 PM		
12:30 PM		
01:00 PM		
01:30 PM		
02:00 PM		
02:30 PM		
03:00 PM		
03:30 PM		
04:00 PM		
04:30 PM		
05:00 PM		
05:30 PM		
06:00 PM		
06:30 PM		
07:00 PM		
07:30 PM		
08:00 PM		

OCT

JULY	AUGUST	SEPTEMBER	OCTOBER	NOVEMBER	DECEMBER
S M T W T F S	S M T W T F S	S M T W T F S	S M T W T F S	S M T W T F S	S M T W T F S
1 2 3	1 2 3 4 5 6 7	1 2 3 4	1 2	1 2 3 4 5 6	1 2 3 4
4 5 6 7 8 9 10	8 9 10 11 12 13 14	5 6 7 8 9 10 11	3 4 5 6 7 8 9	7 8 9 10 11 12 13	5 6 7 8 9 10 11
11 12 13 14 15 16 17	15 16 17 18 19 20 21	12 13 14 15 16 17 18	10 11 12 13 14 15 16	14 15 16 17 18 19 20	12 13 14 15 16 17 18
18 19 20 21 22 23 24	22 23 24 25 26 27 28	19 20 21 22 23 24 25	17 18 19 20 21 22 23	21 22 23 24 25 26 27	19 20 21 22 23 24 25
25 26 27 28 29 30 31	29 30 31	26 27 28 29 30	24/31 25 26 27 28 29 30	28 29 30	26 27 28 29 30 31

WEDNESDAY
13
OCTOBER

The LORD is my strength and my song; He has given me victory.

PSALM 118:14

TIME	📖 Isaiah 34-36	✓
07:00 AM		
07:30 AM		
08:00 AM		
08:30 AM		
09:00 AM		
09:30 AM		
10:00 AM		
10:30 AM		
11:00 AM		
11:30 AM		
12:00 PM		
12:30 PM		
01:00 PM		
01:30 PM		
02:00 PM		
02:30 PM		
03:00 PM		
03:30 PM		
04:00 PM		
04:30 PM		
05:00 PM		
05:30 PM		
06:00 PM		
06:30 PM		
07:00 PM		
07:30 PM		
08:00 PM		

JANUARY	FEBRUARY	MARCH	APRIL	MAY	JUNE
S M T W T F S	S M T W T F S	S M T W T F S	S M T W T F S	S M T W T F S	S M T W T F S
1 2	1 2 3 4 5 6	1 2 3 4 5 6	1 2 3	1	1 2 3 4 5
3 4 5 6 7 8 9	7 8 9 10 11 12 13	7 8 9 10 11 12 13	4 5 6 7 8 9 10	2 3 4 5 6 7 8	6 7 8 9 10 11 12
10 11 12 13 14 15 16	14 15 16 17 18 19 20	14 15 16 17 18 19 20	11 12 13 14 15 16 17	9 10 11 12 13 14 15	13 14 15 16 17 18 19
17 18 19 20 21 22 23	21 22 23 24 25 26 27	21 22 23 24 25 26 27	18 19 20 21 22 23 24	16 17 18 19 20 21 22	20 21 22 23 24 25 26
24/31 25 26 27 28 29 30	28	28 29 30 31	25 26 27 28 29 30	23/30 24/31 25 26 27 28 29	27 28 29 30

In Your hand are power and might, and in Your hand
it is to make great and to give strength to all.

1 CHRONICLES 29:12

TIME		📖 Isaiah 37-39	✓
07:00 AM			
07:30 AM			
08:00 AM			
08:30 AM			
09:00 AM			
09:30 AM			
10:00 AM			
10:30 AM			
11:00 AM			
11:30 AM			
12:00 PM			
12:30 PM			
01:00 PM			
01:30 PM			
02:00 PM			
02:30 PM			
03:00 PM			
03:30 PM			
04:00 PM			
04:30 PM			
05:00 PM			
05:30 PM			
06:00 PM			
06:30 PM			
07:00 PM			
07:30 PM			
08:00 PM			

OCT

JULY	AUGUST	SEPTEMBER	OCTOBER	NOVEMBER	DECEMBER
S M T W T F S	S M T W T F S	S M T W T F S	S M T W T F S	S M T W T F S	S M T W T F S
1 2 3	1 2 3 4 5 6 7	1 2 3 4	1 2	1 2 3 4 5 6	1 2 3 4
4 5 6 7 8 9 10	8 9 10 11 12 13 14	5 6 7 8 9 10 11	3 4 5 6 7 8 9	7 8 9 10 11 12 13	5 6 7 8 9 10 11
11 12 13 14 15 16 17	15 16 17 18 19 20 21	12 13 14 15 16 17 18	10 11 12 13 14 15 16	14 15 16 17 18 19 20	12 13 14 15 16 17 18
18 19 20 21 22 23 24	22 23 24 25 26 27 28	19 20 21 22 23 24 25	17 18 19 20 21 22 23	21 22 23 24 25 26 27	19 20 21 22 23 24 25
25 26 27 28 29 30 31	29 30 31	26 27 28 29 30	24 25 26 27 28 29 30	28 29 30	26 27 28 29 30 31
			31		

He gives strength to the weary and increases the power of the weak.

ISAIAH 40:29

TIME	📖 Isaiah 40-42	✓
07:00 AM		
07:30 AM		
08:00 AM		
08:30 AM		
09:00 AM		
09:30 AM		
10:00 AM		
10:30 AM		
11:00 AM		
11:30 AM		
12:00 PM		
12:30 PM		
01:00 PM		
01:30 PM		
02:00 PM		
02:30 PM		
03:00 PM		
03:30 PM		
04:00 PM		
04:30 PM		
05:00 PM		
05:30 PM		
06:00 PM		
06:30 PM		
07:00 PM		
07:30 PM		
08:00 PM		

JANUARY	FEBRUARY	MARCH	APRIL	MAY	JUNE
S M T W T F S	S M T W T F S	S M T W T F S	S M T W T F S	S M T W T F S	S M T W T F S
1 2	1 2 3 4 5 6	1 2 3 4 5 6	1 2 3	1	1 2 3 4 5
3 4 5 6 7 8 9	7 8 9 10 11 12 13	7 8 9 10 11 12 13	4 5 6 7 8 9 10	2 3 4 5 6 7 8	6 7 8 9 10 11 12
10 11 12 13 14 15 16	14 15 16 17 18 19 20	14 15 16 17 18 19 20	11 12 13 14 15 16 17	9 10 11 12 13 14 15	13 14 15 16 17 18 19
17 18 19 20 21 22 23	21 22 23 24 25 26 27	21 22 23 24 25 26 27	18 19 20 21 22 23 24	16 17 18 19 20 21 22	20 21 22 23 24 25 26
24/31 25 26 27 28 29 30	28	28 29 30 31	25 26 27 28 29 30	23/30 24/31 25 26 27 28 29	27 28 29 30

I thank and praise You, God of my ancestors,
for You have given me wisdom and strength.

DANIEL 2:23

SATURDAY
16
OCTOBER

TIME	📖 Isaiah 43-45	✓

Be strong, and let your heart take courage, all you who wait for the LORD!

PSALM 31:24

SUNDAY
17
OCTOBER

TIME	📖 Isaiah 46-48	✓

O
C
T

	JULY							AUGUST							SEPTEMBER							OCTOBER							NOVEMBER							DECEMBER					

JULY
S M T W T F S
            1 2 3
4 5 6 7 8 9 10
11 12 13 14 15 16 17
18 19 20 21 22 23 24
25 26 27 28 29 30 31

AUGUST
S M T W T F S
1 2 3 4 5 6 7
8 9 10 11 12 13 14
15 16 17 18 19 20 21
22 23 24 25 26 27 28
29 30 31

SEPTEMBER
S M T W T F S
      1 2 3 4
5 6 7 8 9 10 11
12 13 14 15 16 17 18
19 20 21 22 23 24 25
26 27 28 29 30

OCTOBER
S M T W T F S
              1 2
3 4 5 6 7 8 9
10 11 12 13 14 15 16
17 18 19 20 21 22 23
24/31 25 26 27 28 29 30

NOVEMBER
S M T W T F S
  1 2 3 4 5 6
7 8 9 10 11 12 13
14 15 16 17 18 19 20
21 22 23 24 25 26 27
28 29 30

DECEMBER
S M T W T F S
          1 2 3 4
5 6 7 8 9 10 11
12 13 14 15 16 17 18
19 20 21 22 23 24 25
26 27 28 29 30 31

Honor and majesty are before Him;
strength and gladness are in His place.

1 CHRONICLES 16:27

TIME	📖 Isaiah 49-51	✓
07:00 AM		
07:30 AM		
08:00 AM		
08:30 AM		
09:00 AM		
09:30 AM		
10:00 AM		
10:30 AM		
11:00 AM		
11:30 AM		
12:00 PM		
12:30 PM		
01:00 PM		
01:30 PM		
02:00 PM		
02:30 PM		
03:00 PM		
03:30 PM		
04:00 PM		
04:30 PM		
05:00 PM		
05:30 PM		
06:00 PM		
06:30 PM		
07:00 PM		
07:30 PM		
08:00 PM		

JANUARY
S M T W T F S
                1 2
3 4 5 6 7 8 9
10 11 12 13 14 15 16
17 18 19 20 21 22 23
24/31 25 26 27 28 29 30

FEBRUARY
S M T W T F S
    1 2 3 4 5 6
7 8 9 10 11 12 13
14 15 16 17 18 19 20
21 22 23 24 25 26 27
28

MARCH
S M T W T F S
    1 2 3 4 5 6
7 8 9 10 11 12 13
14 15 16 17 18 19 20
21 22 23 24 25 26 27
28 29 30 31

APRIL
S M T W T F S
            1 2 3
4 5 6 7 8 9 10
11 12 13 14 15 16 17
18 19 20 21 22 23 24
25 26 27 28 29 30

MAY
S M T W T F S
                1
2 3 4 5 6 7 8
9 10 11 12 13 14 15
16 17 18 19 20 21 22
23/30 24/31 25 26 27 28 29

JUNE
S M T W T F S
        1 2 3 4 5
6 7 8 9 10 11 12
13 14 15 16 17 18 19
20 21 22 23 24 25 26
27 28 29 30

Praise be to the LORD my Rock. He is my loving God
and my fortress, my stronghold and my deliverer.

PSALM 144:1-2

TUESDAY
19
OCTOBER

TIME	📖 Isaiah 52-54	✓
07:00 AM		
07:30 AM		
08:00 AM		
08:30 AM		
09:00 AM		
09:30 AM		
10:00 AM		
10:30 AM		
11:00 AM		
11:30 AM		
12:00 PM		
12:30 PM		
01:00 PM		
01:30 PM		
02:00 PM		
02:30 PM		
03:00 PM		
03:30 PM		
04:00 PM		
04:30 PM		
05:00 PM		
05:30 PM		
06:00 PM		
06:30 PM		
07:00 PM		
07:30 PM		
08:00 PM		

O
C
T

JULY	AUGUST	SEPTEMBER	OCTOBER	NOVEMBER	DECEMBER
S M T W T F S	S M T W T F S	S M T W T F S	S M T W T F S	S M T W T F S	S M T W T F S
1 2 3	1 2 3 4 5 6 7	1 2 3 4	1 2	1 2 3 4 5 6	1 2 3 4
4 5 6 7 8 9 10	8 9 10 11 12 13 14	5 6 7 8 9 10 11	3 4 5 6 7 8 9	7 8 9 10 11 12 13	5 6 7 8 9 10 11
11 12 13 14 15 16 17	15 16 17 18 19 20 21	12 13 14 15 16 17 18	10 11 12 13 14 15 16	14 15 16 17 18 19 20	12 13 14 15 16 17 18
18 19 20 21 22 23 24	22 23 24 25 26 27 28	19 20 21 22 23 24 25	17 18 19 20 21 22 23	21 22 23 24 25 26 27	19 20 21 22 23 24 25
25 26 27 28 29 30 31	29 30 31	26 27 28 29 30	24/31 25 26 27 28 29 30	28 29 30	26 27 28 29 30 31

WEDNESDAY
20
OCTOBER

My health may fail, and my spirit may grow weak,
but God remains the strength of my heart; He is mine forever.

PSALM 73:26

TIME	📖 Isaiah 55-57	✓
07:00 AM		
07:30 AM		
08:00 AM		
08:30 AM		
09:00 AM		
09:30 AM		
10:00 AM		
10:30 AM		
11:00 AM		
11:30 AM		
12:00 PM		
12:30 PM		
01:00 PM		
01:30 PM		
02:00 PM		
02:30 PM		
03:00 PM		
03:30 PM		
04:00 PM		
04:30 PM		
05:00 PM		
05:30 PM		
06:00 PM		
06:30 PM		
07:00 PM		
07:30 PM		
08:00 PM		

JANUARY	FEBRUARY	MARCH	APRIL	MAY	JUNE
S M T W T F S	S M T W T F S	S M T W T F S	S M T W T F S	S M T W T F S	S M T W T F S
1 2	1 2 3 4 5 6	1 2 3 4 5 6	1 2 3	1	1 2 3 4 5
3 4 5 6 7 8 9	7 8 9 10 11 12 13	7 8 9 10 11 12 13	4 5 6 7 8 9 10	2 3 4 5 6 7 8	6 7 8 9 10 11 12
10 11 12 13 14 15 16	14 15 16 17 18 19 20	14 15 16 17 18 19 20	11 12 13 14 15 16 17	9 10 11 12 13 14 15	13 14 15 16 17 18 19
17 18 19 20 21 22 23	21 22 23 24 25 26 27	21 22 23 24 25 26 27	18 19 20 21 22 23 24	16 17 18 19 20 21 22	20 21 22 23 24 25 26
24/31 25 26 27 28 29 30	28	28 29 30 31	25 26 27 28 29 30	23/30 24/31 25 26 27 28 29	27 28 29 30

Ah, Lord GOD! It is You who have made the heavens and the earth by Your great power and by Your outstretched arm! Nothing is too hard for You.

JEREMIAH 32:17

THURSDAY
21
OCTOBER

TIME	📖 Isaiah 58-60	✓
07:00 AM		
07:30 AM		
08:00 AM		
08:30 AM		
09:00 AM		
09:30 AM		
10:00 AM		
10:30 AM		
11:00 AM		
11:30 AM		
12:00 PM		
12:30 PM		
01:00 PM		
01:30 PM		
02:00 PM		
02:30 PM		
03:00 PM		
03:30 PM		
04:00 PM		
04:30 PM		
05:00 PM		
05:30 PM		
06:00 PM		
06:30 PM		
07:00 PM		
07:30 PM		
08:00 PM		

O
C
T

JULY	AUGUST	SEPTEMBER	OCTOBER	NOVEMBER	DECEMBER
S M T W T F S	S M T W T F S	S M T W T F S	S M T W T F S	S M T W T F S	S M T W T F S
1 2 3	1 2 3 4 5 6 7	1 2 3 4	1 2	1 2 3 4 5 6	1 2 3 4
4 5 6 7 8 9 10	8 9 10 11 12 13 14	5 6 7 8 9 10 11	3 4 5 6 7 8 9	7 8 9 10 11 12 13	5 6 7 8 9 10 11
11 12 13 14 15 16 17	15 16 17 18 19 20 21	12 13 14 15 16 17 18	10 11 12 13 14 15 16	14 15 16 17 18 19 20	12 13 14 15 16 17 18
18 19 20 21 22 23 24	22 23 24 25 26 27 28	19 20 21 22 23 24 25	17 18 19 20 21 22 23	21 22 23 24 25 26 27	19 20 21 22 23 24 25
25 26 27 28 29 30 31	29 30 31	26 27 28 29 30	24/31 25 26 27 28 29 30	28 29 30	26 27 28 29 30 31

FRIDAY
22
OCTOBER

"I tell you, love your enemies and pray for those who persecute you."

MATTHEW 5:44

TIME	📖 Isaiah 61-63	✓
07:00 AM		
07:30 AM		
08:00 AM		
08:30 AM		
09:00 AM		
09:30 AM		
10:00 AM		
10:30 AM		
11:00 AM		
11:30 AM		
12:00 PM		
12:30 PM		
01:00 PM		
01:30 PM		
02:00 PM		
02:30 PM		
03:00 PM		
03:30 PM		
04:00 PM		
04:30 PM		
05:00 PM		
05:30 PM		
06:00 PM		
06:30 PM		
07:00 PM		
07:30 PM		
08:00 PM		

JANUARY
S M T W T F S
            1 2
3 4 5 6 7 8 9
10 11 12 13 14 15 16
17 18 19 20 21 22 23
24/31 25 26 27 28 29 30

FEBRUARY
S M T W T F S
    1 2 3 4 5 6
7 8 9 10 11 12 13
14 15 16 17 18 19 20
21 22 23 24 25 26 27
28

MARCH
S M T W T F S
    1 2 3 4 5 6
7 8 9 10 11 12 13
14 15 16 17 18 19 20
21 22 23 24 25 26 27
28 29 30 31

APRIL
S M T W T F S
            1 2 3
4 5 6 7 8 9 10
11 12 13 14 15 16 17
18 19 20 21 22 23 24
25 26 27 28 29 30

MAY
S M T W T F S
                1
2 3 4 5 6 7 8
9 10 11 12 13 14 15
16 17 18 19 20 21 22
23/30 24/31 25 26 27 28 29

JUNE
S M T W T F S
        1 2 3 4 5
6 7 8 9 10 11 12
13 14 15 16 17 18 19
20 21 22 23 24 25 26
27 28 29 30

If anyone serves, they should do so with the strength God provides, so that in all things God may be praised through Jesus Christ.

1 PETER 4:11

SATURDAY
23
OCTOBER

TIME	📖 Isaiah 64-66	✓

Now to Him who is able to do immeasurably more than all we ask or imagine … to Him be glory for ever and ever!

EPHESIANS 3:20-21

SUNDAY
24
OCTOBER

TIME	📖 1 Peter 1-5	✓

OCT

JULY
S M T W T F S
1 2 3
4 5 6 7 8 9 10
11 12 13 14 15 16 17
18 19 20 21 22 23 24
25 26 27 28 29 30 31

AUGUST
S M T W T F S
1 2 3 4 5 6 7
8 9 10 11 12 13 14
15 16 17 18 19 20 21
22 23 24 25 26 27 28
29 30 31

SEPTEMBER
S M T W T F S
1 2 3 4
5 6 7 8 9 10 11
12 13 14 15 16 17 18
19 20 21 22 23 24 25
26 27 28 29 30

OCTOBER
S M T W T F S
1 2
3 4 5 6 7 8 9
10 11 12 13 14 15 16
17 18 19 20 21 22 23
24/31 25 26 27 28 29 30

NOVEMBER
S M T W T F S
1 2 3 4 5 6
7 8 9 10 11 12 13
14 15 16 17 18 19 20
21 22 23 24 25 26 27
28 29 30

DECEMBER
S M T W T F S
1 2 3 4
5 6 7 8 9 10 11
12 13 14 15 16 17 18
19 20 21 22 23 24 25
26 27 28 29 30 31

MONDAY
25
OCTOBER

Yours, O Lord, is the greatness, the power
and the glory, the victory and the majesty.
1 CHRONICLES 29:11

TIME	📖 Jeremiah 1-3	✓
07:00 AM		
07:30 AM		
08:00 AM		
08:30 AM		
09:00 AM		
09:30 AM		
10:00 AM		
10:30 AM		
11:00 AM		
11:30 AM		
12:00 PM		
12:30 PM		
01:00 PM		
01:30 PM		
02:00 PM		
02:30 PM		
03:00 PM		
03:30 PM		
04:00 PM		
04:30 PM		
05:00 PM		
05:30 PM		
06:00 PM		
06:30 PM		
07:00 PM		
07:30 PM		
08:00 PM		

JANUARY
S M T W T F S
1 2
3 4 5 6 7 8 9
10 11 12 13 14 15 16
17 18 19 20 21 22 23
24/31 25 26 27 28 29 30

FEBRUARY
S M T W T F S
1 2 3 4 5 6
7 8 9 10 11 12 13
14 15 16 17 18 19 20
21 22 23 24 25 26 27
28

MARCH
S M T W T F S
1 2 3 4 5 6
7 8 9 10 11 12 13
14 15 16 17 18 19 20
21 22 23 24 25 26 27
28 29 30 31

APRIL
S M T W T F S
1 2 3
4 5 6 7 8 9 10
11 12 13 14 15 16 17
18 19 20 21 22 23 24
25 26 27 28 29 30

MAY
S M T W T F S
1
2 3 4 5 6 7 8
9 10 11 12 13 14 15
16 17 18 19 20 21 22
23/30 24/31 25 26 27 28 29

JUNE
S M T W T F S
1 2 3 4 5
6 7 8 9 10 11 12
13 14 15 16 17 18 19
20 21 22 23 24 25 26
27 28 29 30

The Lord is faithful, and He will strengthen
you and protect you from the evil one.

2 THESSALONIANS 3:3

TIME	📖 Jeremiah 4-6	✓
07:00 AM		
07:30 AM		
08:00 AM		
08:30 AM		
09:00 AM		
09:30 AM		
10:00 AM		
10:30 AM		
11:00 AM		
11:30 AM		
12:00 PM		
12:30 PM		
01:00 PM		
01:30 PM		
02:00 PM		
02:30 PM		
03:00 PM		
03:30 PM		
04:00 PM		
04:30 PM		
05:00 PM		
05:30 PM		
06:00 PM		
06:30 PM		
07:00 PM		
07:30 PM		
08:00 PM		

O C T

JULY	AUGUST	SEPTEMBER	OCTOBER	NOVEMBER	DECEMBER
S M T W T F S	S M T W T F S	S M T W T F S	S M T W T F S	S M T W T F S	S M T W T F S
1 2 3	1 2 3 4 5 6 7	1 2 3 4	1 2	1 2 3 4 5 6	1 2 3 4
4 5 6 7 8 9 10	8 9 10 11 12 13 14	5 6 7 8 9 10 11	3 4 5 6 7 8 9	7 8 9 10 11 12 13	5 6 7 8 9 10 11
11 12 13 14 15 16 17	15 16 17 18 19 20 21	12 13 14 15 16 17 18	10 11 12 13 14 15 16	14 15 16 17 18 19 20	12 13 14 15 16 17 18
18 19 20 21 22 23 24	22 23 24 25 26 27 28	19 20 21 22 23 24 25	17 18 19 20 21 22 23	21 22 23 24 25 26 27	19 20 21 22 23 24 25
25 26 27 28 29 30 31	29 30 31	26 27 28 29 30	24/31 25 26 27 28 29 30	28 29 30	26 27 28 29 30 31

WEDNESDAY
27
OCTOBER

You are their glorious strength. It pleases You to make us strong.

PSALM 89:17

TIME	📖 Jeremiah 7-9	✓
07:00 AM		
07:30 AM		
08:00 AM		
08:30 AM		
09:00 AM		
09:30 AM		
10:00 AM		
10:30 AM		
11:00 AM		
11:30 AM		
12:00 PM		
12:30 PM		
01:00 PM		
01:30 PM		
02:00 PM		
02:30 PM		
03:00 PM		
03:30 PM		
04:00 PM		
04:30 PM		
05:00 PM		
05:30 PM		
06:00 PM		
06:30 PM		
07:00 PM		
07:30 PM		
08:00 PM		

JANUARY	FEBRUARY	MARCH	APRIL	MAY	JUNE
S M T W T F S	S M T W T F S	S M T W T F S	S M T W T F S	S M T W T F S	S M T W T F S
1 2	1 2 3 4 5 6	1 2 3 4 5 6	1 2 3	1	1 2 3 4 5
3 4 5 6 7 8 9	7 8 9 10 11 12 13	7 8 9 10 11 12 13	4 5 6 7 8 9 10	2 3 4 5 6 7 8	6 7 8 9 10 11 12
10 11 12 13 14 15 16	14 15 16 17 18 19 20	14 15 16 17 18 19 20	11 12 13 14 15 16 17	9 10 11 12 13 14 15	13 14 15 16 17 18 19
17 18 19 20 21 22 23	21 22 23 24 25 26 27	21 22 23 24 25 26 27	18 19 20 21 22 23 24	16 17 18 19 20 21 22	20 21 22 23 24 25 26
24/31 25 26 27 28 29 30	28	28 29 30 31	25 26 27 28 29 30	23/30 24/31 25 26 27 28 29	27 28 29 30

I will sing of Your strength, in the morning I will sing of Your love;
for You are my fortress, my refuge in times of trouble.

PSALM 59:16

TIME	📖 Jeremiah 10-12	✓
07:00 AM		
07:30 AM		
08:00 AM		
08:30 AM		
09:00 AM		
09:30 AM		
10:00 AM		
10:30 AM		
11:00 AM		
11:30 AM		
12:00 PM		
12:30 PM		
01:00 PM		
01:30 PM		
02:00 PM		
02:30 PM		
03:00 PM		
03:30 PM		
04:00 PM		
04:30 PM		
05:00 PM		
05:30 PM		
06:00 PM		
06:30 PM		
07:00 PM		
07:30 PM		
08:00 PM		

OCT

JULY							AUGUST							SEPTEMBER							OCTOBER							NOVEMBER							DECEMBER						
S	M	T	W	T	F	S	S	M	T	W	T	F	S	S	M	T	W	T	F	S	S	M	T	W	T	F	S	S	M	T	W	T	F	S	S	M	T	W	T	F	S
				1	2	3	1	2	3	4	5	6	7				1	2	3	4						1	2		1	2	3	4	5	6				1	2	3	4
4	5	6	7	8	9	10	8	9	10	11	12	13	14	5	6	7	8	9	10	11	3	4	5	6	7	8	9	7	8	9	10	11	12	13	5	6	7	8	9	10	11
11	12	13	14	15	16	17	15	16	17	18	19	20	21	12	13	14	15	16	17	18	10	11	12	13	14	15	16	14	15	16	17	18	19	20	12	13	14	15	16	17	18
18	19	20	21	22	23	24	22	23	24	25	26	27	28	19	20	21	22	23	24	25	17	18	19	20	21	22	23	21	22	23	24	25	26	27	19	20	21	22	23	24	25
25	26	27	28	29	30	31	29	30	31					26	27	28	29	30			24/31	25	26	27	28	29	30	28	29	30					26	27	28	29	30	31	

FRIDAY
29
OCTOBER

For the sake of Christ, then, I am content with weaknesses, insults, hardships, persecutions, and calamities. For when I am weak, then I am strong.

2 CORINTHIANS 12:10

TIME	📖 Jeremiah 13-15	✓
07:00 AM		
07:30 AM		
08:00 AM		
08:30 AM		
09:00 AM		
09:30 AM		
10:00 AM		
10:30 AM		
11:00 AM		
11:30 AM		
12:00 PM		
12:30 PM		
01:00 PM		
01:30 PM		
02:00 PM		
02:30 PM		
03:00 PM		
03:30 PM		
04:00 PM		
04:30 PM		
05:00 PM		
05:30 PM		
06:00 PM		
06:30 PM		
07:00 PM		
07:30 PM		
08:00 PM		

JANUARY
S M T W T F S
            1 2
3 4 5 6 7 8 9
10 11 12 13 14 15 16
17 18 19 20 21 22 23
24/31 25 26 27 28 29 30

FEBRUARY
S M T W T F S
 1 2 3 4 5 6
7 8 9 10 11 12 13
14 15 16 17 18 19 20
21 22 23 24 25 26 27
28

MARCH
S M T W T F S
 1 2 3 4 5 6
7 8 9 10 11 12 13
14 15 16 17 18 19 20
21 22 23 24 25 26 27
28 29 30 31

APRIL
S M T W T F S
          1 2 3
4 5 6 7 8 9 10
11 12 13 14 15 16 17
18 19 20 21 22 23 24
25 26 27 28 29 30

MAY
S M T W T F S
               1
2 3 4 5 6 7 8
9 10 11 12 13 14 15
16 17 18 19 20 21 22
23/30 24/31 25 26 27 28 29

JUNE
S M T W T F S
     1 2 3 4 5
6 7 8 9 10 11 12
13 14 15 16 17 18 19
20 21 22 23 24 25 26
27 28 29 30

Be strong and courageous; do not be afraid or lose heart!

1 CHRONICLES 22:13

TIME	📖 Jeremiah 16-18	✓

"You will receive power when the Holy Spirit
comes on you; and you will be My witnesses."

ACTS 1:8

TIME	📖 Jeremiah 19-21	✓

JULY	AUGUST	SEPTEMBER	OCTOBER	NOVEMBER	DECEMBER
S M T W T F S	S M T W T F S	S M T W T F S	S M T W T F S	S M T W T F S	S M T W T F S
1 2 3	1 2 3 4 5 6 7	1 2 3 4	1 2	1 2 3 4 5 6	1 2 3 4
4 5 6 7 8 9 10	8 9 10 11 12 13 14	5 6 7 8 9 10 11	3 4 5 6 7 8 9	7 8 9 10 11 12 13	5 6 7 8 9 10 11
11 12 13 14 15 16 17	15 16 17 18 19 20 21	12 13 14 15 16 17 18	10 11 12 13 14 15 16	14 15 16 17 18 19 20	12 13 14 15 16 17 18
18 19 20 21 22 23 24	22 23 24 25 26 27 28	19 20 21 22 23 24 25	17 18 19 20 21 22 23	21 22 23 24 25 26 27	19 20 21 22 23 24 25
25 26 27 28 29 30 31	29 30 31	26 27 28 29 30	24/31 25 26 27 28 29 30	28 29 30	26 27 28 29 30 31

NOVEMBER

God is the only one who can make
the valley of trouble a door of hope.

Catherine Marshall

MONTH PLANNER FOR NOVEMBER

1	Monday	
2	Tuesday	
3	Wednesday	
4	Thursday	
5	Friday	
6	Saturday	
7	Sunday	
8	Monday	
9	Tuesday	
10	Wednesday	
11	Thursday	
12	Friday	
13	Saturday	
14	Sunday	
15	Monday	
16	Tuesday	
17	Wednesday	
18	Thursday	
19	Friday	
20	Saturday	
21	Sunday	
22	Monday	
23	Tuesday	
24	Wednesday	
25	Thursday	
26	Friday	
27	Saturday	
28	Sunday	
29	Monday	
30	Tuesday	

NOTES

BUDGET FOR NOVEMBER

DATE	ITEM	PAYMENT METHOD	AMOUNT

Those who hope in the LORD will renew their strength.

ISAIAH 40:31

TIME	📖 Jeremiah 22-24	✓
07:00 AM		
07:30 AM		
08:00 AM		
08:30 AM		
09:00 AM		
09:30 AM		
10:00 AM		
10:30 AM		
11:00 AM		
11:30 AM		
12:00 PM		
12:30 PM		
01:00 PM		
01:30 PM		
02:00 PM		
02:30 PM		
03:00 PM		
03:30 PM		
04:00 PM		
04:30 PM		
05:00 PM		
05:30 PM		
06:00 PM		
06:30 PM		
07:00 PM		
07:30 PM		
08:00 PM		

JANUARY	FEBRUARY	MARCH	APRIL	MAY	JUNE
S M T W T F S	S M T W T F S	S M T W T F S	S M T W T F S	S M T W T F S	S M T W T F S
1 2	1 2 3 4 5 6	1 2 3 4 5 6	1 2 3	1	1 2 3 4 5
3 4 5 6 7 8 9	7 8 9 10 11 12 13	7 8 9 10 11 12 13	4 5 6 7 8 9 10	2 3 4 5 6 7 8	6 7 8 9 10 11 12
10 11 12 13 14 15 16	14 15 16 17 18 19 20	14 15 16 17 18 19 20	11 12 13 14 15 16 17	9 10 11 12 13 14 15	13 14 15 16 17 18 19
17 18 19 20 21 22 23	21 22 23 24 25 26 27	21 22 23 24 25 26 27	18 19 20 21 22 23 24	16 17 18 19 20 21 22	20 21 22 23 24 25 26
24/31 25 26 27 28 29 30	28	28 29 30 31	25 26 27 28 29 30	23/30 24/31 25 26 27 28 29	27 28 29 30

We have this hope as an anchor for the soul, firm and secure.

HEBREWS 6:19

TIME	📖 Jeremiah 25-27	✓
07:00 AM		
07:30 AM		
08:00 AM		
08:30 AM		
09:00 AM		
09:30 AM		
10:00 AM		
10:30 AM		
11:00 AM		
11:30 AM		
12:00 PM		
12:30 PM		
01:00 PM		
01:30 PM		
02:00 PM		
02:30 PM		
03:00 PM		
03:30 PM		
04:00 PM		
04:30 PM		
05:00 PM		
05:30 PM		
06:00 PM		
06:30 PM		
07:00 PM		
07:30 PM		
08:00 PM		

JULY	AUGUST	SEPTEMBER	OCTOBER	NOVEMBER	DECEMBER
S M T W T F S	S M T W T F S	S M T W T F S	S M T W T F S	S M T W T F S	S M T W T F S
1 2 3	1 2 3 4 5 6 7	1 2 3 4	1 2	1 2 3 4 5 6	1 2 3 4
4 5 6 7 8 9 10	8 9 10 11 12 13 14	5 6 7 8 9 10 11	3 4 5 6 7 8 9	7 8 9 10 11 12 13	5 6 7 8 9 10 11
11 12 13 14 15 16 17	15 16 17 18 19 20 21	12 13 14 15 16 17 18	10 11 12 13 14 15 16	14 15 16 17 18 19 20	12 13 14 15 16 17 18
18 19 20 21 22 23 24	22 23 24 25 26 27 28	19 20 21 22 23 24 25	17 18 19 20 21 22 23	21 22 23 24 25 26 27	19 20 21 22 23 24 25
25 26 27 28 29 30 31	29 30 31	26 27 28 29 30	24/31 25 26 27 28 29 30	28 29 30	26 27 28 29 30 31

WEDNESDAY
3
NOVEMBER

Be joyful in hope, patient in affliction, faithful in prayer.

ROMANS 12:12

TIME	📖 Jeremiah 28-30	✓
07:00 AM		
07:30 AM		
08:00 AM		
08:30 AM		
09:00 AM		
09:30 AM		
10:00 AM		
10:30 AM		
11:00 AM		
11:30 AM		
12:00 PM		
12:30 PM		
01:00 PM		
01:30 PM		
02:00 PM		
02:30 PM		
03:00 PM		
03:30 PM		
04:00 PM		
04:30 PM		
05:00 PM		
05:30 PM		
06:00 PM		
06:30 PM		
07:00 PM		
07:30 PM		
08:00 PM		

JANUARY	FEBRUARY	MARCH	APRIL	MAY	JUNE
S M T W T F S	S M T W T F S	S M T W T F S	S M T W T F S	S M T W T F S	S M T W T F S
1 2	1 2 3 4 5 6	1 2 3 4 5 6	1 2 3	1	1 2 3 4 5
3 4 5 6 7 8 9	7 8 9 10 11 12 13	7 8 9 10 11 12 13	4 5 6 7 8 9 10	2 3 4 5 6 7 8	6 7 8 9 10 11 12
10 11 12 13 14 15 16	14 15 16 17 18 19 20	14 15 16 17 18 19 20	11 12 13 14 15 16 17	9 10 11 12 13 14 15	13 14 15 16 17 18 19
17 18 19 20 21 22 23	21 22 23 24 25 26 27	21 22 23 24 25 26 27	18 19 20 21 22 23 24	16 17 18 19 20 21 22	20 21 22 23 24 25 26
24/31 25 26 27 28 29 30	28	28 29 30 31	25 26 27 28 29 30	23/30 24/31 25 26 27 28 29	27 28 29 30

For whatever things were written before were written
for our learning, that we through the patience and
comfort of the Scriptures might have hope.

ROMANS 15:4

TIME	📖 Jeremiah 31-33	✓
07:00 AM		
07:30 AM		
08:00 AM		
08:30 AM		
09:00 AM		
09:30 AM		
10:00 AM		
10:30 AM		
11:00 AM		
11:30 AM		
12:00 PM		
12:30 PM		
01:00 PM		
01:30 PM		
02:00 PM		
02:30 PM		
03:00 PM		
03:30 PM		
04:00 PM		
04:30 PM		
05:00 PM		
05:30 PM		
06:00 PM		
06:30 PM		
07:00 PM		
07:30 PM		
08:00 PM		

N
O
V

JULY	AUGUST	SEPTEMBER	OCTOBER	NOVEMBER	DECEMBER
S M T W T F S	S M T W T F S	S M T W T F S	S M T W T F S	S M T W T F S	S M T W T F S
1 2 3	1 2 3 4 5 6 7	1 2 3 4	1 2	1 2 3 4 5 6	1 2 3 4
4 5 6 7 8 9 10	8 9 10 11 12 13 14	5 6 7 8 9 10 11	3 4 5 6 7 8 9	7 8 9 10 11 12 13	5 6 7 8 9 10 11
11 12 13 14 15 16 17	15 16 17 18 19 20 21	12 13 14 15 16 17 18	10 11 12 13 14 15 16	14 15 16 17 18 19 20	12 13 14 15 16 17 18
18 19 20 21 22 23 24	22 23 24 25 26 27 28	19 20 21 22 23 24 25	17 18 19 20 21 22 23	21 22 23 24 25 26 27	19 20 21 22 23 24 25
25 26 27 28 29 30 31	29 30 31	26 27 28 29 30	24/31 25 26 27 28 29 30	28 29 30	26 27 28 29 30 31

Blessed are those whose help is the God of Jacob,
whose hope is in the LORD their God.

PSALM 146:5

TIME	📖 Jeremiah 34-36	✓
07:00 AM		
07:30 AM		
08:00 AM		
08:30 AM		
09:00 AM		
09:30 AM		
10:00 AM		
10:30 AM		
11:00 AM		
11:30 AM		
12:00 PM		
12:30 PM		
01:00 PM		
01:30 PM		
02:00 PM		
02:30 PM		
03:00 PM		
03:30 PM		
04:00 PM		
04:30 PM		
05:00 PM		
05:30 PM		
06:00 PM		
06:30 PM		
07:00 PM		
07:30 PM		
08:00 PM		

JANUARY	FEBRUARY	MARCH	APRIL	MAY	JUNE
S M T W T F S	S M T W T F S	S M T W T F S	S M T W T F S	S M T W T F S	S M T W T F S
1 2	1 2 3 4 5 6	1 2 3 4 5 6	1 2 3	1	1 2 3 4 5
3 4 5 6 7 8 9	7 8 9 10 11 12 13	7 8 9 10 11 12 13	4 5 6 7 8 9 10	2 3 4 5 6 7 8	6 7 8 9 10 11 12
10 11 12 13 14 15 16	14 15 16 17 18 19 20	14 15 16 17 18 19 20	11 12 13 14 15 16 17	9 10 11 12 13 14 15	13 14 15 16 17 18 19
17 18 19 20 21 22 23	21 22 23 24 25 26 27	21 22 23 24 25 26 27	18 19 20 21 22 23 24	16 17 18 19 20 21 22	20 21 22 23 24 25 26
24/31 25 26 27 28 29 30	28	28 29 30 31	25 26 27 28 29 30	23/30 24/31 25 26 27 28 29	27 28 29 30

We also glory in tribulations, knowing that tribulation produces perseverance; and perseverance, character; and character, hope.

ROMANS 5:3-4

TIME	📖 Jeremiah 37-39	✓

God will never forget the needy; the hope of the afflicted will never perish.

PSALM 9:18

TIME	📖 Jeremiah 40-42	✓

JULY	AUGUST	SEPTEMBER	OCTOBER	NOVEMBER	DECEMBER
S M T W T F S	S M T W T F S	S M T W T F S	S M T W T F S	S M T W T F S	S M T W T F S
1 2 3	1 2 3 4 5 6 7	1 2 3 4	1 2	1 2 3 4 5 6	1 2 3 4
4 5 6 7 8 9 10	8 9 10 11 12 13 14	5 6 7 8 9 10 11	3 4 5 6 7 8 9	7 8 9 10 11 12 13	5 6 7 8 9 10 11
11 12 13 14 15 16 17	15 16 17 18 19 20 21	12 13 14 15 16 17 18	10 11 12 13 14 15 16	14 15 16 17 18 19 20	12 13 14 15 16 17 18
18 19 20 21 22 23 24	22 23 24 25 26 27 28	19 20 21 22 23 24 25	17 18 19 20 21 22 23	21 22 23 24 25 26 27	19 20 21 22 23 24 25
25 26 27 28 29 30 31	29 30 31	26 27 28 29 30	24/31 25 26 27 28 29 30	28 29 30	26 27 28 29 30 31

Hope in the LORD! For with the LORD there is steadfast love,
and with Him is plentiful redemption.

PSALM 130:7

TIME	📖 Jeremiah 43-45	✓
07:00 AM		
07:30 AM		
08:00 AM		
08:30 AM		
09:00 AM		
09:30 AM		
10:00 AM		
10:30 AM		
11:00 AM		
11:30 AM		
12:00 PM		
12:30 PM		
01:00 PM		
01:30 PM		
02:00 PM		
02:30 PM		
03:00 PM		
03:30 PM		
04:00 PM		
04:30 PM		
05:00 PM		
05:30 PM		
06:00 PM		
06:30 PM		
07:00 PM		
07:30 PM		
08:00 PM		

JANUARY	FEBRUARY	MARCH	APRIL	MAY	JUNE
S M T W T F S	S M T W T F S	S M T W T F S	S M T W T F S	S M T W T F S	S M T W T F S
1 2	1 2 3 4 5 6	1 2 3 4 5 6	1 2 3	1	1 2 3 4 5
3 4 5 6 7 8 9	7 8 9 10 11 12 13	7 8 9 10 11 12 13	4 5 6 7 8 9 10	2 3 4 5 6 7 8	6 7 8 9 10 11 12
10 11 12 13 14 15 16	14 15 16 17 18 19 20	14 15 16 17 18 19 20	11 12 13 14 15 16 17	9 10 11 12 13 14 15	13 14 15 16 17 18 19
17 18 19 20 21 22 23	21 22 23 24 25 26 27	21 22 23 24 25 26 27	18 19 20 21 22 23 24	16 17 18 19 20 21 22	20 21 22 23 24 25 26
24/31 25 26 27 28 29 30	28	28 29 30 31	25 26 27 28 29 30	23/30 24/31 25 26 27 28 29	27 28 29 30

Lord, where do I put my hope? My only hope is in You.

PSALM 39:7

TIME	📖 Jeremiah 46-48	✓
07:00 AM		
07:30 AM		
08:00 AM		
08:30 AM		
09:00 AM		
09:30 AM		
10:00 AM		
10:30 AM		
11:00 AM		
11:30 AM		
12:00 PM		
12:30 PM		
01:00 PM		
01:30 PM		
02:00 PM		
02:30 PM		
03:00 PM		
03:30 PM		
04:00 PM		
04:30 PM		
05:00 PM		
05:30 PM		
06:00 PM		
06:30 PM		
07:00 PM		
07:30 PM		
08:00 PM		

JULY	AUGUST	SEPTEMBER	OCTOBER	NOVEMBER	DECEMBER
S M T W T F S	S M T W T F S	S M T W T F S	S M T W T F S	S M T W T F S	S M T W T F S
1 2 3	1 2 3 4 5 6 7	1 2 3 4	1 2	1 2 3 4 5 6	1 2 3 4
4 5 6 7 8 9 10	8 9 10 11 12 13 14	5 6 7 8 9 10 11	3 4 5 6 7 8 9	7 8 9 10 11 12 13	5 6 7 8 9 10 11
11 12 13 14 15 16 17	15 16 17 18 19 20 21	12 13 14 15 16 17 18	10 11 12 13 14 15 16	14 15 16 17 18 19 20	12 13 14 15 16 17 18
18 19 20 21 22 23 24	22 23 24 25 26 27 28	19 20 21 22 23 24 25	17 18 19 20 21 22 23	21 22 23 24 25 26 27	19 20 21 22 23 24 25
25 26 27 28 29 30 31	29 30 31	26 27 28 29 30	24/31 25 26 27 28 29 30	28 29 30	26 27 28 29 30 31

WEDNESDAY
10
NOVEMBER

The hope of the righteous will be gladness.

PROVERBS 10:28

TIME	📖 Jeremiah 49-52	✓
07:00 AM		
07:30 AM		
08:00 AM		
08:30 AM		
09:00 AM		
09:30 AM		
10:00 AM		
10:30 AM		
11:00 AM		
11:30 AM		
12:00 PM		
12:30 PM		
01:00 PM		
01:30 PM		
02:00 PM		
02:30 PM		
03:00 PM		
03:30 PM		
04:00 PM		
04:30 PM		
05:00 PM		
05:30 PM		
06:00 PM		
06:30 PM		
07:00 PM		
07:30 PM		
08:00 PM		

	JANUARY							FEBRUARY							MARCH							APRIL							MAY							JUNE					
S	M	T	W	T	F	S	S	M	T	W	T	F	S	S	M	T	W	T	F	S	S	M	T	W	T	F	S	S	M	T	W	T	F	S	S	M	T	W	T	F	S
					1	2		1	2	3	4	5	6		1	2	3	4	5	6						1	2	3						1			1	2	3	4	5
3	4	5	6	7	8	9	7	8	9	10	11	12	13	7	8	9	10	11	12	13	4	5	6	7	8	9	10	2	3	4	5	6	7	8	6	7	8	9	10	11	12
10	11	12	13	14	15	16	14	15	16	17	18	19	20	14	15	16	17	18	19	20	11	12	13	14	15	16	17	9	10	11	12	13	14	15	13	14	15	16	17	18	19
17	18	19	20	21	22	23	21	22	23	24	25	26	27	21	22	23	24	25	26	27	18	19	20	21	22	23	24	16	17	18	19	20	21	22	20	21	22	23	24	25	26
24/31	25	26	27	28	29	30	28							28	29	30	31				25	26	27	28	29	30		23/30	24/31	25	26	27	28	29	27	28	29	30			

The eyes of the LORD are on those who fear Him,
on those whose hope is in His unfailing love.

PSALM 33:18

TIME	📖 2 Peter 1-3	✓
07:00 AM		
07:30 AM		
08:00 AM		
08:30 AM		
09:00 AM		
09:30 AM		
10:00 AM		
10:30 AM		
11:00 AM		
11:30 AM		
12:00 PM		
12:30 PM		
01:00 PM		
01:30 PM		
02:00 PM		
02:30 PM		
03:00 PM		
03:30 PM		
04:00 PM		
04:30 PM		
05:00 PM		
05:30 PM		
06:00 PM		
06:30 PM		
07:00 PM		
07:30 PM		
08:00 PM		

N O V

JULY	AUGUST	SEPTEMBER	OCTOBER	NOVEMBER	DECEMBER
S M T W T F S	S M T W T F S	S M T W T F S	S M T W T F S	S M T W T F S	S M T W T F S
1 2 3	1 2 3 4 5 6 7	1 2 3 4	1 2	1 2 3 4 5 6	1 2 3 4
4 5 6 7 8 9 10	8 9 10 11 12 13 14	5 6 7 8 9 10 11	3 4 5 6 7 8 9	7 8 9 10 11 12 13	5 6 7 8 9 10 11
11 12 13 14 15 16 17	15 16 17 18 19 20 21	12 13 14 15 16 17 18	10 11 12 13 14 15 16	14 15 16 17 18 19 20	12 13 14 15 16 17 18
18 19 20 21 22 23 24	22 23 24 25 26 27 28	19 20 21 22 23 24 25	17 18 19 20 21 22 23	21 22 23 24 25 26 27	19 20 21 22 23 24 25
25 26 27 28 29 30 31	29 30 31	26 27 28 29 30	24/31 25 26 27 28 29 30	28 29 30	26 27 28 29 30 31

FRIDAY
12
NOVEMBER

"The LORD is my portion," says my soul, "Therefore I hope in Him!"

LAMENTATIONS 3:24

TIME	📖 Lamentations 1-3	✔
07:00 AM		
07:30 AM		
08:00 AM		
08:30 AM		
09:00 AM		
09:30 AM		
10:00 AM		
10:30 AM		
11:00 AM		
11:30 AM		
12:00 PM		
12:30 PM		
01:00 PM		
01:30 PM		
02:00 PM		
02:30 PM		
03:00 PM		
03:30 PM		
04:00 PM		
04:30 PM		
05:00 PM		
05:30 PM		
06:00 PM		
06:30 PM		
07:00 PM		
07:30 PM		
08:00 PM		

JANUARY	FEBRUARY	MARCH	APRIL	MAY	JUNE
S M T W T F S	S M T W T F S	S M T W T F S	S M T W T F S	S M T W T F S	S M T W T F S
1 2	1 2 3 4 5 6	1 2 3 4 5 6	1 2 3	1	1 2 3 4 5
3 4 5 6 7 8 9	7 8 9 10 11 12 13	7 8 9 10 11 12 13	4 5 6 7 8 9 10	2 3 4 5 6 7 8	6 7 8 9 10 11 12
10 11 12 13 14 15 16	14 15 16 17 18 19 20	14 15 16 17 18 19 20	11 12 13 14 15 16 17	9 10 11 12 13 14 15	13 14 15 16 17 18 19
17 18 19 20 21 22 23	21 22 23 24 25 26 27	21 22 23 24 25 26 27	18 19 20 21 22 23 24	16 17 18 19 20 21 22	20 21 22 23 24 25 26
24/31 25 26 27 28 29 30	28	28 29 30 31	25 26 27 28 29 30	23/30 24/31 25 26 27 28 29	27 28 29 30

O Lord, You alone are my hope. I've trusted You, O LORD, from childhood.

PSALM 71:5

TIME	📖 Lamentations 4-5	✓

Let us hold unswervingly to the hope we profess,
for He who promised is faithful.

HEBREWS 10:23

TIME	📖 Ezekiel 1-4	✓

N
O
V

JULY	AUGUST	SEPTEMBER	OCTOBER	NOVEMBER	DECEMBER
S M T W T F S	S M T W T F S	S M T W T F S	S M T W T F S	S M T W T F S	S M T W T F S
1 2 3	1 2 3 4 5 6 7	1 2 3 4	1 2	1 2 3 4 5 6	1 2 3 4
4 5 6 7 8 9 10	8 9 10 11 12 13 14	5 6 7 8 9 10 11	3 4 5 6 7 8 9	7 8 9 10 11 12 13	5 6 7 8 9 10 11
11 12 13 14 15 16 17	15 16 17 18 19 20 21	12 13 14 15 16 17 18	10 11 12 13 14 15 16	14 15 16 17 18 19 20	12 13 14 15 16 17 18
18 19 20 21 22 23 24	22 23 24 25 26 27 28	19 20 21 22 23 24 25	17 18 19 20 21 22 23	21 22 23 24 25 26 27	19 20 21 22 23 24 25
25 26 27 28 29 30 31	29 30 31	26 27 28 29 30	24/31 25 26 27 28 29 30	28 29 30	26 27 28 29 30 31

MONDAY
15
NOVEMBER

When doubts filled my mind, Your comfort
gave me renewed hope and cheer.

PSALM 94:19

TIME	📖 Ezekiel 5-8	✓
07:00 AM		
07:30 AM		
08:00 AM		
08:30 AM		
09:00 AM		
09:30 AM		
10:00 AM		
10:30 AM		
11:00 AM		
11:30 AM		
12:00 PM		
12:30 PM		
01:00 PM		
01:30 PM		
02:00 PM		
02:30 PM		
03:00 PM		
03:30 PM		
04:00 PM		
04:30 PM		
05:00 PM		
05:30 PM		
06:00 PM		
06:30 PM		
07:00 PM		
07:30 PM		
08:00 PM		

JANUARY	FEBRUARY	MARCH	APRIL	MAY	JUNE
S M T W T F S	S M T W T F S	S M T W T F S	S M T W T F S	S M T W T F S	S M T W T F S
1 2	1 2 3 4 5 6	1 2 3 4 5 6	1 2 3	1	1 2 3 4 5
3 4 5 6 7 8 9	7 8 9 10 11 12 13	7 8 9 10 11 12 13	4 5 6 7 8 9 10	2 3 4 5 6 7 8	6 7 8 9 10 11 12
10 11 12 13 14 15 16	14 15 16 17 18 19 20	14 15 16 17 18 19 20	11 12 13 14 15 16 17	9 10 11 12 13 14 15	13 14 15 16 17 18 19
17 18 19 20 21 22 23	21 22 23 24 25 26 27	21 22 23 24 25 26 27	18 19 20 21 22 23 24	16 17 18 19 20 21 22	20 21 22 23 24 25 26
24/31 25 26 27 28 29 30	28	28 29 30 31	25 26 27 28 29 30	23/30 24/31 25 26 27 28 29	27 28 29 30

Hope will not lead to disappointment. For we know how
dearly God loves us, because He has given us the
Holy Spirit to fill our hearts with His love.

ROMANS 5:5

TUESDAY
16
NOVEMBER

TIME	📖 Ezekiel 9-12	✓
07:00 AM		
07:30 AM		
08:00 AM		
08:30 AM		
09:00 AM		
09:30 AM		
10:00 AM		
10:30 AM		
11:00 AM		
11:30 AM		
12:00 PM		
12:30 PM		
01:00 PM		
01:30 PM		
02:00 PM		
02:30 PM		
03:00 PM		
03:30 PM		
04:00 PM		
04:30 PM		
05:00 PM		
05:30 PM		
06:00 PM		
06:30 PM		
07:00 PM		
07:30 PM		
08:00 PM		

N
O
V

JULY
S M T W T F S
1 2 3
4 5 6 7 8 9 10
11 12 13 14 15 16 17
18 19 20 21 22 23 24
25 26 27 28 29 30 31

AUGUST
S M T W T F S
1 2 3 4 5 6 7
8 9 10 11 12 13 14
15 16 17 18 19 20 21
22 23 24 25 26 27 28
29 30 31

SEPTEMBER
S M T W T F S
1 2 3 4
5 6 7 8 9 10 11
12 13 14 15 16 17 18
19 20 21 22 23 24 25
26 27 28 29 30

OCTOBER
S M T W T F S
1 2
3 4 5 6 7 8 9
10 11 12 13 14 15 16
17 18 19 20 21 22 23
24/31 25 26 27 28 29 30

NOVEMBER
S M T W T F S
1 2 3 4 5 6
7 8 9 10 11 12 13
14 15 16 17 18 19 20
21 22 23 24 25 26 27
28 29 30

DECEMBER
S M T W T F S
1 2 3 4
5 6 7 8 9 10 11
12 13 14 15 16 17 18
19 20 21 22 23 24 25
26 27 28 29 30 31

Why, my soul, are you downcast? Why so disturbed within me? Put your hope in God, for I will yet praise Him, my Savior and my God.

PSALM 43:5

TIME	📖 Ezekiel 13-15	✓
07:00 AM		
07:30 AM		
08:00 AM		
08:30 AM		
09:00 AM		
09:30 AM		
10:00 AM		
10:30 AM		
11:00 AM		
11:30 AM		
12:00 PM		
12:30 PM		
01:00 PM		
01:30 PM		
02:00 PM		
02:30 PM		
03:00 PM		
03:30 PM		
04:00 PM		
04:30 PM		
05:00 PM		
05:30 PM		
06:00 PM		
06:30 PM		
07:00 PM		
07:30 PM		
08:00 PM		

JANUARY	FEBRUARY	MARCH	APRIL	MAY	JUNE
S M T W T F S	S M T W T F S	S M T W T F S	S M T W T F S	S M T W T F S	S M T W T F S
1 2	1 2 3 4 5 6	1 2 3 4 5 6	1 2 3	1	1 2 3 4 5
3 4 5 6 7 8 9	7 8 9 10 11 12 13	7 8 9 10 11 12 13	4 5 6 7 8 9 10	2 3 4 5 6 7 8	6 7 8 9 10 11 12
10 11 12 13 14 15 16	14 15 16 17 18 19 20	14 15 16 17 18 19 20	11 12 13 14 15 16 17	9 10 11 12 13 14 15	13 14 15 16 17 18 19
17 18 19 20 21 22 23	21 22 23 24 25 26 27	21 22 23 24 25 26 27	18 19 20 21 22 23 24	16 17 18 19 20 21 22	20 21 22 23 24 25 26
24/31 25 26 27 28 29 30	28	28 29 30 31	25 26 27 28 29 30	23/30 24/31 25 26 27 28 29	27 28 29 30

Know that wisdom is such to your soul; if you find it,
there will be a future, and your hope will not be cut off.

PROVERBS 24:14

TIME	📖 Ezekiel 16-18	✓
07:00 AM		
07:30 AM		
08:00 AM		
08:30 AM		
09:00 AM		
09:30 AM		
10:00 AM		
10:30 AM		
11:00 AM		
11:30 AM		
12:00 PM		
12:30 PM		
01:00 PM		
01:30 PM		
02:00 PM		
02:30 PM		
03:00 PM		
03:30 PM		
04:00 PM		
04:30 PM		
05:00 PM		
05:30 PM		
06:00 PM		
06:30 PM		
07:00 PM		
07:30 PM		
08:00 PM		

N
O
V

JULY	AUGUST	SEPTEMBER	OCTOBER	NOVEMBER	DECEMBER
S M T W T F S	S M T W T F S	S M T W T F S	S M T W T F S	S M T W T F S	S M T W T F S
1 2 3	1 2 3 4 5 6 7	1 2 3 4	1 2	1 2 3 4 5 6	1 2 3 4
4 5 6 7 8 9 10	8 9 10 11 12 13 14	5 6 7 8 9 10 11	3 4 5 6 7 8 9	7 8 9 10 11 12 13	5 6 7 8 9 10 11
11 12 13 14 15 16 17	15 16 17 18 19 20 21	12 13 14 15 16 17 18	10 11 12 13 14 15 16	14 15 16 17 18 19 20	12 13 14 15 16 17 18
18 19 20 21 22 23 24	22 23 24 25 26 27 28	19 20 21 22 23 24 25	17 18 19 20 21 22 23	21 22 23 24 25 26 27	19 20 21 22 23 24 25
25 26 27 28 29 30 31	29 30 31	26 27 28 29 30	24/31 25 26 27 28 29 30	28 29 30	26 27 28 29 30 31

Let Your unfailing love surround us, LORD, for our hope is in You alone.

PSALM 33:22

TIME	📖 Ezekiel 19-21	✓
07:00 AM		
07:30 AM		
08:00 AM		
08:30 AM		
09:00 AM		
09:30 AM		
10:00 AM		
10:30 AM		
11:00 AM		
11:30 AM		
12:00 PM		
12:30 PM		
01:00 PM		
01:30 PM		
02:00 PM		
02:30 PM		
03:00 PM		
03:30 PM		
04:00 PM		
04:30 PM		
05:00 PM		
05:30 PM		
06:00 PM		
06:30 PM		
07:00 PM		
07:30 PM		
08:00 PM		

JANUARY	FEBRUARY	MARCH	APRIL	MAY	JUNE
S M T W T F S	S M T W T F S	S M T W T F S	S M T W T F S	S M T W T F S	S M T W T F S
1 2	1 2 3 4 5 6	1 2 3 4 5 6	1 2 3	1	1 2 3 4 5
3 4 5 6 7 8 9	7 8 9 10 11 12 13	7 8 9 10 11 12 13	4 5 6 7 8 9 10	2 3 4 5 6 7 8	6 7 8 9 10 11 12
10 11 12 13 14 15 16	14 15 16 17 18 19 20	14 15 16 17 18 19 20	11 12 13 14 15 16 17	9 10 11 12 13 14 15	13 14 15 16 17 18 19
17 18 19 20 21 22 23	21 22 23 24 25 26 27	21 22 23 24 25 26 27	18 19 20 21 22 23 24	16 17 18 19 20 21 22	20 21 22 23 24 25 26
24/31 25 26 27 28 29 30	28	28 29 30 31	25 26 27 28 29 30	23/30 24/31 25 26 27 28 29	27 28 29 30

The LORD takes pleasure in those who fear Him,
in those who hope in His mercy.

SATURDAY
20
NOVEMBER

TIME	📖 Ezekiel 22-24	✓

Put all your hope in the gracious salvation that will
come to you when Jesus Christ is revealed to the world.

SUNDAY
21
NOVEMBER

TIME	📖 Ezekiel 25-27	✓

N
O
V

JULY	AUGUST	SEPTEMBER	OCTOBER	NOVEMBER	DECEMBER
S M T W T F S	S M T W T F S	S M T W T F S	S M T W T F S	S M T W T F S	S M T W T F S
1 2 3	1 2 3 4 5 6 7	1 2 3 4	1 2	1 2 3 4 5 6	1 2 3 4
4 5 6 7 8 9 10	8 9 10 11 12 13 14	5 6 7 8 9 10 11	3 4 5 6 7 8 9	7 8 9 10 11 12 13	5 6 7 8 9 10 11
11 12 13 14 15 16 17	15 16 17 18 19 20 21	12 13 14 15 16 17 18	10 11 12 13 14 15 16	14 15 16 17 18 19 20	12 13 14 15 16 17 18
18 19 20 21 22 23 24	22 23 24 25 26 27 28	19 20 21 22 23 24 25	17 18 19 20 21 22 23	21 22 23 24 25 26 27	19 20 21 22 23 24 25
25 26 27 28 29 30 31	29 30 31	26 27 28 29 30	24/31 25 26 27 28 29 30	28 29 30	26 27 28 29 30 31

Always be prepared to give an answer to everyone who asks you to give the reason for the hope that you have.

1 PETER 3:15

TIME	📖 Ezekiel 28-30	✓
07:00 AM		
07:30 AM		
08:00 AM		
08:30 AM		
09:00 AM		
09:30 AM		
10:00 AM		
10:30 AM		
11:00 AM		
11:30 AM		
12:00 PM		
12:30 PM		
01:00 PM		
01:30 PM		
02:00 PM		
02:30 PM		
03:00 PM		
03:30 PM		
04:00 PM		
04:30 PM		
05:00 PM		
05:30 PM		
06:00 PM		
06:30 PM		
07:00 PM		
07:30 PM		
08:00 PM		

JANUARY	FEBRUARY	MARCH	APRIL	MAY	JUNE
S M T W T F S	S M T W T F S	S M T W T F S	S M T W T F S	S M T W T F S	S M T W T F S
1 2	1 2 3 4 5 6	1 2 3 4 5 6	1 2 3	1	1 2 3 4 5
3 4 5 6 7 8 9	7 8 9 10 11 12 13	7 8 9 10 11 12 13	4 5 6 7 8 9 10	2 3 4 5 6 7 8	6 7 8 9 10 11 12
10 11 12 13 14 15 16	14 15 16 17 18 19 20	14 15 16 17 18 19 20	11 12 13 14 15 16 17	9 10 11 12 13 14 15	13 14 15 16 17 18 19
17 18 19 20 21 22 23	21 22 23 24 25 26 27	21 22 23 24 25 26 27	18 19 20 21 22 23 24	16 17 18 19 20 21 22	20 21 22 23 24 25 26
24/31 25 26 27 28 29 30	28	28 29 30 31	25 26 27 28 29 30	23/30 24/31 25 26 27 28 29	27 28 29 30

You are my hiding place and my shield; I hope in Your word.

PSALM 119:114

TIME	📖 Ezekiel 31-33	✓
07:00 AM		
07:30 AM		
08:00 AM		
08:30 AM		
09:00 AM		
09:30 AM		
10:00 AM		
10:30 AM		
11:00 AM		
11:30 AM		
12:00 PM		
12:30 PM		
01:00 PM		
01:30 PM		
02:00 PM		
02:30 PM		
03:00 PM		
03:30 PM		
04:00 PM		
04:30 PM		
05:00 PM		
05:30 PM		
06:00 PM		
06:30 PM		
07:00 PM		
07:30 PM		
08:00 PM		

N
O
V

JULY	AUGUST	SEPTEMBER	OCTOBER	NOVEMBER	DECEMBER
S M T W T F S	S M T W T F S	S M T W T F S	S M T W T F S	S M T W T F S	S M T W T F S
1 2 3	1 2 3 4 5 6 7	1 2 3 4	1 2	1 2 3 4 5 6	1 2 3 4
4 5 6 7 8 9 10	8 9 10 11 12 13 14	5 6 7 8 9 10 11	3 4 5 6 7 8 9	7 8 9 10 11 12 13	5 6 7 8 9 10 11
11 12 13 14 15 16 17	15 16 17 18 19 20 21	12 13 14 15 16 17 18	10 11 12 13 14 15 16	14 15 16 17 18 19 20	12 13 14 15 16 17 18
18 19 20 21 22 23 24	22 23 24 25 26 27 28	19 20 21 22 23 24 25	17 18 19 20 21 22 23	21 22 23 24 25 26 27	19 20 21 22 23 24 25
25 26 27 28 29 30 31	29 30 31	26 27 28 29 30	24/31 25 26 27 28 29 30	28 29 30	26 27 28 29 30 31

There is one body and one Spirit, just as you
were called to one hope when you were called.

EPHESIANS 4:4

TIME	📖 Ezekiel 34-36	✓
07:00 AM		
07:30 AM		
08:00 AM		
08:30 AM		
09:00 AM		
09:30 AM		
10:00 AM		
10:30 AM		
11:00 AM		
11:30 AM		
12:00 PM		
12:30 PM		
01:00 PM		
01:30 PM		
02:00 PM		
02:30 PM		
03:00 PM		
03:30 PM		
04:00 PM		
04:30 PM		
05:00 PM		
05:30 PM		
06:00 PM		
06:30 PM		
07:00 PM		
07:30 PM		
08:00 PM		

JANUARY	FEBRUARY	MARCH	APRIL	MAY	JUNE
S M T W T F S	S M T W T F S	S M T W T F S	S M T W T F S	S M T W T F S	S M T W T F S
1 2	1 2 3 4 5 6	1 2 3 4 5 6	1 2 3	1	1 2 3 4 5
3 4 5 6 7 8 9	7 8 9 10 11 12 13	7 8 9 10 11 12 13	4 5 6 7 8 9 10	2 3 4 5 6 7 8	6 7 8 9 10 11 12
10 11 12 13 14 15 16	14 15 16 17 18 19 20	14 15 16 17 18 19 20	11 12 13 14 15 16 17	9 10 11 12 13 14 15	13 14 15 16 17 18 19
17 18 19 20 21 22 23	21 22 23 24 25 26 27	21 22 23 24 25 26 27	18 19 20 21 22 23 24	16 17 18 19 20 21 22	20 21 22 23 24 25 26
24/31 25 26 27 28 29 30	28	28 29 30 31	25 26 27 28 29 30	23/30 24/31 25 26 27 28 29	27 28 29 30

Hope deferred makes the heart sick, but a dream fulfilled is a tree of life.

PROVERBS 13:12

TIME	📖 Ezekiel 37-39	✓
07:00 AM		
07:30 AM		
08:00 AM		
08:30 AM		
09:00 AM		
09:30 AM		
10:00 AM		
10:30 AM		
11:00 AM		
11:30 AM		
12:00 PM		
12:30 PM		
01:00 PM		
01:30 PM		
02:00 PM		
02:30 PM		
03:00 PM		
03:30 PM		
04:00 PM		
04:30 PM		
05:00 PM		
05:30 PM		
06:00 PM		
06:30 PM		
07:00 PM		
07:30 PM		
08:00 PM		

N
O
V

JULY	AUGUST	SEPTEMBER	OCTOBER	NOVEMBER	DECEMBER
S M T W T F S	S M T W T F S	S M T W T F S	S M T W T F S	S M T W T F S	S M T W T F S
1 2 3	1 2 3 4 5 6 7	1 2 3 4	1 2	1 2 3 4 5 6	1 2 3 4
4 5 6 7 8 9 10	8 9 10 11 12 13 14	5 6 7 8 9 10 11	3 4 5 6 7 8 9	7 8 9 10 11 12 13	5 6 7 8 9 10 11
11 12 13 14 15 16 17	15 16 17 18 19 20 21	12 13 14 15 16 17 18	10 11 12 13 14 15 16	14 15 16 17 18 19 20	12 13 14 15 16 17 18
18 19 20 21 22 23 24	22 23 24 25 26 27 28	19 20 21 22 23 24 25	17 18 19 20 21 22 23	21 22 23 24 25 26 27	19 20 21 22 23 24 25
25 26 27 28 29 30 31	29 30 31	26 27 28 29 30	24/31 25 26 27 28 29 30	28 29 30	26 27 28 29 30 31

If we hope for what we do not see, we wait for it with patience.

ROMANS 8:25

TIME	📖 Ezekiel 40-42	✓
07:00 AM		
07:30 AM		
08:00 AM		
08:30 AM		
09:00 AM		
09:30 AM		
10:00 AM		
10:30 AM		
11:00 AM		
11:30 AM		
12:00 PM		
12:30 PM		
01:00 PM		
01:30 PM		
02:00 PM		
02:30 PM		
03:00 PM		
03:30 PM		
04:00 PM		
04:30 PM		
05:00 PM		
05:30 PM		
06:00 PM		
06:30 PM		
07:00 PM		
07:30 PM		
08:00 PM		

JANUARY	FEBRUARY	MARCH	APRIL	MAY	JUNE
S M T W T F S	S M T W T F S	S M T W T F S	S M T W T F S	S M T W T F S	S M T W T F S
1 2	1 2 3 4 5 6	1 2 3 4 5 6	1 2 3	1	1 2 3 4 5
3 4 5 6 7 8 9	7 8 9 10 11 12 13	7 8 9 10 11 12 13	4 5 6 7 8 9 10	2 3 4 5 6 7 8	6 7 8 9 10 11 12
10 11 12 13 14 15 16	14 15 16 17 18 19 20	14 15 16 17 18 19 20	11 12 13 14 15 16 17	9 10 11 12 13 14 15	13 14 15 16 17 18 19
17 18 19 20 21 22 23	21 22 23 24 25 26 27	21 22 23 24 25 26 27	18 19 20 21 22 23 24	16 17 18 19 20 21 22	20 21 22 23 24 25 26
24/31 25 26 27 28 29 30	28	28 29 30 31	25 26 27 28 29 30	23/30 24/31 25 26 27 28 29	27 28 29 30

Having hope will give you courage.
You will be protected and will rest in safety.

JOB 11:18

TIME	📖 Ezekiel 43-45	✓

In His great mercy He has given us new birth into a living
hope through the resurrection of Jesus Christ from the dead.

1 PETER 1:3

TIME	📖 Ezekiel 46-48	✓

JULY	AUGUST	SEPTEMBER	OCTOBER	NOVEMBER	DECEMBER
S M T W T F S	S M T W T F S	S M T W T F S	S M T W T F S	S M T W T F S	S M T W T F S
1 2 3	1 2 3 4 5 6 7	1 2 3 4	1 2	1 2 3 4 5 6	1 2 3 4
4 5 6 7 8 9 10	8 9 10 11 12 13 14	5 6 7 8 9 10 11	3 4 5 6 7 8 9	7 8 9 10 11 12 13	5 6 7 8 9 10 11
11 12 13 14 15 16 17	15 16 17 18 19 20 21	12 13 14 15 16 17 18	10 11 12 13 14 15 16	14 15 16 17 18 19 20	12 13 14 15 16 17 18
18 19 20 21 22 23 24	22 23 24 25 26 27 28	19 20 21 22 23 24 25	17 18 19 20 21 22 23	21 22 23 24 25 26 27	19 20 21 22 23 24 25
25 26 27 28 29 30 31	29 30 31	26 27 28 29 30	24/31 25 26 27 28 29 30	28 29 30	26 27 28 29 30 31

MONDAY
29
NOVEMBER

For through the Spirit, by faith, we ourselves
eagerly wait for the hope of righteousness.

GALATIANS 5:5

TIME	📖 1 John 1-5	✓
07:00 AM		
07:30 AM		
08:00 AM		
08:30 AM		
09:00 AM		
09:30 AM		
10:00 AM		
10:30 AM		
11:00 AM		
11:30 AM		
12:00 PM		
12:30 PM		
01:00 PM		
01:30 PM		
02:00 PM		
02:30 PM		
03:00 PM		
03:30 PM		
04:00 PM		
04:30 PM		
05:00 PM		
05:30 PM		
06:00 PM		
06:30 PM		
07:00 PM		
07:30 PM		
08:00 PM		

	JANUARY							FEBRUARY							MARCH							APRIL							MAY							JUNE					
S	M	T	W	T	F	S	S	M	T	W	T	F	S	S	M	T	W	T	F	S	S	M	T	W	T	F	S	S	M	T	W	T	F	S	S	M	T	W	T	F	S
					1	2		1	2	3	4	5	6		1	2	3	4	5	6					1	2	3							1			1	2	3	4	5
3	4	5	6	7	8	9	7	8	9	10	11	12	13	7	8	9	10	11	12	13	4	5	6	7	8	9	10	2	3	4	5	6	7	8	6	7	8	9	10	11	12
10	11	12	13	14	15	16	14	15	16	17	18	19	20	14	15	16	17	18	19	20	11	12	13	14	15	16	17	9	10	11	12	13	14	15	13	14	15	16	17	18	19
17	18	19	20	21	22	23	21	22	23	24	25	26	27	21	22	23	24	25	26	27	18	19	20	21	22	23	24	16	17	18	19	20	21	22	20	21	22	23	24	25	26
24/31	25	26	27	28	29	30	28							28	29	30	31				25	26	27	28	29	30		23/30	24/31	25	26	27	28	29	27	28	29	30			

If our hope in Christ is only for this life, we are
more to be pitied than anyone in the world.

1 CORINTHIANS 15:19

TIME	📖 Daniel 1-3	✓
07:00 AM		
07:30 AM		
08:00 AM		
08:30 AM		
09:00 AM		
09:30 AM		
10:00 AM		
10:30 AM		
11:00 AM		
11:30 AM		
12:00 PM		
12:30 PM		
01:00 PM		
01:30 PM		
02:00 PM		
02:30 PM		
03:00 PM		
03:30 PM		
04:00 PM		
04:30 PM		
05:00 PM		
05:30 PM		
06:00 PM		
06:30 PM		
07:00 PM		
07:30 PM		
08:00 PM		

N O V

JULY	AUGUST	SEPTEMBER	OCTOBER	NOVEMBER	DECEMBER
S M T W T F S	S M T W T F S	S M T W T F S	S M T W T F S	S M T W T F S	S M T W T F S
1 2 3	1 2 3 4 5 6 7	1 2 3 4	1 2	1 2 3 4 5 6	1 2 3 4
4 5 6 7 8 9 10	8 9 10 11 12 13 14	5 6 7 8 9 10 11	3 4 5 6 7 8 9	7 8 9 10 11 12 13	5 6 7 8 9 10 11
11 12 13 14 15 16 17	15 16 17 18 19 20 21	12 13 14 15 16 17 18	10 11 12 13 14 15 16	14 15 16 17 18 19 20	12 13 14 15 16 17 18
18 19 20 21 22 23 24	22 23 24 25 26 27 28	19 20 21 22 23 24 25	17 18 19 20 21 22 23	21 22 23 24 25 26 27	19 20 21 22 23 24 25
25 26 27 28 29 30 31	29 30 31	26 27 28 29 30	24/31 25 26 27 28 29 30	28 29 30	26 27 28 29 30 31

DECEMBER

Grace is the free, undeserved goodness
and favor of God to mankind.

Matthew Henry

MONTH PLANNER FOR DECEMBER

1	Wednesday	
2	Thursday	
3	Friday	
4	Saturday	
5	Sunday	
6	Monday	
7	Tuesday	
8	Wednesday	
9	Thursday	
10	Friday	
11	Saturday	
12	Sunday	
13	Monday	
14	Tuesday	
15	Wednesday	
16	Thursday	
17	Friday	
18	Saturday	
19	Sunday	
20	Monday	
21	Tuesday	
22	Wednesday	
23	Thursday	
24	Friday	
25	Saturday	
26	Sunday	
27	Monday	
28	Tuesday	
29	Wednesday	
30	Thursday	
31	Friday	

NOTES

BUDGET FOR DECEMBER

DATE	ITEM	PAYMENT METHOD	AMOUNT

WEDNESDAY
1
DECEMBER

"My grace is sufficient for you,
for My power is made perfect in weakness."

2 CORINTHIANS 12:9

TIME	📖 Daniel 4-6	✓
07:00 AM		
07:30 AM		
08:00 AM		
08:30 AM		
09:00 AM		
09:30 AM		
10:00 AM		
10:30 AM		
11:00 AM		
11:30 AM		
12:00 PM		
12:30 PM		
01:00 PM		
01:30 PM		
02:00 PM		
02:30 PM		
03:00 PM		
03:30 PM		
04:00 PM		
04:30 PM		
05:00 PM		
05:30 PM		
06:00 PM		
06:30 PM		
07:00 PM		
07:30 PM		
08:00 PM		

JANUARY	FEBRUARY	MARCH	APRIL	MAY	JUNE
S M T W T F S	S M T W T F S	S M T W T F S	S M T W T F S	S M T W T F S	S M T W T F S
1 2	1 2 3 4 5 6	1 2 3 4 5 6	1 2 3	1	1 2 3 4 5
3 4 5 6 7 8 9	7 8 9 10 11 12 13	7 8 9 10 11 12 13	4 5 6 7 8 9 10	2 3 4 5 6 7 8	6 7 8 9 10 11 12
10 11 12 13 14 15 16	14 15 16 17 18 19 20	14 15 16 17 18 19 20	11 12 13 14 15 16 17	9 10 11 12 13 14 15	13 14 15 16 17 18 19
17 18 19 20 21 22 23	21 22 23 24 25 26 27	21 22 23 24 25 26 27	18 19 20 21 22 23 24	16 17 18 19 20 21 22	20 21 22 23 24 25 26
24/31 25 26 27 28 29 30	28	28 29 30 31	25 26 27 28 29 30	23/30 24/31 25 26 27 28 29	27 28 29 30

God is able to make all grace abound toward you,
that you, always having all sufficiency in all things,
may have an abundance for every good work.

2 CORINTHIANS 9:8

TIME	📖 Daniel 7-9	✓
07:00 AM		
07:30 AM		
08:00 AM		
08:30 AM		
09:00 AM		
09:30 AM		
10:00 AM		
10:30 AM		
11:00 AM		
11:30 AM		
12:00 PM		
12:30 PM		
01:00 PM		
01:30 PM		
02:00 PM		
02:30 PM		
03:00 PM		
03:30 PM		
04:00 PM		
04:30 PM		
05:00 PM		
05:30 PM		
06:00 PM		
06:30 PM		
07:00 PM		
07:30 PM		
08:00 PM		

D
E
C

JULY	AUGUST	SEPTEMBER	OCTOBER	NOVEMBER	DECEMBER
S M T W T F S	S M T W T F S	S M T W T F S	S M T W T F S	S M T W T F S	S M T W T F S
1 2 3	1 2 3 4 5 6 7	1 2 3 4	1 2	1 2 3 4 5 6	1 2 3 4
4 5 6 7 8 9 10	8 9 10 11 12 13 14	5 6 7 8 9 10 11	3 4 5 6 7 8 9	7 8 9 10 11 12 13	5 6 7 8 9 10 11
11 12 13 14 15 16 17	15 16 17 18 19 20 21	12 13 14 15 16 17 18	10 11 12 13 14 15 16	14 15 16 17 18 19 20	12 13 14 15 16 17 18
18 19 20 21 22 23 24	22 23 24 25 26 27 28	19 20 21 22 23 24 25	17 18 19 20 21 22 23	21 22 23 24 25 26 27	19 20 21 22 23 24 25
25 26 27 28 29 30 31	29 30 31	26 27 28 29 30	24/31 25 26 27 28 29 30	28 29 30	26 27 28 29 30 31

FRIDAY
3
DECEMBER

We are all saved the same way,
by the undeserved grace of the Lord Jesus.

ACTS 15:11

TIME	📖 Daniel 10-12	✓
07:00 AM		
07:30 AM		
08:00 AM		
08:30 AM		
09:00 AM		
09:30 AM		
10:00 AM		
10:30 AM		
11:00 AM		
11:30 AM		
12:00 PM		
12:30 PM		
01:00 PM		
01:30 PM		
02:00 PM		
02:30 PM		
03:00 PM		
03:30 PM		
04:00 PM		
04:30 PM		
05:00 PM		
05:30 PM		
06:00 PM		
06:30 PM		
07:00 PM		
07:30 PM		
08:00 PM		

JANUARY	FEBRUARY	MARCH	APRIL	MAY	JUNE
S M T W T F S	S M T W T F S	S M T W T F S	S M T W T F S	S M T W T F S	S M T W T F S
1 2	1 2 3 4 5 6	1 2 3 4 5 6	1 2 3	1	1 2 3 4 5
3 4 5 6 7 8 9	7 8 9 10 11 12 13	7 8 9 10 11 12 13	4 5 6 7 8 9 10	2 3 4 5 6 7 8	6 7 8 9 10 11 12
10 11 12 13 14 15 16	14 15 16 17 18 19 20	14 15 16 17 18 19 20	11 12 13 14 15 16 17	9 10 11 12 13 14 15	13 14 15 16 17 18 19
17 18 19 20 21 22 23	21 22 23 24 25 26 27	21 22 23 24 25 26 27	18 19 20 21 22 23 24	16 17 18 19 20 21 22	20 21 22 23 24 25 26
24/31 25 26 27 28 29 30	28	28 29 30 31	25 26 27 28 29 30	23/30 24/31 25 26 27 28 29	27 28 29 30

God saved you by His grace when you believed.
And you can't take credit for this; it is a gift from God.

EPHESIANS 2:8

TIME	📖 Hosea 1-3	✓

Even before I was born, God chose me and
called me by His marvelous grace.

GALATIANS 1:15

TIME	📖 Hosea 4-6	✓

JULY	AUGUST	SEPTEMBER	OCTOBER	NOVEMBER	DECEMBER
S M T W T F S	S M T W T F S	S M T W T F S	S M T W T F S	S M T W T F S	S M T W T F S
1 2 3	1 2 3 4 5 6 7	1 2 3 4	1 2	1 2 3 4 5 6	1 2 3 4
4 5 6 7 8 9 10	8 9 10 11 12 13 14	5 6 7 8 9 10 11	3 4 5 6 7 8 9	7 8 9 10 11 12 13	5 6 7 8 9 10 11
11 12 13 14 15 16 17	15 16 17 18 19 20 21	12 13 14 15 16 17 18	10 11 12 13 14 15 16	14 15 16 17 18 19 20	12 13 14 15 16 17 18
18 19 20 21 22 23 24	22 23 24 25 26 27 28	19 20 21 22 23 24 25	17 18 19 20 21 22 23	21 22 23 24 25 26 27	19 20 21 22 23 24 25
25 26 27 28 29 30 31	29 30 31	26 27 28 29 30	24/31 25 26 27 28 29 30	28 29 30	26 27 28 29 30 31

D
E
C

Out of His fullness we have all received grace in place of grace already given. For the law was given through Moses; grace and truth came through Jesus Christ.

JOHN 1:16-17

TIME	📖 Hosea 7-9	✓
07:00 AM		
07:30 AM		
08:00 AM		
08:30 AM		
09:00 AM		
09:30 AM		
10:00 AM		
10:30 AM		
11:00 AM		
11:30 AM		
12:00 PM		
12:30 PM		
01:00 PM		
01:30 PM		
02:00 PM		
02:30 PM		
03:00 PM		
03:30 PM		
04:00 PM		
04:30 PM		
05:00 PM		
05:30 PM		
06:00 PM		
06:30 PM		
07:00 PM		
07:30 PM		
08:00 PM		

JANUARY	FEBRUARY	MARCH	APRIL	MAY	JUNE
S M T W T F S	S M T W T F S	S M T W T F S	S M T W T F S	S M T W T F S	S M T W T F S
1 2	1 2 3 4 5 6	1 2 3 4 5 6	1 2 3	1	1 2 3 4 5
3 4 5 6 7 8 9	7 8 9 10 11 12 13	7 8 9 10 11 12 13	4 5 6 7 8 9 10	2 3 4 5 6 7 8	6 7 8 9 10 11 12
10 11 12 13 14 15 16	14 15 16 17 18 19 20	14 15 16 17 18 19 20	11 12 13 14 15 16 17	9 10 11 12 13 14 15	13 14 15 16 17 18 19
17 18 19 20 21 22 23	21 22 23 24 25 26 27	21 22 23 24 25 26 27	18 19 20 21 22 23 24	16 17 18 19 20 21 22	20 21 22 23 24 25 26
24/31 25 26 27 28 29 30	28	28 29 30 31	25 26 27 28 29 30	23/30 24/31 25 26 27 28 29	27 28 29 30

God, in His grace, freely makes us right in His sight.
He did this through Christ Jesus.
ROMANS 3:24

TIME	📖 Hosea 10-12	✓
07:00 AM		
07:30 AM		
08:00 AM		
08:30 AM		
09:00 AM		
09:30 AM		
10:00 AM		
10:30 AM		
11:00 AM		
11:30 AM		
12:00 PM		
12:30 PM		
01:00 PM		
01:30 PM		
02:00 PM		
02:30 PM		
03:00 PM		
03:30 PM		
04:00 PM		
04:30 PM		
05:00 PM		
05:30 PM		
06:00 PM		
06:30 PM		
07:00 PM		
07:30 PM		
08:00 PM		

D E C

JULY	AUGUST	SEPTEMBER	OCTOBER	NOVEMBER	DECEMBER
S M T W T F S	S M T W T F S	S M T W T F S	S M T W T F S	S M T W T F S	S M T W T F S
1 2 3	1 2 3 4 5 6 7	1 2 3 4	1 2	1 2 3 4 5 6	1 2 3 4
4 5 6 7 8 9 10	8 9 10 11 12 13 14	5 6 7 8 9 10 11	3 4 5 6 7 8 9	7 8 9 10 11 12 13	5 6 7 8 9 10 11
11 12 13 14 15 16 17	15 16 17 18 19 20 21	12 13 14 15 16 17 18	10 11 12 13 14 15 16	14 15 16 17 18 19 20	12 13 14 15 16 17 18
18 19 20 21 22 23 24	22 23 24 25 26 27 28	19 20 21 22 23 24 25	17 18 19 20 21 22 23	21 22 23 24 25 26 27	19 20 21 22 23 24 25
25 26 27 28 29 30 31	29 30 31	26 27 28 29 30	24/31 25 26 27 28 29 30	28 29 30	26 27 28 29 30 31

WEDNESDAY
8
DECEMBER

In Him we have redemption through His blood, the forgiveness of sins, in accordance with the riches of God's grace that He lavished on us.

EPHESIANS 1:7-8

TIME	📖 Hosea 13-14	✓
07:00 AM		
07:30 AM		
08:00 AM		
08:30 AM		
09:00 AM		
09:30 AM		
10:00 AM		
10:30 AM		
11:00 AM		
11:30 AM		
12:00 PM		
12:30 PM		
01:00 PM		
01:30 PM		
02:00 PM		
02:30 PM		
03:00 PM		
03:30 PM		
04:00 PM		
04:30 PM		
05:00 PM		
05:30 PM		
06:00 PM		
06:30 PM		
07:00 PM		
07:30 PM		
08:00 PM		

JANUARY	FEBRUARY	MARCH	APRIL	MAY	JUNE
S M T W T F S	S M T W T F S	S M T W T F S	S M T W T F S	S M T W T F S	S M T W T F S
1 2	1 2 3 4 5 6	1 2 3 4 5 6	1 2 3	1	1 2 3 4 5
3 4 5 6 7 8 9	7 8 9 10 11 12 13	7 8 9 10 11 12 13	4 5 6 7 8 9 10	2 3 4 5 6 7 8	6 7 8 9 10 11 12
10 11 12 13 14 15 16	14 15 16 17 18 19 20	14 15 16 17 18 19 20	11 12 13 14 15 16 17	9 10 11 12 13 14 15	13 14 15 16 17 18 19
17 18 19 20 21 22 23	21 22 23 24 25 26 27	21 22 23 24 25 26 27	18 19 20 21 22 23 24	16 17 18 19 20 21 22	20 21 22 23 24 25 26
24/31 25 26 27 28 29 30	28	28 29 30 31	25 26 27 28 29 30	23/30 24/31 25 26 27 28 29	27 28 29 30

For the grace of God has been revealed, bringing salvation to all people.

TITUS 2:11

THURSDAY
9
DECEMBER

TIME		📖 Joel 1-3	✓
07:00 AM			
07:30 AM			
08:00 AM			
08:30 AM			
09:00 AM			
09:30 AM			
10:00 AM			
10:30 AM			
11:00 AM			
11:30 AM			
12:00 PM			
12:30 PM			
01:00 PM			
01:30 PM			
02:00 PM			
02:30 PM			
03:00 PM			
03:30 PM			
04:00 PM			
04:30 PM			
05:00 PM			
05:30 PM			
06:00 PM			
06:30 PM			
07:00 PM			
07:30 PM			
08:00 PM			

D
E
C

JULY	AUGUST	SEPTEMBER	OCTOBER	NOVEMBER	DECEMBER
S M T W T F S	S M T W T F S	S M T W T F S	S M T W T F S	S M T W T F S	S M T W T F S
1 2 3	1 2 3 4 5 6 7	1 2 3 4	1 2	1 2 3 4 5 6	1 2 3 4
4 5 6 7 8 9 10	8 9 10 11 12 13 14	5 6 7 8 9 10 11	3 4 5 6 7 8 9	7 8 9 10 11 12 13	5 6 7 8 9 10 11
11 12 13 14 15 16 17	15 16 17 18 19 20 21	12 13 14 15 16 17 18	10 11 12 13 14 15 16	14 15 16 17 18 19 20	12 13 14 15 16 17 18
18 19 20 21 22 23 24	22 23 24 25 26 27 28	19 20 21 22 23 24 25	17 18 19 20 21 22 23	21 22 23 24 25 26 27	19 20 21 22 23 24 25
25 26 27 28 29 30 31	29 30 31	26 27 28 29 30	24/31 25 26 27 28 29 30	28 29 30	26 27 28 29 30 31

The God of all grace, who called you to His eternal glory
in Christ, after you have suffered a little while,
will Himself restore you and make you strong, firm and steadfast.

1 PETER 5:10

TIME	📖 Amos 1-3	✓
07:00 AM		
07:30 AM		
08:00 AM		
08:30 AM		
09:00 AM		
09:30 AM		
10:00 AM		
10:30 AM		
11:00 AM		
11:30 AM		
12:00 PM		
12:30 PM		
01:00 PM		
01:30 PM		
02:00 PM		
02:30 PM		
03:00 PM		
03:30 PM		
04:00 PM		
04:30 PM		
05:00 PM		
05:30 PM		
06:00 PM		
06:30 PM		
07:00 PM		
07:30 PM		
08:00 PM		

JANUARY
S M T W T F S
            1 2
3 4 5 6 7 8 9
10 11 12 13 14 15 16
17 18 19 20 21 22 23
24/31 25 26 27 28 29 30

FEBRUARY
S M T W T F S
1 2 3 4 5 6
7 8 9 10 11 12 13
14 15 16 17 18 19 20
21 22 23 24 25 26 27
28

MARCH
S M T W T F S
1 2 3 4 5 6
7 8 9 10 11 12 13
14 15 16 17 18 19 20
21 22 23 24 25 26 27
28 29 30 31

APRIL
S M T W T F S
            1 2 3
4 5 6 7 8 9 10
11 12 13 14 15 16 17
18 19 20 21 22 23 24
25 26 27 28 29 30

MAY
S M T W T F S
                1
2 3 4 5 6 7 8
9 10 11 12 13 14 15
16 17 18 19 20 21 22
23/30 24/31 25 26 27 28 29

JUNE
S M T W T F S
      1 2 3 4 5
6 7 8 9 10 11 12
13 14 15 16 17 18 19
20 21 22 23 24 25 26
27 28 29 30

You know the generous grace of our Lord Jesus Christ.
Though He was rich, yet for your sakes He became poor,
so that by His poverty He could make you rich.

2 CORINTHIANS 8:9

TIME	📖 Amos 4-6	✓

Because of His grace He declared us righteous and
gave us confidence that we will inherit eternal life.

TITUS 3:7

TIME	📖 Amos 7-9	✓

DEC

JULY								AUGUST								SEPTEMBER								OCTOBER								NOVEMBER								DECEMBER						
S	M	T	W	T	F	S		S	M	T	W	T	F	S		S	M	T	W	T	F	S		S	M	T	W	T	F	S		S	M	T	W	T	F	S		S	M	T	W	T	F	S
				1	2	3		1	2	3	4	5	6	7					1	2	3	4							1	2		1	2	3	4	5	6						1	2	3	4
4	5	6	7	8	9	10		8	9	10	11	12	13	14		5	6	7	8	9	10	11		3	4	5	6	7	8	9		7	8	9	10	11	12	13		5	6	7	8	9	10	11
11	12	13	14	15	16	17		15	16	17	18	19	20	21		12	13	14	15	16	17	18		10	11	12	13	14	15	16		14	15	16	17	18	19	20		12	13	14	15	16	17	18
18	19	20	21	22	23	24		22	23	24	25	26	27	28		19	20	21	22	23	24	25		17	18	19	20	21	22	23		21	22	23	24	25	26	27		19	20	21	22	23	24	25
25	26	27	28	29	30	31		29	30	31						26	27	28	29	30				24/31	25	26	27	28	29	30		28	29	30						26	27	28	29	30	31	

MONDAY
13
DECEMBER

The Word became flesh and dwelt among us, and we beheld His glory, the glory as of the only begotten of the Father, full of grace and truth.

JOHN 1:14

TIME	📖 Obadiah	✓
07:00 AM		
07:30 AM		
08:00 AM		
08:30 AM		
09:00 AM		
09:30 AM		
10:00 AM		
10:30 AM		
11:00 AM		
11:30 AM		
12:00 PM		
12:30 PM		
01:00 PM		
01:30 PM		
02:00 PM		
02:30 PM		
03:00 PM		
03:30 PM		
04:00 PM		
04:30 PM		
05:00 PM		
05:30 PM		
06:00 PM		
06:30 PM		
07:00 PM		
07:30 PM		
08:00 PM		

JANUARY
S M T W T F S
1 2
3 4 5 6 7 8 9
10 11 12 13 14 15 16
17 18 19 20 21 22 23
24/31 25 26 27 28 29 30

FEBRUARY
S M T W T F S
1 2 3 4 5 6
7 8 9 10 11 12 13
14 15 16 17 18 19 20
21 22 23 24 25 26 27
28

MARCH
S M T W T F S
1 2 3 4 5 6
7 8 9 10 11 12 13
14 15 16 17 18 19 20
21 22 23 24 25 26 27
28 29 30 31

APRIL
S M T W T F S
1 2 3
4 5 6 7 8 9 10
11 12 13 14 15 16 17
18 19 20 21 22 23 24
25 26 27 28 29 30

MAY
S M T W T F S
1
2 3 4 5 6 7 8
9 10 11 12 13 14 15
16 17 18 19 20 21 22
23/30 24/31 25 26 27 28 29

JUNE
S M T W T F S
1 2 3 4 5
6 7 8 9 10 11 12
13 14 15 16 17 18 19
20 21 22 23 24 25 26
27 28 29 30

Sin is no longer your master, for you no longer live under the requirements of the law. Instead, you live under the freedom of God's grace.

ROMANS 6:14

TIME	📖 2 & 3 John, Jude	✓
07:00 AM		
07:30 AM		
08:00 AM		
08:30 AM		
09:00 AM		
09:30 AM		
10:00 AM		
10:30 AM		
11:00 AM		
11:30 AM		
12:00 PM		
12:30 PM		
01:00 PM		
01:30 PM		
02:00 PM		
02:30 PM		
03:00 PM		
03:30 PM		
04:00 PM		
04:30 PM		
05:00 PM		
05:30 PM		
06:00 PM		
06:30 PM		
07:00 PM		
07:30 PM		
08:00 PM		

DEC

JULY	AUGUST	SEPTEMBER	OCTOBER	NOVEMBER	DECEMBER
S M T W T F S	S M T W T F S	S M T W T F S	S M T W T F S	S M T W T F S	S M T W T F S
1 2 3	1 2 3 4 5 6 7	1 2 3 4	1 2	1 2 3 4 5 6	1 2 3 4
4 5 6 7 8 9 10	8 9 10 11 12 13 14	5 6 7 8 9 10 11	3 4 5 6 7 8 9	7 8 9 10 11 12 13	5 6 7 8 9 10 11
11 12 13 14 15 16 17	15 16 17 18 19 20 21	12 13 14 15 16 17 18	10 11 12 13 14 15 16	14 15 16 17 18 19 20	12 13 14 15 16 17 18
18 19 20 21 22 23 24	22 23 24 25 26 27 28	19 20 21 22 23 24 25	17 18 19 20 21 22 23	21 22 23 24 25 26 27	19 20 21 22 23 24 25
25 26 27 28 29 30 31	29 30 31	26 27 28 29 30	24/31 25 26 27 28 29 30	28 29 30	26 27 28 29 30 31

WEDNESDAY
15
DECEMBER

By the grace of God I am what I am, and His grace to me was not without effect. No, I worked harder than all of them – yet not I, but the grace of God that was with me.

1 CORINTHIANS 15:10

TIME	📖 Jonah 1-4	✓
07:00 AM		
07:30 AM		
08:00 AM		
08:30 AM		
09:00 AM		
09:30 AM		
10:00 AM		
10:30 AM		
11:00 AM		
11:30 AM		
12:00 PM		
12:30 PM		
01:00 PM		
01:30 PM		
02:00 PM		
02:30 PM		
03:00 PM		
03:30 PM		
04:00 PM		
04:30 PM		
05:00 PM		
05:30 PM		
06:00 PM		
06:30 PM		
07:00 PM		
07:30 PM		
08:00 PM		

JANUARY	FEBRUARY	MARCH	APRIL	MAY	JUNE
S M T W T F S	S M T W T F S	S M T W T F S	S M T W T F S	S M T W T F S	S M T W T F S
1 2	1 2 3 4 5 6	1 2 3 4 5 6	1 2 3	1	1 2 3 4 5
3 4 5 6 7 8 9	7 8 9 10 11 12 13	7 8 9 10 11 12 13	4 5 6 7 8 9 10	2 3 4 5 6 7 8	6 7 8 9 10 11 12
10 11 12 13 14 15 16	14 15 16 17 18 19 20	14 15 16 17 18 19 20	11 12 13 14 15 16 17	9 10 11 12 13 14 15	13 14 15 16 17 18 19
17 18 19 20 21 22 23	21 22 23 24 25 26 27	21 22 23 24 25 26 27	18 19 20 21 22 23 24	16 17 18 19 20 21 22	20 21 22 23 24 25 26
24/31 25 26 27 28 29 30	28	28 29 30 31	25 26 27 28 29 30	23/30 24/31 25 26 27 28 29	27 28 29 30

God saved us. He did this, not because we deserved it,
but because that was His plan from before the beginning
of time – to show us His grace through Christ Jesus.

2 TIMOTHY 1:9

THURSDAY
16
DECEMBER

TIME	📖 Micah 1-3	✓
07:00 AM		
07:30 AM		
08:00 AM		
08:30 AM		
09:00 AM		
09:30 AM		
10:00 AM		
10:30 AM		
11:00 AM		
11:30 AM		
12:00 PM		
12:30 PM		
01:00 PM		
01:30 PM		
02:00 PM		
02:30 PM		
03:00 PM		
03:30 PM		
04:00 PM		
04:30 PM		
05:00 PM		
05:30 PM		
06:00 PM		
06:30 PM		
07:00 PM		
07:30 PM		
08:00 PM		

JULY	AUGUST	SEPTEMBER	OCTOBER	NOVEMBER	DECEMBER
S M T W T F S	S M T W T F S	S M T W T F S	S M T W T F S	S M T W T F S	S M T W T F S
1 2 3	1 2 3 4 5 6 7	1 2 3 4	1 2	1 2 3 4 5 6	1 2 3 4
4 5 6 7 8 9 10	8 9 10 11 12 13 14	5 6 7 8 9 10 11	3 4 5 6 7 8 9	7 8 9 10 11 12 13	5 6 7 8 9 10 11
11 12 13 14 15 16 17	15 16 17 18 19 20 21	12 13 14 15 16 17 18	10 11 12 13 14 15 16	14 15 16 17 18 19 20	12 13 14 15 16 17 18
18 19 20 21 22 23 24	22 23 24 25 26 27 28	19 20 21 22 23 24 25	17 18 19 20 21 22 23	21 22 23 24 25 26 27	19 20 21 22 23 24 25
25 26 27 28 29 30 31	29 30 31	26 27 28 29 30	24/31 25 26 27 28 29 30	28 29 30	26 27 28 29 30 31

D
E
C

He fulfills the desire of those who fear Him;
He also hears their cry and saves them.

PSALM 145:19

TIME	📖 Micah 4-7	✓
07:00 AM		
07:30 AM		
08:00 AM		
08:30 AM		
09:00 AM		
09:30 AM		
10:00 AM		
10:30 AM		
11:00 AM		
11:30 AM		
12:00 PM		
12:30 PM		
01:00 PM		
01:30 PM		
02:00 PM		
02:30 PM		
03:00 PM		
03:30 PM		
04:00 PM		
04:30 PM		
05:00 PM		
05:30 PM		
06:00 PM		
06:30 PM		
07:00 PM		
07:30 PM		
08:00 PM		

JANUARY	FEBRUARY	MARCH	APRIL	MAY	JUNE
S M T W T F S	S M T W T F S	S M T W T F S	S M T W T F S	S M T W T F S	S M T W T F S
1 2	1 2 3 4 5 6	1 2 3 4 5 6	1 2 3	1	1 2 3 4 5
3 4 5 6 7 8 9	7 8 9 10 11 12 13	7 8 9 10 11 12 13	4 5 6 7 8 9 10	2 3 4 5 6 7 8	6 7 8 9 10 11 12
10 11 12 13 14 15 16	14 15 16 17 18 19 20	14 15 16 17 18 19 20	11 12 13 14 15 16 17	9 10 11 12 13 14 15	13 14 15 16 17 18 19
17 18 19 20 21 22 23	21 22 23 24 25 26 27	21 22 23 24 25 26 27	18 19 20 21 22 23 24	16 17 18 19 20 21 22	20 21 22 23 24 25 26
24/31 25 26 27 28 29 30	28	28 29 30 31	25 26 27 28 29 30	23/30 24/31 25 26 27 28 29	27 28 29 30

May our Lord Jesus Christ Himself, who loved us and by His grace gave us eternal comfort and a wonderful hope, comfort you and strengthen you.

2 THESSALONIANS 2:16-17

TIME	📖 Nahum 1-3	✓

To each one of us grace was given according to the measure of Christ's gift.

EPHESIANS 4:7

TIME	📖 Habakkuk 1-3	✓

JULY						
S	M	T	W	T	F	S
				1	2	3
4	5	6	7	8	9	10
11	12	13	14	15	16	17
18	19	20	21	22	23	24
25	26	27	28	29	30	31

AUGUST						
S	M	T	W	T	F	S
1	2	3	4	5	6	7
8	9	10	11	12	13	14
15	16	17	18	19	20	21
22	23	24	25	26	27	28
29	30	31				

SEPTEMBER						
S	M	T	W	T	F	S
			1	2	3	4
5	6	7	8	9	10	11
12	13	14	15	16	17	18
19	20	21	22	23	24	25
26	27	28	29	30		

OCTOBER						
S	M	T	W	T	F	S
					1	2
3	4	5	6	7	8	9
10	11	12	13	14	15	16
17	18	19	20	21	22	23
24/31	25	26	27	28	29	30

NOVEMBER						
S	M	T	W	T	F	S
	1	2	3	4	5	6
7	8	9	10	11	12	13
14	15	16	17	18	19	20
21	22	23	24	25	26	27
28	29	30				

DECEMBER						
S	M	T	W	T	F	S
			1	2	3	4
5	6	7	8	9	10	11
12	13	14	15	16	17	18
19	20	21	22	23	24	25
26	27	28	29	30	31	

He gives grace generously. As the Scriptures say,
"God opposes the proud but gives grace to the humble."

JAMES 4:6

TIME	📖 Zephaniah 1-3	✓
07:00 AM		
07:30 AM		
08:00 AM		
08:30 AM		
09:00 AM		
09:30 AM		
10:00 AM		
10:30 AM		
11:00 AM		
11:30 AM		
12:00 PM		
12:30 PM		
01:00 PM		
01:30 PM		
02:00 PM		
02:30 PM		
03:00 PM		
03:30 PM		
04:00 PM		
04:30 PM		
05:00 PM		
05:30 PM		
06:00 PM		
06:30 PM		
07:00 PM		
07:30 PM		
08:00 PM		

JANUARY	FEBRUARY	MARCH	APRIL	MAY	JUNE
S M T W T F S	S M T W T F S	S M T W T F S	S M T W T F S	S M T W T F S	S M T W T F S
1 2	1 2 3 4 5 6	1 2 3 4 5 6	1 2 3	1	1 2 3 4 5
3 4 5 6 7 8 9	7 8 9 10 11 12 13	7 8 9 10 11 12 13	4 5 6 7 8 9 10	2 3 4 5 6 7 8	6 7 8 9 10 11 12
10 11 12 13 14 15 16	14 15 16 17 18 19 20	14 15 16 17 18 19 20	11 12 13 14 15 16 17	9 10 11 12 13 14 15	13 14 15 16 17 18 19
17 18 19 20 21 22 23	21 22 23 24 25 26 27	21 22 23 24 25 26 27	18 19 20 21 22 23 24	16 17 18 19 20 21 22	20 21 22 23 24 25 26
24/31 25 26 27 28 29 30	28	28 29 30 31	25 26 27 28 29 30	23/30 24/31 25 26 27 28 29	27 28 29 30

Be strengthened by the grace that is in Christ Jesus.

2 TIMOTHY 2:1

TIME	📖 Haggai 1-2	✓
07:00 AM		
07:30 AM		
08:00 AM		
08:30 AM		
09:00 AM		
09:30 AM		
10:00 AM		
10:30 AM		
11:00 AM		
11:30 AM		
12:00 PM		
12:30 PM		
01:00 PM		
01:30 PM		
02:00 PM		
02:30 PM		
03:00 PM		
03:30 PM		
04:00 PM		
04:30 PM		
05:00 PM		
05:30 PM		
06:00 PM		
06:30 PM		
07:00 PM		
07:30 PM		
08:00 PM		

DEC

	JULY		AUGUST		SEPTEMBER		OCTOBER		NOVEMBER		DECEMBER
S M T W T F S		S M T W T F S		S M T W T F S		S M T W T F S		S M T W T F S		S M T W T F S	

JULY
S M T W T F S
          1 2 3
4 5 6 7 8 9 10
11 12 13 14 15 16 17
18 19 20 21 22 23 24
25 26 27 28 29 30 31

AUGUST
S M T W T F S
1 2 3 4 5 6 7
8 9 10 11 12 13 14
15 16 17 18 19 20 21
22 23 24 25 26 27 28
29 30 31

SEPTEMBER
S M T W T F S
         1 2 3 4
5 6 7 8 9 10 11
12 13 14 15 16 17 18
19 20 21 22 23 24 25
26 27 28 29 30

OCTOBER
S M T W T F S
               1 2
3 4 5 6 7 8 9
10 11 12 13 14 15 16
17 18 19 20 21 22 23
24/31 25 26 27 28 29 30

NOVEMBER
S M T W T F S
    1 2 3 4 5 6
7 8 9 10 11 12 13
14 15 16 17 18 19 20
21 22 23 24 25 26 27
28 29 30

DECEMBER
S M T W T F S
          1 2 3 4
5 6 7 8 9 10 11
12 13 14 15 16 17 18
19 20 21 22 23 24 25
26 27 28 29 30 31

WEDNESDAY
22
DECEMBER

Your strength comes from God's grace.

HEBREWS 13:9

TIME	📖 Zechariah 1-3	✓
07:00 AM		
07:30 AM		
08:00 AM		
08:30 AM		
09:00 AM		
09:30 AM		
10:00 AM		
10:30 AM		
11:00 AM		
11:30 AM		
12:00 PM		
12:30 PM		
01:00 PM		
01:30 PM		
02:00 PM		
02:30 PM		
03:00 PM		
03:30 PM		
04:00 PM		
04:30 PM		
05:00 PM		
05:30 PM		
06:00 PM		
06:30 PM		
07:00 PM		
07:30 PM		
08:00 PM		

JANUARY	FEBRUARY	MARCH	APRIL	MAY	JUNE
S M T W T F S	S M T W T F S	S M T W T F S	S M T W T F S	S M T W T F S	S M T W T F S
1 2	1 2 3 4 5 6	1 2 3 4 5 6	1 2 3	1	1 2 3 4 5
3 4 5 6 7 8 9	7 8 9 10 11 12 13	7 8 9 10 11 12 13	4 5 6 7 8 9 10	2 3 4 5 6 7 8	6 7 8 9 10 11 12
10 11 12 13 14 15 16	14 15 16 17 18 19 20	14 15 16 17 18 19 20	11 12 13 14 15 16 17	9 10 11 12 13 14 15	13 14 15 16 17 18 19
17 18 19 20 21 22 23	21 22 23 24 25 26 27	21 22 23 24 25 26 27	18 19 20 21 22 23 24	16 17 18 19 20 21 22	20 21 22 23 24 25 26
24/31 25 26 27 28 29 30	28	28 29 30 31	25 26 27 28 29 30	23/30 24/31 25 26 27 28 29	27 28 29 30

For the LORD God is a sun and shield; the LORD will give grace and glory;
no good thing will He withhold from those who walk uprightly.

PSALM 84:11

TIME	📖 Zechariah 4-6	✓
07:00 AM		
07:30 AM		
08:00 AM		
08:30 AM		
09:00 AM		
09:30 AM		
10:00 AM		
10:30 AM		
11:00 AM		
11:30 AM		
12:00 PM		
12:30 PM		
01:00 PM		
01:30 PM		
02:00 PM		
02:30 PM		
03:00 PM		
03:30 PM		
04:00 PM		
04:30 PM		
05:00 PM		
05:30 PM		
06:00 PM		
06:30 PM		
07:00 PM		
07:30 PM		
08:00 PM		

D E C

JULY	AUGUST	SEPTEMBER	OCTOBER	NOVEMBER	DECEMBER
S M T W T F S	S M T W T F S	S M T W T F S	S M T W T F S	S M T W T F S	S M T W T F S
1 2 3	1 2 3 4 5 6 7	1 2 3 4	1 2	1 2 3 4 5 6	1 2 3 4
4 5 6 7 8 9 10	8 9 10 11 12 13 14	5 6 7 8 9 10 11	3 4 5 6 7 8 9	7 8 9 10 11 12 13	5 6 7 8 9 10 11
11 12 13 14 15 16 17	15 16 17 18 19 20 21	12 13 14 15 16 17 18	10 11 12 13 14 15 16	14 15 16 17 18 19 20	12 13 14 15 16 17 18
18 19 20 21 22 23 24	22 23 24 25 26 27 28	19 20 21 22 23 24 25	17 18 19 20 21 22 23	21 22 23 24 25 26 27	19 20 21 22 23 24 25
25 26 27 28 29 30 31	29 30 31	26 27 28 29 30	24/31 25 26 27 28 29 30	28 29 30	26 27 28 29 30 31

FRIDAY
24
DECEMBER

The Lord be with your spirit. Grace be with you.

2 TIMOTHY 4:22

TIME	📖 Zechariah 7-9	✔
07:00 AM		
07:30 AM		
08:00 AM		
08:30 AM		
09:00 AM		
09:30 AM		
10:00 AM		
10:30 AM		
11:00 AM		
11:30 AM		
12:00 PM		
12:30 PM		
01:00 PM		
01:30 PM		
02:00 PM		
02:30 PM		
03:00 PM		
03:30 PM		
04:00 PM		
04:30 PM		
05:00 PM		
05:30 PM		
06:00 PM		
06:30 PM		
07:00 PM		
07:30 PM		
08:00 PM		

JANUARY	FEBRUARY	MARCH	APRIL	MAY	JUNE
S M T W T F S	S M T W T F S	S M T W T F S	S M T W T F S	S M T W T F S	S M T W T F S
1 2	1 2 3 4 5 6	1 2 3 4 5 6	1 2 3	1	1 2 3 4 5
3 4 5 6 7 8 9	7 8 9 10 11 12 13	7 8 9 10 11 12 13	4 5 6 7 8 9 10	2 3 4 5 6 7 8	6 7 8 9 10 11 12
10 11 12 13 14 15 16	14 15 16 17 18 19 20	14 15 16 17 18 19 20	11 12 13 14 15 16 17	9 10 11 12 13 14 15	13 14 15 16 17 18 19
17 18 19 20 21 22 23	21 22 23 24 25 26 27	21 22 23 24 25 26 27	18 19 20 21 22 23 24	16 17 18 19 20 21 22	20 21 22 23 24 25 26
24/31 25 26 27 28 29 30	28	28 29 30 31	25 26 27 28 29 30	23/30 24/31 25 26 27 28 29	27 28 29 30

May the LORD smile on you and be gracious to you.

NUMBERS 6:25

TIME	Christmas Day	📖 Zechariah 10-14	✓

Through Him we have also obtained access by faith into this grace in which we stand, and we rejoice in hope of the glory of God.

ROMANS 5:2

TIME		📖 Malachi 1-4	✓

DEC

JULY	AUGUST	SEPTEMBER	OCTOBER	NOVEMBER	DECEMBER
S M T W T F S	S M T W T F S	S M T W T F S	S M T W T F S	S M T W T F S	S M T W T F S
1 2 3	1 2 3 4 5 6 7	1 2 3 4	1 2	1 2 3 4 5 6	1 2 3 4
4 5 6 7 8 9 10	8 9 10 11 12 13 14	5 6 7 8 9 10 11	3 4 5 6 7 8 9	7 8 9 10 11 12 13	5 6 7 8 9 10 11
11 12 13 14 15 16 17	15 16 17 18 19 20 21	12 13 14 15 16 17 18	10 11 12 13 14 15 16	14 15 16 17 18 19 20	12 13 14 15 16 17 18
18 19 20 21 22 23 24	22 23 24 25 26 27 28	19 20 21 22 23 24 25	17 18 19 20 21 22 23	21 22 23 24 25 26 27	19 20 21 22 23 24 25
25 26 27 28 29 30 31	29 30 31	26 27 28 29 30	24/31 25 26 27 28 29 30	28 29 30	26 27 28 29 30 31

MONDAY
27
DECEMBER

Each of you should use whatever gift you have received
to serve others, as faithful stewards of God's grace.

1 PETER 4:10

TIME	📖 Revelation 1-4	✓
07:00 AM		
07:30 AM		
08:00 AM		
08:30 AM		
09:00 AM		
09:30 AM		
10:00 AM		
10:30 AM		
11:00 AM		
11:30 AM		
12:00 PM		
12:30 PM		
01:00 PM		
01:30 PM		
02:00 PM		
02:30 PM		
03:00 PM		
03:30 PM		
04:00 PM		
04:30 PM		
05:00 PM		
05:30 PM		
06:00 PM		
06:30 PM		
07:00 PM		
07:30 PM		
08:00 PM		

JANUARY	FEBRUARY	MARCH	APRIL	MAY	JUNE
S M T W T F S	S M T W T F S	S M T W T F S	S M T W T F S	S M T W T F S	S M T W T F S
1 2	1 2 3 4 5 6	1 2 3 4 5 6	1 2 3	1	1 2 3 4 5
3 4 5 6 7 8 9	7 8 9 10 11 12 13	7 8 9 10 11 12 13	4 5 6 7 8 9 10	2 3 4 5 6 7 8	6 7 8 9 10 11 12
10 11 12 13 14 15 16	14 15 16 17 18 19 20	14 15 16 17 18 19 20	11 12 13 14 15 16 17	9 10 11 12 13 14 15	13 14 15 16 17 18 19
17 18 19 20 21 22 23	21 22 23 24 25 26 27	21 22 23 24 25 26 27	18 19 20 21 22 23 24	16 17 18 19 20 21 22	20 21 22 23 24 25 26
24/31 25 26 27 28 29 30	28	28 29 30 31	25 26 27 28 29 30	23/30 24/31 25 26 27 28 29	27 28 29 30

Even though we were dead because of our sins, He gave
us life when He raised Christ from the dead. (It is only
by God's grace that you have been saved!)

EPHESIANS 2:5

TIME	📖 Revelation 5-9	✓
07:00 AM		
07:30 AM		
08:00 AM		
08:30 AM		
09:00 AM		
09:30 AM		
10:00 AM		
10:30 AM		
11:00 AM		
11:30 AM		
12:00 PM		
12:30 PM		
01:00 PM		
01:30 PM		
02:00 PM		
02:30 PM		
03:00 PM		
03:30 PM		
04:00 PM		
04:30 PM		
05:00 PM		
05:30 PM		
06:00 PM		
06:30 PM		
07:00 PM		
07:30 PM		
08:00 PM		

D E C

JULY	AUGUST	SEPTEMBER	OCTOBER	NOVEMBER	DECEMBER
S M T W T F S	S M T W T F S	S M T W T F S	S M T W T F S	S M T W T F S	S M T W T F S
1 2 3	1 2 3 4 5 6 7	1 2 3 4	1 2	1 2 3 4 5 6	1 2 3 4
4 5 6 7 8 9 10	8 9 10 11 12 13 14	5 6 7 8 9 10 11	3 4 5 6 7 8 9	7 8 9 10 11 12 13	5 6 7 8 9 10 11
11 12 13 14 15 16 17	15 16 17 18 19 20 21	12 13 14 15 16 17 18	10 11 12 13 14 15 16	14 15 16 17 18 19 20	12 13 14 15 16 17 18
18 19 20 21 22 23 24	22 23 24 25 26 27 28	19 20 21 22 23 24 25	17 18 19 20 21 22 23	21 22 23 24 25 26 27	19 20 21 22 23 24 25
25 26 27 28 29 30 31	29 30 31	26 27 28 29 30	24/31 25 26 27 28 29 30	28 29 30	26 27 28 29 30 31

WEDNESDAY
29
DECEMBER

I commend you to God and to the word of His grace, which is able to build you up and to give you the inheritance among all those who are sanctified.

ACTS 20:32

TIME	📖 Revelation 10-14	✓
07:00 AM		
07:30 AM		
08:00 AM		
08:30 AM		
09:00 AM		
09:30 AM		
10:00 AM		
10:30 AM		
11:00 AM		
11:30 AM		
12:00 PM		
12:30 PM		
01:00 PM		
01:30 PM		
02:00 PM		
02:30 PM		
03:00 PM		
03:30 PM		
04:00 PM		
04:30 PM		
05:00 PM		
05:30 PM		
06:00 PM		
06:30 PM		
07:00 PM		
07:30 PM		
08:00 PM		

	JANUARY							FEBRUARY							MARCH							APRIL							MAY							JUNE					
S	M	T	W	T	F	S	S	M	T	W	T	F	S	S	M	T	W	T	F	S	S	M	T	W	T	F	S	S	M	T	W	T	F	S	S	M	T	W	T	F	S
					1	2		1	2	3	4	5	6		1	2	3	4	5	6					1	2	3							1			1	2	3	4	5
3	4	5	6	7	8	9	7	8	9	10	11	12	13	7	8	9	10	11	12	13	4	5	6	7	8	9	10	2	3	4	5	6	7	8	6	7	8	9	10	11	12
10	11	12	13	14	15	16	14	15	16	17	18	19	20	14	15	16	17	18	19	20	11	12	13	14	15	16	17	9	10	11	12	13	14	15	13	14	15	16	17	18	19
17	18	19	20	21	22	23	21	22	23	24	25	26	27	21	22	23	24	25	26	27	18	19	20	21	22	23	24	16	17	18	19	20	21	22	20	21	22	23	24	25	26
24/31	25	26	27	28	29	30	28							28	29	30	31				25	26	27	28	29	30		23/30 24/31	25	26	27	28	29		27	28	29	30			

May the grace of the Lord Jesus be with God's holy people.

REVELATION 22:21

TIME	📖 Revelation 15-20	✓
07:00 AM		
07:30 AM		
08:00 AM		
08:30 AM		
09:00 AM		
09:30 AM		
10:00 AM		
10:30 AM		
11:00 AM		
11:30 AM		
12:00 PM		
12:30 PM		
01:00 PM		
01:30 PM		
02:00 PM		
02:30 PM		
03:00 PM		
03:30 PM		
04:00 PM		
04:30 PM		
05:00 PM		
05:30 PM		
06:00 PM		
06:30 PM		
07:00 PM		
07:30 PM		
08:00 PM		

D E C

JULY						
S	M	T	W	T	F	S
					1	2	3
4	5	6	7	8	9	10
11	12	13	14	15	16	17
18	19	20	21	22	23	24
25	26	27	28	29	30	31

AUGUST						
S	M	T	W	T	F	S
1	2	3	4	5	6	7
8	9	10	11	12	13	14
15	16	17	18	19	20	21
22	23	24	25	26	27	28
29	30	31				

SEPTEMBER						
S	M	T	W	T	F	S
			1	2	3	4
5	6	7	8	9	10	11
12	13	14	15	16	17	18
19	20	21	22	23	24	25
26	27	28	29	30		

OCTOBER						
S	M	T	W	T	F	S
					1	2
3	4	5	6	7	8	9
10	11	12	13	14	15	16
17	18	19	20	21	22	23
24/31	25	26	27	28	29	30

NOVEMBER						
S	M	T	W	T	F	S
	1	2	3	4	5	6
7	8	9	10	11	12	13
14	15	16	17	18	19	20
21	22	23	24	25	26	27
28	29	30				

DECEMBER						
S	M	T	W	T	F	S
			1	2	3	4
5	6	7	8	9	10	11
12	13	14	15	16	17	18
19	20	21	22	23	24	25
26	27	28	29	30	31	

FRIDAY
31
DECEMBER

My old self has been crucified with Christ.
It is no longer I who live, but Christ lives in me.

GALATIANS 2:20

TIME	📖 Revelation 21-22	✓
07:00 AM		
07:30 AM		
08:00 AM		
08:30 AM		
09:00 AM		
09:30 AM		
10:00 AM		
10:30 AM		
11:00 AM		
11:30 AM		
12:00 PM		
12:30 PM		
01:00 PM		
01:30 PM		
02:00 PM		
02:30 PM		
03:00 PM		
03:30 PM		
04:00 PM		
04:30 PM		
05:00 PM		
05:30 PM		
06:00 PM		
06:30 PM		
07:00 PM		
07:30 PM		
08:00 PM		

JANUARY	FEBRUARY	MARCH	APRIL	MAY	JUNE
S M T W T F S	S M T W T F S	S M T W T F S	S M T W T F S	S M T W T F S	S M T W T F S
1 2	1 2 3 4 5 6	1 2 3 4 5 6	1 2 3	1	1 2 3 4 5
3 4 5 6 7 8 9	7 8 9 10 11 12 13	7 8 9 10 11 12 13	4 5 6 7 8 9 10	2 3 4 5 6 7 8	6 7 8 9 10 11 12
10 11 12 13 14 15 16	14 15 16 17 18 19 20	14 15 16 17 18 19 20	11 12 13 14 15 16 17	9 10 11 12 13 14 15	13 14 15 16 17 18 19
17 18 19 20 21 22 23	21 22 23 24 25 26 27	21 22 23 24 25 26 27	18 19 20 21 22 23 24	16 17 18 19 20 21 22	20 21 22 23 24 25 26
24/31 25 26 27 28 29 30	28	28 29 30 31	25 26 27 28 29 30	23/30 24/31 25 26 27 28 29	27 28 29 30

JANUARY/FEBRUARY 2022

If God is satisfied with the work,
the work may be satisfied with itself.

C. S. Lewis

DECEMBER 2021 / JANUARY 2022

27
MONDAY

28
TUESDAY

29
WEDNESDAY

JANUARY

30
THURSDAY

31
FRIDAY

1
SATURDAY

2
SUNDAY

Whatever you do, work at it with all your heart, as working for the Lord.

COLOSSIANS 3:23

JANUARY

3
MONDAY

4
TUESDAY

5
WEDNESDAY

JANUARY

6
THURSDAY

7
FRIDAY

8
SATURDAY

9
SUNDAY

The Lord your God will bless you in all your harvest and in all
the work of your hands, and your joy will be complete.

DEUTERONOMY 16:15

JANUARY

10
MONDAY

11
TUESDAY

12
WEDNESDAY

JANUARY

13
THURSDAY

14
FRIDAY

15
SATURDAY

16
SUNDAY

You shall eat the fruit of the labor of your hands;
you shall be blessed, and it shall be well with you.

PSALM 128:2

JANUARY

17
MONDAY

18
TUESDAY

19
WEDNESDAY

JANUARY

20
THURSDAY

21
FRIDAY

22
SATURDAY

23
SUNDAY

Work with enthusiasm, as though you were
working for the Lord rather than for people.

EPHESIANS 6:7

JANUARY

24
MONDAY

25
TUESDAY

26
WEDNESDAY

JANUARY

27
THURSDAY

28
FRIDAY

29
SATURDAY

30
SUNDAY

From the fruit of their lips people are filled with good things,
and the work of their hands brings them reward.

PROVERBS 12:14

JANUARY / FEBRUARY

31	1	2
MONDAY	TUESDAY	WEDNESDAY

FEBRUARY

3	4	5
THURSDAY	FRIDAY	SATURDAY

6
SUNDAY

There is nothing better for a person than to
enjoy their work, because that is their lot.

ECCLESIASTES 3:22

CONTACTS

NAME	ADDRESS/EMAIL	PHONE

CONTACTS

NAME	ADDRESS/EMAIL	PHONE

CRISIS SCRIPTURE GUIDE

† **Aging**
Ps. 91:16
Prov. 9:11
Eccles. 12:1-8

† **Anger**
Prov. 15:1
Eph. 4:26-27
Col. 3:8

† **Anxiety**
Ps. 46:2-4
John 14:27
Phil. 4:6-8

† **Bitterness**
Eph. 4:31
Heb. 12:15
James 3:14-15

† **Bondage**
Rom. 6:18
John 8:32
2 Pet. 2:19

† **Complaining**
Phil. 2:14-16
James 5:9
1 Pet. 4:9

† **Courage**
Josh. 1:9
Ps. 27:14
Hag. 2:4

† **Criticism**
Luke 6:37
Rom. 8:1
Rom. 8:34

† **Death**
Job 19:25-27
Isa. 25:8
1 Cor. 15:55

† **Debt**
Ps. 37:21
Prov. 22:7
Rom. 13:8

† **Desires**
Gal. 5:16
James 4:3
1 John 2:15-17

† **Dissatisfaction**
Phil. 4:11-13
1 Tim. 6:6-8
Heb. 13:5-6

† **Doubt**
Matt. 14:27-33
Matt. 21:21
James 1:6-8

† **Encouragement**
Ps. 23
John 16:33
James 1:2-4

† **Failure**
Ps. 145:14-16
Prov. 24:16-18
Hab. 3:17-18

† **Fear**
2 Tim. 1:7
1 John 4:18
Rev. 1:17-18

† **Finances**
Matt. 6:31-34
Mark 10:17-31
James 4:13-17

† **Forgiveness**
Matt. 6:14-15
Luke 11:4
Eph. 4:32

† **Freedom**
Isa. 61:1
John 8:31-36
Rom. 6:22

† **Friendship**
Prov. 17:17
Prov. 18:24
John 15:15-17

† **Future**
Deut. 5:29
Jer. 29:11
Jer. 31:17

† **Gladness**
Neh. 8:10-11
Ps. 118:24
Phil. 4:4

† **Gossip**
Ps. 101:5
Prov. 18:8-9
Matt. 12:37

† **Honesty**
Ps. 32:2
Prov. 11:1-3
2 Cor. 4:2

† **Hope**
Rom. 5:2
1 Cor. 13:7
Col. 1:27

† **Jealousy**
Rom. 13:11-14
1 Cor. 3:3
1 Pet. 2:1-2

† **Joy**
Ps. 16:11
Ps. 112:1
Rom. 7:22

† **Judgment**
Matt. 7:2-5
Luke 6:37
Rev. 20:11-15

† **Kindness**
Eph. 4:32
1 Thess. 5:15
2 Tim. 2:24

† **Laziness**
Prov. 6:6
Prov. 10:4-5
Prov. 12:24

† **Lies**
Exod. 20:16
Prov. 6:12-19
Prov. 19:5-9

† **Loneliness**
Deut. 31:8
Ps. 23:4
John 14:18

† **Marriage**
Gen. 2:18
Matt. 19:3-8
Heb. 13:4

† **Obedience**
1 Sam. 15:22
Ps. 119:101
John 14:15

† **Peace**
John 14:27
Phil. 4:6-7
Col. 3:15

† **Perseverance**
Matt. 10:22
Rom. 5:3-4
2 Pet. 1:5-7

† **Prayer**
Ps. 5:1-3
Ps. 138:3
Col. 4:2

† **Pride**
Hosea 13:6
Matt. 18:2-4
2 Cor. 12:7-10

† **Repentance**
2 Chron. 34:27
Ps. 7:12
Ps. 51:17

† **Rest**
Exod. 20:8-10
Matt. 11:28-29
Mark 6:31

† **Salvation**
Ps. 27:1
Ps. 74:12
Isa. 25:9

† **Satan**
Eph. 6:11-17
James 4:7
1 Pet. 5:8-9

† **Sickness**
Matt. 8:17
James 5:14
Rev. 21:3-4

† **Sinfulness**
Ps. 25:6-8
Rom. 6:6-9
Eph. 4:22-24

† **Sorrow**
Isa. 25:8
Matt. 5:4
Rom. 12:15

† **Stress**
Ps. 9:10
Ps. 73:26
Ps. 91:7-11

† **Success**
Prov. 16:3
Mark 9:33-37
2 Cor. 3:5

† **Suffering**
Rom. 8:18-21
2 Cor. 4:8-9
1 Pet. 5:8-9

† **Temptation**
1 Cor. 10:13
Gal. 6:1
James 1:2-4, 12-13

† **Uncertainty**
1 Cor. 9:26
Heb. 10:23
James 1:6-8

† **Weakness**
2 Cor. 12:9
2 Cor. 13:4
Isa. 42:3

† **Work**
Hag. 2:4
Matt. 6:24
Col. 3:23

† **Worldliness**
Matt. 16:26
Mark 4:18-20
1 John 2:15-17

† **Worship**
Ps. 24:6
Ps. 150
Mark 7:7